Einen auf etwa 4 Lieferungen (einen schmalen Band) berechneten Nachtrag zum HdR. legen wir jetzt, nachdem seit dem Beginn des Erscheinens des HdR. etwa 5 Jahre, seit dem Ende seines Erscheinens etwa 2 Jahre verstrichen sind, den Freunden und Besitzern des Werkes vor. Wir erstreben, ihnen ein dauernd auf der Höhe der Rechtsentwicklung stehendes geistiges Unternehmen zu bieten. Die Benutzer des HdR. sollen gegen Veraltung des Werkes geschützt werden und nach wie vor einen zuverlässigen Berater zur Hand haben, als der sich dieses Werk nach der anerkennenden Kritik und Versicherung überaus zahlreicher Benutzer erwiesen hat. Es liegt auf der Hand, daß die Ergänzungen für die ersten Buchstaben des Alphabets zahlreicher und umfangreicher sind als die für die späteren, da der Zeitunterschied seit dem Erscheinen ein größerer ist. Auch einige, unserer Ansicht nach sehr willkommene, neue Aufsätze, 'die der Eine oder Andere im Hauptwerk vermißt hat, finden sich in diesem Ergänzungsband.

Die Herausgeber

Professor Dr. Fritz Stier-Somlo — Dr. Alexander Elster.

Der Verlag

Walter de Gruyter & Co.

Im September 1930.

A.

Abänderung von Urteilen.

I. Jeder Rechtsstreit ist Kampf. Aufgabe des Urteils ist es, den Streit zu entscheiden und zu beenden, den gestörten Rechtsfrieden zwischen den Parteien wieder herzustellen. Insoweit dient der Urteilsspruch nicht nur den Parteien, sondern auch der öffentlichen Ordnung. Diese verlangt Rechtsklarheit und Sicherheit. (Vgl. d. Art. „Rechtssicherheit" in diesem Ergänzungsband.) Darauf beruht der Grundsatz über die Unabänderlichkeit rechtskräftiger Entscheidungen. Ein in einem Rechtsstreit ergangenes rechtskräftiges Urteil ist für die Parteien bindend, ein neuer Prozeß kann zwischen ihnen über die endgültig entschiedene Frage nicht angestrengt werden. Eine Durchbrechung dieses Satzes gibt es nur insoweit, als es der Gesetzgeber ausdrücklich vorgesehen hat (vgl. RGZ. 46, 67). Solche Ausnahme ist für die Fälle gegeben, wenn die Voraussetzungen für die Wiederaufnahme des Verfahrens durch die Nichtigkeits- oder Restitutionsklage vorliegen. Dieses Verfahren ist in einem besonderen Artikel (HdR. VI, 916) behandelt, auf den hier verwiesen wird.

II. 1. Eine andere Ausnahme ist die im § 323 ZPO. behandelte Abänderungs- oder Umwandlungsklage. Sie ist erst durch die Novelle von 1897 in die ZPO. eingefügt und bezieht sich nur auf Fälle, in denen eine Verurteilung zu künftig fällig werdenden wiederkehrenden Leistungen erfolgt ist. Wie die Begründung zu der Novelle bemerkt, ist es ein Gebot der Billigkeit, daß in solchen Fällen jeder Teil das Recht hat, eine entsprechende Abänderung des Urteils zu verlangen, wenn sich nachträglich die Verhältnisse, die für die Beurteilung maßgebend waren, ändern (vgl. Hahn Bd. VIII Materialien zum Gesetz betr. Änderungen der ZPO. 1898). Schon in § 7 des Reichshaftpflichtges. von 1871, in Artt. 209, 210 des Code civil sowie in § 119 I 6 ALR. war diesem Umstand Rechnung getragen worden. Der in diesen Bestimmungen verankerte Gedanke ist im § 323 ZPO. weiter entwickelt, wonach für alle Verurteilungen zu künftig fällig werdenden wiederkehrenden Leistungen die Abänderungsklage wegen veränderter Verhältnisse eingeführt wird. Wie RGZ. 75, 24 hervorhebt, ist das erste Urteil gewissermaßen nur als vorläufige Entscheidung gedacht, weil es die Verhältnisse für die ganze Wirkungszeit nicht übersehen kann. Da das Urteil sich meist in seinen Auswirkungen auf eine erhebliche Dauer erstreckt, gibt die Abänderungsklage die Möglichkeit, bei nachträglich eintretenden Veränderungen der Verhältnisse, die bei dem Urteilsspruch noch nicht vorausgesehen werden konnten, diese in einem neuen Verfahren sei es zu Gunsten des Berechtigten oder des Verpflichteten zu berücksichtigen. Das Gesetz geht also hierbei davon aus, daß mit dem ersten Urteil der Rechtsvorgang nicht erledigt ist, sondern daß die Rechtsfolgen immer neu entstehen (vgl. Jaeger, Leitfaden zur Vorlesung über Zivilprozeßrecht, S. 156).

2. § 323 ZPO. knüpft die Abänderung des Urteils an genau bestimmte materielle und prozessuale Voraussetzungen.

a) In materieller Hinsicht muß es sich um eine Verurteilung zu künftig fällig werdenden wiederkehrenden Leistungen handeln. Hierher gehören Schenkungen von regelmäßig wiederkehrenden Unterstützungen (§ 520 BGB.), Leibrenten (§ 759 BGB.), Geldrenten bei Körperverletzungen und Tötung (§ 843 BGB.), alle Unterhaltsforderungen kraft familienrechtlicher Beziehungen (§§ 1360, 1578, 1601, 1708ff. BGB.), Ansprüche aus § 7 RHaftpflG., § 13 KraftfahrzeugG., § 24 LuftverkehrsG. und sonstige auf Gesetz oder Vertrag beruhende in regelmäßigen Zeitabständen zu leistende wiederkehrende Verpflichtungen. Überbau- und Notwegrenten scheiden hier aus, weil für sie nachträglich eintretende Wertveränderungen ohne Bedeutung sind (vgl. RGKomm. § 912 BGB. Anm. 14).

Es muß eine Verurteilung erfolgt sein. Ist die Klage abgewiesen, weil eine Haftpflicht der beklagten Partei abgelehnt ist, so ist damit der Anspruch rechtskräftig aberkannt und die erneute Geltendmachung wegen der Rechtskraft der vorangegangenen Entscheidung ausgeschlossen. Ist dagegen die Haftpflicht im Urteil bejaht und hat die Klage nur deshalb keinen Erfolg gehabt, weil zur Zeit des Urteilsspruchs noch keine Schadensfolgen voraussehbar sind, so steht die Abweisung der ursprünglichen Klage der Erhebung der Abänderungsklage nicht entgegen, falls sich nachträglich Schadensfolgen bemerkbar machen (RGZ. 108, 413). Maßgebend ist, ob das erste Urteil die Haftpflicht verneint oder bejaht. Ist das Letzte der Fall, so würde es widersinnig sein, die Abänderungsklage deshalb zurückzuweisen, weil die erste Klage mangels Vorliegens von Schadensfolgen erfolglos bleiben mußte, während die neue Klage bei der Verurteilung selbst zu der geringsten Rente zugelassen werden müßte. Dem gerichtlichen Urteil wird man einen Schiedsspruch gleichsetzen müssen. Ist dagegen die Verurteilung durch eine einstweilige Verfügung ausgesprochen, so findet bei Veränderung der Verhältnisse nicht § 323, sondern §§ 927, 936, 627 ZPO. Anwendung, wonach in solchen Fällen die Verfügung aufgehoben werden kann (vgl. Stein-Jonas ZPO. § 323 Anm. II 2). Durch die Nov. vom 13. VIII. 1919 sind nach § 323 Abs. 4 ZPO. der Verurteilung gleichgestellt Vergleiche, die nach Erhebung der Klage oder in einem Güteverfahren zwischen den Parteien oder zwischen einer Partei und einem Dritten zur Beilegung des Rechtsstreits seinem ganzen Umfang nach oder in betreff eines Teils des Streitgegenstandes vor einem deutschen Gericht oder einer Gütestelle der im § 495a Abs. 1 Nr. 1 ZPO. abgeschlossen sind, sowie aus Vergleichen, die gemäß § 118a ZPO. zu richterlichem Protokoll genommen sind (§ 794 Ziff. 1 ZPO.); ferner Urkunden, die vor einem deutschen Gericht oder von einem deutschen Notar innerhalb der Grenzen seiner Amtsbefugnisse in der vorgeschriebenen Form aufgenommen sind, sofern die Urkunde über einen Anspruch errichtet ist, welcher die Zahlung einer bestimmten Geldsumme oder die Leistung einer bestimmten Quantität anderer vertretbarer Sachen oder Wertpapiere zum Gegenstand hat und der Schuldner sich in der Urkunde der sofortigen Zwangsvollstreckung unterworfen hat (§ 794 Ziff. 5 ZPO.). Doch muß in dem Vergleich oder in der vollstreckbaren Urkunde die Verpflichtung zu regelmäßig wiederkehrenden Leistungen übernommen sein. Daraus ergibt sich, daß weder ein privatschriftlicher Vergleich noch ein Abfindungsvertrag oder -vergleich die Voraussetzungen des § 323 Abs. 4 zur Erhebung der Abänderungsklage erfüllt (RGZ. 106, 233, KG. 10. III. 1923; JW. 24, 202 und Fraeb, JW. 22, 426).

Es muß ferner eine wesentliche Veränderung derjenigen Verhältnisse eingetreten sein, die für die Verurteilung zur Entrichtung der Leistungen, für die Bestimmung der Höhe der Leistungen oder die Dauer der Entrichtung maßgebend waren. Die Veränderung muß nachträglich eingetreten sein, Tatsachen, die schon vor der Verurteilung vorlagen, aber erst später der Partei bekannt geworden sind, erfüllen die Voraussetzung der nachträglichen Veränderung nicht (vgl. Stein-Jonas, ZPO. § 323 Anm. II 4). Veränderungen der genannten Art können sich aus den allgemeinen Umständen ergeben oder können in der Person des Berechtigten oder Verpflichteten liegen. Die veränderten Umstände dürfen zur Zeit des ersten Urteils oder des Abschlusses des Vergleichs oder Vertrags noch nicht berücksichtigt oder voraussehbar gewesen sein und dürfen dem Lauf der Dinge, wie sie zu dieser Zeit erscheinen mußten, nicht entsprechen (RGZ. 83, 65). So kann z. B., wie dort ausgeführt wird, eine infolge Alters eintretende Minderung der Erwerbsverhältnisse nicht als eine i. S. des § 323 ZPO. geltende wesentliche Veränderung angesehen werden, weil sie im Zeitpunkt der Zuerkennung der Rente voraussehbar war. Entsprechendes gilt für den Unterhaltsanspruch des Kindes, dessen Bedürfnisse mit zunehmendem Wachstum steigen. Ebenso müssen hier Änderungen in den Anschauungen oder den Beweismöglichkeiten außer Betracht bleiben, wie z. B. eine veränderte Stellungnahme der ärztlichen Wissenschaft zu der Frage, inwiefern eine Schreckwirkung heilbar und bestimmte Folgeerscheinungen nicht auf den Unfall zurückzuführen sind; denn darin liegt lediglich eine veränderte Beurteilung der maßgebenden Verhältnisse, nicht eine Veränderung der Verhältnisse selbst (RG. 27. II. 1928; JW. 28, 1387; RG. 18. VI. 1928; R. 28 Nr. 2165 und Baumbach ZPO. § 323 Anm. 4).

Es ist schlechterdings nicht möglich, die Fülle der in der Rechtsprechung behandelten Fälle hier aufzuführen, es können nur einzelne Beispiele, aus denen sich mit besonderer Deutlichkeit ergibt, was als wesentliche Veränderung anzusehen ist, genannt werden. Hierher gehört eine erhebliche nicht voraussehbare Teuerung. So wird man mit dem

LG. Eisenach (JW. 28, 289) annehmen dürfen, daß die falsche Einschätzung der Rentenmark nach dem Ende der Geldentwertung und die danach eingetretene Verteuerung der Lebensverhältnisse als eine nicht voraussehbare wesentliche Änderung der für die Höhe der Rente maßgebenden Verhältnisse zu betrachten ist, obgleich darin zum Teil eine unrichtige Beurteilung des damaligen Geldwertes liegt. Ist dagegen die Jahresrente durch eine Grundzahl vervielfältigt mit der jeweiligen Reichsindexziffer zuerkannt, so sind die Rentenansprüche auf eine wertbeständige Grundlage gestellt und diese Grundlage besteht weiter, da die Indexziffern nach wie vor neu festgesetzt werden (RG. 22. XI. 1926; JR. 27 Nr. 314). Auf die Frage, ob für die Zeit der Geldentwertung für die Abänderung der Rentenleistungen die Klage aus § 323 ZPO. oder die Aufwertung nach § 242 BGB. gegeben ist, kann hier nicht näher eingegangen werden, da diese Frage inzwischen keine größere Bedeutung mehr hat. M. E. wird man Ledig, JW. 24, 1242 folgen müssen, der annimmt, daß hier der Weg über § 323 ZPO. verschlossen und allein der Weg über § 242 BGB. zur Angleichung der Rente an die jeweilige Entwertung zulässig ist. Weiterhin kann eine Abänderung gesetzlicher Bestimmungen eine wesentliche Veränderung der bei dem ersten Urteilsspruch nicht voraussehbaren Verhältnisse mit sich bringen, wie z. B. eine von dem bisherigen Recht abweichende Regelung der zur Unterhaltsleistung verpflichtenden Familienzugehörigkeit (RGZ. 46, 67) oder die Erhöhung von Gehaltssätzen, wenn für die zuerkannte Rente das bisherige Gehalt als Grundlage gedient hat (RGZ. 22, 90). Als Änderungen in der Person des Berechtigten oder Verpflichteten kommen in Betracht Verbesserungen oder Verschlechterungen des Gesundheitszustandes, soweit sie mit dem die Unterhaltsleistung begründenden Ereignis in ursächlichem Zusammenhang stehen, Verschlechterung der dadurch bedingten Erwerbsverhältnisse (RGZ. 86, 181); die wirtschaftliche Verschlechterung des Verpflichteten, der sich mit Rücksicht auf seine günstige Vermögenslage zu einer erhöhten Leistung bereit gefunden hatte (LG. Nürnberg, JW. 26, 72); der Eintritt eines neuen Schadens, der unabhängig von dem vom Ersatzpflichtigen zu vertretenden Umstand die Erwerbsfähigkeit des Berechtigten beschränkt oder aufhebt, soweit das neue Leiden nicht eine Folge des früheren bildet (RGZ. 68, 352), eine Freiheitsstrafe des Berechtigten, die seine Erwerbsfähigkeit für diese Zeit aufhebt (RGZ. 1, 67), und andere derartige Umstände. Ist die Dauer der Leistung zeitlich begrenzt, weil damals vorausgesetzt wurde, daß die Minderung der Erwerbsfähigkeit in dieser Zeit behoben sein würde, und hält wider Erwarten die Minderung der Erwerbsfähigkeit darüber hinaus an (RGZ. 2, 5 und RG. 21. XII. 1926; JR. 27 Nr. 531), oder weil nach der allgemeinen Lebenserfahrung mit einer Erwerbsfähigkeit über ein Alter von 70 Jahren nicht gerechnet werden kann, und ergibt sich später, daß im besonderen Fall die Erwerbsfähigkeit noch besteht (RGZ. 86, 377), so ist die Abänderungsklage berechtigt, vorausgesetzt, daß im übrigen die Bedingungen hierfür vorliegen.

b) In prozessualer Hinsicht wird verlangt, daß die Gründe, auf die sich die Klage stützt, erst nach dem Schluß der mündlichen Verhandlung, in der eine Erweiterung des Klageantrags oder die Geltendmachung der Einwendungen spätestens hätte erfolgen müssen, entstanden sind und durch Einspruch nicht mehr geltend gemacht werden können (§ 323 Abs. 2 ZPO.). Aus diesem Wortlaut ergibt sich nicht, daß das erste Urteil rechtskräftig sein muß, man wird dies aber aus allgemeinen Erwägungen herleiten müssen. Die Haftpflicht als solche muß endgültig feststehen. Erst dann kann die Änderung der jeweiligen Leistungen in besonderer Klage verlangt werden. Es ist, wie hierzu RGZ. 47, 405 wohl mit Recht erwähnt, nicht beabsichtigt gewesen, zu Gunsten der neuen Klage die Grundsätze der Rechtshängigkeit durch Zulassung mehrerer nebeneinander hergehender Prozesse zu durchbrechen. Die gegenteilige von Stein-Jonas in Anm. II, 2 zu § 323 ZPO. vertretene Ansicht kann nicht überzeugen. Man bedenke nur, wohin es führen soll, wenn während des Laufs des Rechtsstreits über die Haftpflicht gleichzeitig ein neuer Prozeß eingeleitet werden könnte, in dem die Erhöhung der in dem zunächst noch schwebenden Rechtsstreit zuerkannten Rente verlangt wird. Dies könnte zwei sich widersprechende Entscheidungen in der gleichen Frage ergeben. Schon deshalb wird man hier die Auffassung von Stein-Jonas ablehnen müssen. Die Vorschrift des § 323 Abs. 2 ZPO. stimmt fast wörtlich mit der über die prozessualen Voraussetzungen der Vollstreckungsgegenklage im § 767 Abs. 2 ZPO. überein. Sie weicht nur insofern ab, als nicht nur der Schuldner, sondern auch der Gläubiger den Rechtsbehelf aus § 323 Abs. 2 ZPO. hat (RGZ. 104, 228). Entscheidend ist, ob die Veränderung der Verhältnisse nach der letzten mündlichen Verhandlung, auf die das Urteil ergangen ist, eingetreten ist. Ist sie vorher erfolgt, so muß sie von den Parteien im anhängigen Rechtsstreit vorgebracht werden, da ihnen für diesen Fall die Abänderungsklage verschlossen ist. Bei Zuerkennung der wiederkehrenden Leistungen durch Versäumnisurteil ist Folgendes zu beachten. Tritt die Veränderung der Verhältnisse ein, bevor die Einspruchsfrist gegen das Versäumnisurteil abgelaufen ist, so muß die beklagte Partei, will sie Rechte aus den veränderten Umständen zu ihren Gunsten herleiten, Einspruch einlegen und im Einspruchsverfahren sich darauf berufen, da auch hier der Weg der Abänderungsklage für sie nicht gegeben ist. Das Gleiche gilt für den Kläger in entsprechender Weise, wenn die Gegenseite gegen das gegen sie ergangene Versäumnisurteil Einspruch erhoben hat (RGZ. 104, 228). Hat dagegen der Beklagte das Versäumnisurteil rechtskräftig werden lassen, so ist der Kläger nicht gehindert, die kurz nach Erlaß des Urteils eingetretenen Umstände zu seinen Gunsten zum Gegenstand der neuen Klage zu machen. Es können also die Veränderungen, die im Einspruchsverfahren geltend gemacht werden konnten und nicht vorgebracht werden, nicht nachträglich nach § 323 ZPO. berücksichtigt werden (RGZ. 40, 352; 55, 187). Da dort nur vom Einspruch, nicht aber von der Einlegung der Berufung die Rede ist, so folgt daraus, daß die nach Erlaß des Urteils im Streitverfahren, aber vor Ablauf der Berufungsfrist eingetretenen, für die Höhe der Leistungen maßgebenden Verhältnisse nicht etwa die hiervon betroffene Partei zwingen, Berufung gegen das Urteil einzulegen, um die neuen Tatsachen vorbringen zu können. Hierzu würde sie z. B. dann gar nicht in der Lage sein, wenn das erste Urteil ihrem Antrag voll entsprochen hat, da die Partei dann durch das Urteil nicht beschwert ist. Vielmehr bleibt ihr hier der Weg der Abänderungsklage, wenn das erste Urteil rechtskräftig wird. Bei Entscheidungen ohne mündliche Verhandlung gemäß § 7 der EntlVO. wird man den dem Schluß der mündlichen Verhandlung entsprechenden Zeitpunkt auf den Moment der Absendung der schriftlichen Mitteilung über die Entscheidung verlegen müssen (vgl. Stein-Jonas, ZPO. § 128 Anh. III 4). Für die Fälle des § 323 Abs. 4 wird der Abschluß des Vergleichs oder des Vertrags als der maßgebende Zeitpunkt anzusehen sein, bis zu dem die Veränderung der Verhältnisse nicht voraussehbar gewesen sein darf.

3. Der ursprüngliche Rechtsstreit und die Abänderungsklage, die allgemein als Gestaltungsklage gilt, sind prozessual völlig selbständig. Auch wenn gewissermaßen das vorangehende Urteil die Rente nur vorläufig festsetzt, darf man die Abänderungsklage deswegen nicht etwa als Nachverfahren betrachten. Demgemäß richtet sich der Gerichtsstand für sie nach den allgemeinen Vorschriften, also in der Regel nach dem Ort, an dem der Schuldner zur Zeit der Klageerhebung seinen Wohnsitz hat (RGZ. 1, 315; 52, 344). Soweit die materiellen und prozessualen Voraussetzungen gegeben sind, hat das Gericht bei der Beurteilung des Abänderungsanspruchs dieser die rechtskräftige Entscheidung über die Haftpflicht zu Grunde zu legen. Gegen sie können Einwendungen nicht mehr erhoben werden. Das Gericht hat sich nur mit der Frage zu befassen, ob die veränderten Verhältnisse eine Erhöhung, Verlängerung oder Herabsetzung der zuerkannten Leistungen rechtfertigen. Auf eine Erörterung darüber, ob die Haftpflicht als solche zu Recht oder Unrecht angenommen ist, darf es sich nicht einlassen. Von der beklagten Partei können somit nur Einwendungen vorgebracht werden, die sich gegen den Abänderungsanspruch richten. Wird der Einwand der Verjährung erhoben, so ist zu beachten, daß die Verjährungsfrist erst nach Eintritt der Veränderung der Verhältnisse und der Kenntnis davon zu laufen beginnt (RGZ. 86, 181; 86, 377). Die einmalige Abänderung des Urteils steht der Wiederholung wegen erneut eingetretener veränderter Umstände nicht entgegen (RGZ. 108, 413). Hat das Gericht geprüft, ob die oben angegebenen Voraussetzungen für die Abänderungsklage vorliegen, ob also wesentliche Veränderungen der wiederkehrenden Leistungen zu einer Zeit eingetreten sind, wo sie im Vorprozeß nicht mehr geltend gemacht werden konnten, und hat es diese Fragen bejaht, so wird es erst dann auf den geltend gemachten Abänderungsanspruch als solchen eingehen dürfen. Dabei ist die Gesamtheit der inzwischen eingetretenen Veränderungen nachzuprüfen und zwar auch dann, wenn nur ein einzelner für die Schadensberechnung maßgebender Punkt angegriffen ist. In jedem Fall muß das Gericht feststellen, ob etwa trotz der Erhöhung des Anspruchs nach der einen Richtung eine Herabminderung nach der anderen eingetreten ist (RGZ. 74, 131). Die Neufestsetzung muß, wie Hardeland (JW. 25, 735) mit Recht sagt, den geänderten Verhältnissen, wie sie sich zur Zeit des Abänderungsurteils als völlig neue Sachlage gestaltet haben, entsprechen. Das Gericht kann also die zuerkannte Rente oder die sonstigen Leistungen aus dem Urteil zeitlich verlängern, erhöhen, verringern oder wegen Beseitigung der Schadensfolgen ganz aufheben. Die Abänderung von Vergleichen oder vollstreckbaren Urkunden über wiederkehrende Leistungen ist nur nach den Vertragsgrundsätzen des materiellen Rechts,

nämlich der den Rentenverträgen regelmäßig innewohnenden clausula rebus sic stantibus zu beurteilen. Das Gericht wird, wie schon oben erwähnt, hier prüfen müssen, ob im Zeitpunkt des Abschlusses des Vergleichs oder des Vertrags mit einer Änderung der Verhältnisse gerechnet werden konnte und gerechnet worden ist. Eine weitergehende Bedeutung hat § 323 Abs. 4 ZPO. nicht. Die Vorschrift ist rein prozessual anzusehen (vgl. Stein-Jonas, ZPO. § 323 Anm. IV, 1 und Lucas, JW. 25, 737).

Kommt das Gericht zu einer Abänderung des früher erlassenen Urteils, so ist dieses aufzuheben und die Rente anderweitig festzusetzen oder abzusprechen. Die Abänderung darf gemäß § 323 Abs. 3 ZPO. nur für die Zeit nach Erhebung der Abänderungsklage erfolgen. Wenn diese Regelung auch in einzelnen Fällen Härten mit sich bringen kann, so sind, wie in der Begründung zu der Novelle gesagt ist, hierfür Zweckmäßigkeitserwägungen maßgebend gewesen, da die Ermittlung des Zeitpunktes, in dem die Änderung der maßgebenden Verhältnisse tatsächlich eingetreten ist, mit erheblichen Schwierigkeiten verbunden ist (vgl. Hahn a. a. O. S. 104). Wird im Lauf der Abänderungsklage der Antrag vom Geschädigten oder Ersatzpflichtigen erweitert, so gilt doch die Klageerhebung als der Zeitpunkt, von dem ab das Urteil abgeändert werden darf (RGZ. 75, 24). Entsprechendes gilt naturgemäß für die im § 323 Abs. 4 ZPO. genannten Vergleiche oder vollstreckbaren Urkunden.

4. Zu der Frage, ob statt der Klage aus § 323 beim Vorliegen der Voraussetzungen die Vollstreckungsgegenklage aus § 767 (vgl. Bd. VI, Art. Zwangsvollstreckung, S. 1124) erhoben werden kann, gehen die Ansichten auseinander. Busch (ZPO. § 767 Anm. 1) bemerkt hierzu, daß Klagen auf Erhöhung oder (des Beklagten) auf Minderung einer zuerkannten Rente wegen wesentlicher Änderung der Verhältnisse aus § 323 nicht unter § 767 fallen. Dagegen spricht sich Stein-Jonas (§ 323 Anm. III) und Baumbach (ZPO. § 323 Anm. 1) dafür aus, wenn die Veränderung gleichzeitig den Tatbestand einer Einwendung gegen den Anspruch selbst darstellt. Die Vollstreckungsgegenklage dient nur zum Schutz des Schuldners. Sie wendet sich nicht gegen den Urteilsanspruch, sondern gegen dessen Vollstreckbarkeit, deren Beseitigung sie anstrebt (vgl. Baumbach, ZPO. § 767 Anm. 1). Sie ist also keine Abänderungsklage, sondern eine Maßnahme gegen die Zwangsvollstreckung, wenn nach Erlaß des Urteils sich Tatsachen ergeben, die den Anspruch hinfällig machen oder beschränken. Hierher gehören nachträgliche Zahlung, Aufrechnung, Vergleich, Stundung, Erlaß usw. (vgl. die bei Busch, ZPO. § 767 aufgeführten zahlreichen Beispiele). M. E. stellt § 323 eine Sondervorschrift dar, die beim Vorliegen der gestellten Voraussetzungen in der Regel die Anwendung des § 767 ZPO. ausschließt und nicht dem Schuldner die Wahl läßt, ob er den einen oder den anderen Weg einschlagen will (vgl. auch Burghart, JW. 26, 2425). Das Richtige dürfte die Entscheidung des OLG. München vom 23. XII. 1927; (BayRpflZ. 28, 292) treffen, die den gleichen Standpunkt vertritt und bemerkt, die Klage aus § 323 habe eine Veränderung der tatsächlichen Verhältnisse, die sich auf die Bedürftigkeit des Gläubigers und die Leistungsfähigkeit des Schuldners beziehen, zum Gegenstand und gebe aus Billigkeitsgründen eine Änderung des rechtsgestaltenden Urteils über die Höhe und den zeitlichen Umfang der wiederkehrenden Leistungen; die Klage aus § 767 sei dagegen gegeben, wenn die tatsächlichen Veränderungen der Verhältnisse eine Veränderung der Rechtsgrundlage des Anspruchs, ein Erlöschen oder eine Minderung des Anspruchs als solchen zur Folge hat; doch könne die Grenze zwischen der Veränderung der Verhältnisse bei der Klage aus § 323 und aus § 767 sich unter Umständen so verwischen, daß je nach der Begründung sowohl die eine wie die andere Klage gerechtfertigt erscheint. In RGZ. 52, 344 wird die Frage nur kurz gestreift, ohne daß hierzu deutlich Stellung genommen wird.

III. Zum Schluß sei noch erwähnt, daß eine ausdehnende Anwendung des § 323 wegen nachträglicher Veränderung der dem Urteil zu Grunde liegenden Verhältnisse auf nicht dauernde Rechtslagen nur mit größter Vorsicht vorgenommen werden darf. Einen Anwendungsfall bietet, wie Stein-Jonas, ZPO. § 322 Anm. VIII 4 erwähnt, einmal das Feststellungsurteil, das die Verpflichtung zu bestimmten wiederkehrenden Leistungen feststellt, also inhaltlich den Voraussetzungen des § 323 entspricht, aber formell nicht darunter fällt, ferner noch die Verurteilung zur Herstellung eines bestimmten Zustandes nach § 906 BGB.

Nicht als Abänderungsklage ist die auf Beseitigung eines rechtskräftigen Urteils gerichtete Klage anzusehen, wenn dieses zum Schaden des Verurteilten erschlichen ist. Sie berührt die Rechtskraft des Urteils nicht, sie beruht auf einem Schadensersatzanspruch nach § 826 BGB., durch den die Urteilswirkungen durch Herausgabe des Titels für die Zwangsvollstreckung beseitigt werden und die Unterlassung der Zwangsvollstreckung erzielt werden soll (RGZ. 61, 364; 78, 390 u. a.). Auf den Meinungsstreit, ob und inwieweit derartige Klagen zulässig sind, näher einzugehen, würde den Rahmen dieses Artikels überschreiten. Es kann hier nur auf die eingehenden Ausführungen bei Stein-Jonas (ZPO. § 322 Anm. VIII 2 und IX 2) verwiesen werden.

Werner Simonson.

Abfuhrwesen s. Versorgungsbetriebe.

Abhängigkeit.

Die Frage, ob „Abhängigkeit" ein fest umschreibbarer juristischer Begriff ist, darf um deswillen als nicht unwichtig bezeichnet werden, weil sich die Abhängigkeit oder ein Abhängigkeitsverhältnis in den verschiedenen Zweigen des Rechts richtunggebend bemerkbar macht. Jedenfalls ist davon auszugehen, daß Abhängigkeit ein Rechtsverhältnis, also mehr als eine bloß tatsächliche persönliche oder wirtschaftliche Beziehung ist. Das wird deutlich, wenn wir die verschiedenen Arten der Abhängigkeitsverhältnisse durchgehen. Aber es wird dabei zugleich deutlich werden, daß zwar das Vorhandensein eines Abhängigkeitsverhältnisses eine juristische Größe ist, daß jedoch das Maß der Abhängigkeit vorwiegend metajuristisch, nämlich wirtschaftlich und sozial bestimmt erscheint. Das gilt sowohl für die Abhängigkeit von Personen wie von Rechten. Jedenfalls muß der Versuch einer Gruppierung gemacht werden, woraus sich weitere theoretische und praktische Klärung ergibt.

1. Personen-Abhängigkeit.

a) Öffentlichrechtliche Abhängigkeit.

α) Staatsrechtliche Abhängigkeit. Das Problem der staatsrechtlichen Abhängigkeit, das heißt: der Abhängigkeit des Individuums vom Staate selbst oder von anderen Individuen kraft öffentlichrechtlicher Satzung ist identisch mit dem weltgeschichtlich zentralen Problem der Freiheit und Unfreiheit (s. d. Artt. Hörigkeit, Leibeigenschaft usw.). Daß vielfach die staatsrechtliche Unfreiheit zunächst auf eine „völkerrechtliche" (s. u. zu β) zurückgeht, nämlich auf die kriegerische Unterwerfung fremder Stämme und Völker, die zu Heloten, Plebejern, Hörigen, Leibeigenen, Knechten werden, zeigt, wie eine Form des Rechtsverhältnisses aus der anderen sich entwickelt. So steht es ähnlich mit den verschiedenen Graden der Abhängigkeit des Einzelnen vom Staate wie von anderen Volksgenossen; das Maß der Abhängigkeit vom Staatswillen und von den Behörden ist stets größer gewesen bei denen, die auch von Patriziern bzw. von den herrschenden Klassen abhängig gewesen sind, als bei diesen selbst (L'état c'est moi, Allmacht der Granden u. dgl.). Die Entwicklung — durch Evolution und Revolutionen — ging im Laufe der Jahrhunderte dahin, daß diese Abhängigkeit nach den Staatsgrundgesetzen immer geringer wurde, doch ist nicht zu verkennen, daß dies in mancher Hinsicht nur auf dem Papier steht und durch tatsächliche, d. h. wirtschaftliche und bürokratische Abhängigkeit ersetzt wird. Daß es in dieser Hinsicht überhaupt keine gradlinige Entwicklung gibt, zeigt die Geschichte allenthalben, als Beispiel sei nur auf den Rückschlag in Deutschland im 15. Jahrhundert hingewiesen, von dem es bei Schröder-Künßberg, Deutsche Rechtsgeschichte, S. 500 heißt: „Überall wurden die Zügel straffer angezogen, Leibeigene und Hörige gerieten in strengere Abhängigkeit, und die Freien vermochten ihre Freiheit immer weniger zu bewahren, selbst in den Kolonisationsländern gewann die Hörigkeit (der Bauern), vorher bei den Eingewanderten völlig unbekannt, seit der zweiten Hälfte des 15. Jahrhunderts an Boden." Auch sonst folgt häufig auf eine freiere Ära eine Anspannung der Abhängigkeiten und dann als Protest auf diese eine Welle der Befreiung. Man täusche sich auch nicht darüber, daß gerade in solchen Dingen die Rechtsordnung ganz überwiegend sowohl von der politischen Gesinnung wie von der Wirtschaftsordnung abhängig ist. Aus der deutschen Reichsverfassung von 1919 gehören die Artt. 109, 114, 118, 119 u. 151 in dieses Problem, da dort die Gleichheit vor dem Gesetz, die Freiheit der Person, die freie Meinungsäußerung, die Gleichberechtigung der Geschlechter, die wirtschaftliche Freiheit des Einzelnen nach den Grundsätzen der Gerechtigkeit festgelegt ist. Wieweit dieses Programm bereits durch die tatsächliche Entwicklung erfüllt ist, darüber werden die Meinungen erheblich auseinandergehen (vgl. unten zu γ). Jedenfalls ist „Abhängigkeit" auch staatsrechtlich ein Sammelbegriff für viele Arten der Unfreiheit.

β) Völkerrechtliche Abhängigkeit. Auf den historischen (ursächlichen) Zusammenhang zwischen staatsrechtlicher und völkerrechtlicher Abhängigkeit ist schon oben zu α) hingewiesen worden. Mit der Konsolidierung der Staaten und dem Entstehen völkerrechtlicher Anschauungen haben sich die Formen völkerrechtlicher Abhängigkeit spezifiziert zu Protektoraten, Vasallenverhältnissen, Halbsouveränität u. dgl. Denn die „äußere Souveränität" wird mit „Unabhängigkeit" gleichgesetzt (vgl. Kelsen in

Strupp, Wörterb. d. Völkerrechts II 555 u. I 522). Über diese Dinge ist im Art. Staat, HdR. V 582ff. u. VI 678ff. gesprochen.

b) Privatrechtliche Abhängigkeit. Die oben zu *a*) erwähnte Gleichheit ist bereits in den Gesetzen selbst durchbrochen; denn das „Abhängigkeitsverhältnis" eines Menschen von einem anderen ist in § 825 BGB. (vgl. auch § 847 BGB.) ausdrücklich als Bedingung des Schadensersatzanspruches für einen Angriff auf die weibliche Geschlechtsehre genannt, und Planck Komm. (II 1759) läßt diese Voraussetzung vorhanden sein bei Mißbrauch der „rechtlichen oder tatsächlichen Abhängigkeit". Eine solche besteht z. B. zwischen Arbeitgeber und Arbeitern, Vormund und Mündel, Haushaltungsvorstand und Hausangestellten, Arzt und Patientin, Pfarrer und Beichtkind, Lehrer und Schülerin (Planck-Greiff, ebda, der auch ein Abhängigkeitsverhältnis zwischen einem nahen Angehörigen der Verführten und dem Verführer mit Recht in den Kreis des § 825 zieht). Derselbe Gedanke liegt dem § 174 StGB. zu Grunde, der unzüchtige Handlungen unter Mißbrauch eines Abhängigkeitsverhältnisses mit Zuchthaus bestraft; dort sind genannt: Vormund und Mündel; Adoptiv- oder Pflegeeltern und ihre Kinder; Geistliche, Lehrer oder Erzieher und ihre minderjährigen Schüler und Zöglinge; Beamte und die ihrer Obhut anvertrauten oder behufs einer Untersuchung ihnen gegenüberstehenden Personen; Beamte, Ärzte oder andere Medizinalpersonen und die Gefangenen oder ihrer Fürsorge unterstellten Personen. Das in diesen Fällen vorliegende „Autoritäts"- oder „Überordnungsverhältnis" ist nichts wesentlich anderes als das im § 825 BGB. genannte Abhängigkeitsverhältnis; die Unterschiede sind nur strafrechtlicher Art. Zu den Abhängigkeitsverhältnissen ist auch das zwischen Eltern und (minderjährigen) Kindern und zwischen Ehemann und Ehefrau zu rechnen, wie aus einem Vergleich mit § 181 StGB. (qualifizierte Kuppelei) hervorgeht, wo das Autoritätsverhältnis der Eltern oder des Ehemannes mit dem des Vormunds, Geistlichen, Lehrers oder Erziehers sachlich gleichgestellt wird. Aber es ist mit Liszt-Schmidt (Lehrbuch 1927 S. 555) zu betonen, daß es sich um das Moment der wirtschaftlichen Ausbeutung dabei handelt, so daß also auch das Abhängigkeitsverhältnis hier nur vorliegt, wenn autoritative Momente wirtschaftlich mißbraucht werden: „Das Wesen des Zuhältertums besteht bei unbefangener Betrachtung in der Ausbeutung des Abhängigkeitsverhältnisses, in dem sich die Kontrolldirne infolge ihrer rechtlichen und gesellschaftlichen Stellung ihrem Beschützer gegenüber befindet" (Liszt-Schmidt § 108 IV mit Anm. 12). Es ist also auch hier das soziale Moment, das überall für Fragen der Abhängigkeit wesentlich ist.

Während also in den familienrechtlichen Bestimmungen, nach denen (§ 1345 BGB.) dem Ehemanne die Entscheidung in allen das gemeinschaftliche eheliche Leben betreffenden Angelegenheiten, insbesondere Wohnort und Wohnsitz (abhängiger Wohnsitz, anders beim „Steuerwohnsitz"), zusteht und ihm in erster Linie die elterliche Gewalt über die Kinder zukommt, ein gewisses Abhängigkeitsverhältnis trotz der Grundsätze der Reichsverfassung gesetzlich festgelegt ist, ist ein Gleiches für das Verhältnis des Arbeitgebers zum Arbeitnehmer nicht gegeben. Denn trotz der Arbeits- und Unterordnungspflicht, trotz des Anweisungsrechts des Arbeitsherrn oder Bestellers im Dienst- und Werkvertrag und trotz einer gewissen Fürsorgepflicht des Arbeitgebers ist dieses Abhängigkeitsverhältnis nicht so sehr rechtlicher als vielmehr wirtschaftlicher und tatsächlicher Natur, und zwar weil es gekündigt werden kann und weil die Abhängigkeit nur während des Dienstverhältnisses besteht. Trotzdem kann kaum geleugnet werden, daß eine solche Abhängigkeit auch mit einer gewissen rechtlichen Kraft vorhanden ist, selbst wenn Lotmar (Arbeitsvertrag II 858) sagt, daß „von der persönlichen Unterordnung oder Abhängigkeit als eigentümliche Rechtsfolge des Dienstvertrags im BGB. nichts zu finden ist." Lotmar sagt aber ganz richtig: „In Wirklichkeit findet man viele Arbeitnehmer des Dienstvertrages in größerer persönlicher Unabhängigkeit als viele Unternehmer eines Werkvertrages. Solche Abhängigkeit oder Unterordnung, wo sie nicht bloßer Reflex des dem Arbeitgeber zustehenden Direktionsrechts ist, rührt bisweilen von der Art oder den Umständen, oft von der Persönlichkeit der Parteien her, namentlich einer wirtschaftlichen Inferiorität oder dem geringeren Bildungsgrad des Arbeitnehmers, die schon vor dem Vertragsabschlusse vorhanden, also nicht durch diesen begründet ist." Dieses „patriarchalische Verhältnis" wird freilich durch die moderne Entwicklung des Arbeitsrechts immer mehr zu beseitigen gestrebt, ohne daß es gelingen kann, die wirtschaftliche und soziale Abhängigkeit ganz zu beseitigen. Rechtlich anders liegt es noch im Lehrlingsverhältnis; infolge der Lehr- und Lernpflicht sowie der Fürsorge- und Gehorsamspflicht ist ein Abhängigkeitsverhältnis gegeben, das seinen Ausdruck u. a. auch im Züchtigungsrecht findet (vgl. Art. Lehrlingsrecht, HdR. III 939ff. und Züchtigungsrecht, HdR. VI 1045ff.).

Das Maß der Abhängigkeit aber ergibt sich nicht nur aus den Umständen des Falles, sondern auch aus Wesen und Zweck der betreffenden Rechtsinstitution. Daher ist, wie wir sahen, ein einheitlicher Begriff und Umfang der Abhängigkeit auch aus den verschiedenen gesetzlichen Bestimmungen schwer herauszuschälen. Es handelt sich um eine Frage von starker Relativität.

2. Sachen-Abhängigkeit. Zur sachenrechtlichen Abhängigkeit kann man das Rechtsverhältnis zwischen Sache und Frucht (s. Art. Fruchterwerb, HdR. II 543ff.), das Verhältnis der Bestandteile und Zubehöre (s. Artt. Sachen, HdR. V 216ff. und Bestandteile in diesem Erg.-Bd.), auch das Recht der Dienstbarkeiten, Reallasten u. dgl. (HdR. II 47ff., IV 212ff., IV 636ff.) rechnen. Aber es ist bei der Verschiedenheit dieser Institutionen kaum mehr als eine akademische Synthese, sie dem Sammelbegriff der sachenrechtlichen Abhängigkeit einzuordnen; denn es bleibt zu bedenken, daß in manchen Institutionen mehr die Abhängigkeit der Sachen voneinander (mehr natürlicher Art, wie bei Bestandteilen und Früchten) in Betracht zu ziehen ist, während bei anderen wieder mehr die rechtliche Seite (sachenrechtliche Satzung) die Abhängigkeit herbeiführt, wie bei Dienstbarkeiten, Besitzdienerschaft. Die Besitzdienerschaft (§ 855 BGB.) wird daher besser unten zu 3 zu besprechen sein, während es bei Sammelvermögen und Sachinbegriffen sich deutlich um eine Kumulierung von natürlicher Sachenabhängigkeit mit gesetzter sachenrechtlicher Abhängigkeit handelt; vgl. Art. Sondervermögen und Sachinbegriff, HdR. V 524ff.; dort wurde auch bereits die Auffassung vertreten, daß die Unterscheidung zwischen universitas facti und universitas iuris kaum nennenswerte Bedeutung habe, vielmehr beides organisch ineinander übergehe. So ist es auch bei der Frage der Abhängigkeit; das dort herangezogene Beispiel von dem Vierergespann zeigt das deutlich: die vier zusammenpassenden Pferde sind nur insoweit in sachlicher Abhängigkeit voneinander (Tatsache des Gebrauchs zu Vieren, Begriff des Vierergespanns), als darin auch ein für Rechtsfolgen wichtiges Wertmoment liegt!

3. Rechts-Abhängigkeit. Es zeigte sich schon in den Ausführungen zu 1 u. 2, daß die Personen- und die Sachen-Abhängigkeit sich in einer für die juristische Betrachtung wesentlichen Rechts-Abhängigkeit geltend macht. Denn die Rechtslage der Betroffenen wird durch politische Unfreiheit beeinflußt, und wirtschaftliche Abhängigkeit oder Zusammengehörigkeit von Menschen und Dingen äußert sich in Rechtsverhältnissen, die Abhängigkeit bedeuten. Nur insoweit sind sie hier für unsere Darlegung von Belang.

Einige Anwendungsfälle rechtlicher Abhängigkeit müssen im Folgenden besonders aufgezählt werden, um die Vielgestaltigkeit rechtlicher Abhängigkeitsverhältnisse zu beleuchten:

a) Im Recht der Schuldverhältnisse und im Handelsrecht ist an das Recht der Gesellschaft und das Recht der Gemeinschaft in allen seinen Zweigen zu erinnern, da dort die Gesellschafter sich in ein Abhängigkeitsverhältnis voneinander begeben bzw. die Gemeinschafter in ein solches geraten. Bei gegenseitigen Verträgen (s. d. Art. in diesem Erg.-Bd.) ist der eine Vertrag und seine Erfüllung juristisch von dem anderen abhängig; bei der Schuldübernahme und bei der Bürgschaft ist das neue Schuldverhältnis vom Bestehen des alten abhängig; in Verträgen zu Gunsten Dritter befinden sich die Rechte des Dritten in Abhängigkeit. Überall wo eine Einwilligung oder Genehmigung zu Vertragsabschlüssen erforderlich ist, ist die Erfüllung und Wirksamkeit abhängig von den Entschlüssen dessen, der gefragt werden muß, wie dies inbesondere auch bei der Stellvertretung und z. T. auch bei der negotiorum gestio in Betracht kommt. So erlischt ja auch die Einwilligung wie die Vollmacht mit dem Erlöschen des ihr zu Grunde liegenden Rechtsverhältnisses und zeigt darin eine Abhängigkeit von dem Grundgeschäft.

Oertmann (Komm. z. BGB. II, Schuldverhältnisse 1928 S. 13) nennt die Abhängigkeit von Schuldverhältnissen mit Recht „eine wichtige, aber noch nicht genügend untersuchte Frage" und versucht eine Gruppierung in a) solche, bei denen das zweite Schuldverhältnis nur entstehen kann, wenn das erste besteht, aber unabhängig ist in dessen Fortbestehen, und b) solche, bei denen nicht nur das Entstehen, sondern auch der Fortbestand der zweiten Verbindlichkeit durch den der ersten bedingt wird (Akzessorietät, z. B. bei der Bürgschaft). Vielleicht ist dies zur Klärung der verschiedenen Arten der Abhängigkeit gut geeignet; es ist gewiß etwas anderes, ob ein einmaliges Band zwischen dem ersten und zweiten Schuldverhältnis besteht (z. B. Schuldübernahme) oder ob ein dauerndes Band vorhanden ist und das Leben des einen Rechtsverhältnisses, rein akzessorisch, mit dem des anderen eng verknüpft ist, das Erlöschen des einen also das des anderen automatisch mit sich bringt (Bürgschaft im Gegensatz z. B. zur absoluten Wechselforderung). Auch bei der Personen-Abhängigkeit finden wir ähnliche Gesichtspunkte für eine Gruppierung: a) solche Abhängigkeit, die durch einmaliges Band (Tatsache der Geburt als Kind der Eltern) entstanden sind und sich selbständig totlaufen können (mit Zeitablauf, durch wirtschaftliche und familiäre Trennung) und b) solche Abhängigkeit, die mit dem zu Grunde liegenden Rechtsverhältnis automatisch verbunden ist und sich mit dessen Endigung automatisch totläuft (Lehrlingsverhältnis u. dgl.). Reichel will (vgl. Oertmann, a. a. O. S. 493), nur wenn die akzessorische Schuld im weiteren Werdegang von der Urschuld unabhängig wird, von akzessorischem, sonst aber von abhängigem Schuldverhältnis sprechen. Daß übrigens beide vom Gesamtschuldverhältnis deutlich geschieden werden müssen, bedarf keines besonderen Nachweises. Dies alles ist, wie gesagt, noch wenig untersucht, sowohl hinsichtlich der begrifflich-theoretischen Unterscheidung wie auch hinsichtlich der Frage, wie weit solche Untersuchung praktisch von Nutzen ist. Diese Fragen können daher auch hier nur in Umrissen gezeichnet bzw. angeregt werden. Immerhin dürfte das Problem der Akzessorietät auch im Zivilrecht nicht ohne Bedeutung sein und manche Festigung dürfte aus ihrer näheren Erkenntnis hervorgehen.

b) Im Sachenrecht ist vor allen Dingen auf das Miteigentum hinzuweisen, das die Miteigentümer in rechtlichen Entschließungen in enge Abhängigkeit zueinander bringt. Von der in den Servituten und Belastungen der Sache liegenden Abhängigkeit ist schon oben zu 2 gesprochen worden. Auch hier zeigt sich trotz der Verschiedenartigkeit der Abhängigkeiten doch der große einheitliche Zug starker Vinkulierung, der alle Freiheiten und Rechte relativ macht. Insbesondere aber sei die Besitzdienerschaft des § 855 BGB. hervorgehoben, bei welcher das „Abhängigkeitsverhältnis" eine besondere Rolle spielt; es liegt da ein „soziales Abhängigkeitsverhältnis, kraft dessen der Besitzer die Gewalt durch den Besitzdiener als sein Werkzeug ausübt'" vor (Achilles-Greiff, BGB. Anm. 1 zu § 855); „Besitzdiener ist, wer bezüglich einer Sache vermöge seines Abhängigkeitsverhältnisses zu einem Anderen nach der Auffassung des Verkehrs nicht eine ihm zustehende Gewalt, sondern die dem Andern zustehende Gewalt ausübt" (Planck-Brodmann, Bd. III, Anm. 2 zu § 855). Es handelt sich hier also um eine spezielle Anwendung sonstiger sozialer Abhängigkeitsverhältnisse, als da sind: Ehefrau, Vertreter des Pfandgläubigers, Handlungsreisender betr. Musterkoffer, Gutsverwalter bez. des Inventars usw. — zahlreiche Beispiele werden auf Grund der Rechtsprechung genannt bei Achilles-Greiff, a. a. O. Es versteht sich von selbst, daß Besitzdienerschaft nicht bei jedem Abhängigkeitsverhältnis gegeben ist, vielmehr außer diesem Erfordernis noch andere Voraussetzungen für das Besitzdienerverhältnis vorliegen müssen, daß aber jedenfalls Besitzdienerschaft nicht ohne ein Abhängigkeitsverhältnis gegeben sein kann; dieses Verhältnis muß (nach Planck-Brodmann, a. a. O.) „von solcher Beschaffenheit sein, daß, wofern der Inhaber den Weisungen des Besitzherrn nicht Folge leistet, dieser nach der Auffassung des Lebens selbst handelnd eingreifen darf".

c) Im Familienrecht und Erbrecht gibt es der Abhängigkeiten viele. Die Ehe ist ein Abhängigkeitsverhältnis ebenso wie die Vormundschaft; in der Ehe ist in vielen Dingen die Genehmigung des Ehemannes nötig, und die mütterliche Gewalt ist vom Bestehen der väterlichen Gewalt abhängig; im Vormundschaftsrecht ist nicht nur eine Abhängigkeit des Mündels vom Vormund, sondern auch des Vormunds vom Vormundschaftsgericht vorgesehen. Der Nacherbe befindet sich bezüglich seines Rechtes in Abhängigkeit vom Vorerben. Miterben stehen in einem Abhängigkeitsverhältnis zu einander ähnlich dem der Miteigentümer. Ein näheres Eingehen auf diese Arten der rechtlichen Abhängigkeit ist hier nicht erforderlich.

d) Im Strafrecht ist zunächst auf die Abhängigkeit strafrechtlicher Tatbestände von sozialen Verhältnissen hinzuweisen, insofern als ein Amtsvergehen nur von Beamten, Blutschande nur von Verwandten bestimmter Grade, qualifizierte Kuppelei nur unter besonderen Voraussetzungen begangen werden kann. Doch gehen dabei die Begriffe „Abhängigkeit" und „Voraussetzung" des Tatbestandes ineinander über, so daß hier die Heranziehung des Begriffs der Abhängigkeit kaum erforderlich oder förderlich erscheint. Wichtiger aber und zweifellos hierhergehörig ist der Begriff der Akzessorietät (vgl. für das Zivilrecht oben zu 3a). Die Akzessorietät der Teilnahme ist ein spezifischer Fall eines rechtlichen Abhängigkeitsverhältnisses. Sie besagt, daß „die Strafbarkeit der Teilnahme als solcher vom Vorliegen einer sämtliche Verbrechensmerkmale erfüllenden „Haupttat" abhängig ist, die „Teilnahme" also nur in bezug auf eine tatbestandsmäßige, rechtswidrige und schuldhafte Handlung eines Täters rechtlicher Wertung teilhaftig werden darf" (Liszt-Schmidt, Lehrbuch 1927, S. 310). An dem streng akzessorischen (abhängigen) Charakter der Teilnahme ist mancherlei Kritik geübt worden (vgl. d. Art. „Teilnahme" von Gerland, HdR. V 863ff. und sein Lehrb. d. StrafR. S. 142ff.), und zwar eine Kritik, die soweit berechtigt ist, als sie dem Grundprinzip der Akzessiorietät schuld gibt an der ungerechtfertigten Straflosigkeit von Straftaten. Das zeigt auch hier wieder, wie schwer es ist, an sich berechtigte Abhängigkeiten (hier der Teilnahme von der Haupttat) juristisch scharf und richtig zu begrenzen, also die an sich berechtigte Abhängigkeit nicht durch Überspannung ihrer Folgen selber ad absurdum zu führen.

e) Im Immaterialgüterrecht ist zunächst das Mit-Urheberrecht zu nennen, das ähnlichen Rechtssätzen wie das Mit-Eigentum unterliegt, vgl. HdR. VI 319. Hier hat sich eine genauere Unterscheidung zwischen dem Gemeinsamkeitsrecht auf Grund der Untrennbarkeit der Teile eines einheitlichen Werkes einerseits und dem derivativen Recht herausgebildet, also die schon oben zu a) genannte Unterscheidung zwischen gleichwertiger und ungleichwertiger Abhängigkeit. Während erstere sich im Mit-Urheberrecht zeigt, eignet die letztere den Fällen der Bearbeitung und nachschaffenden Wiedergabe. Das dynamisch mindere Recht ist abhängig von dem auf originärem Schaffen beruhenden stärkeren Recht (vgl. Elster, Urheber-, Erfinder-, Warenzeichen- und Wettbewerbsrecht S. 98ff., 114). Gerade hier zeigt sich erneut, wie schwer es ist, notwendige, in der Kulturgemeinschaft begründete Abhängigkeiten von unberechtigt parisitären Abhängigkeiten zu scheiden, also auch hier das Prinzip juristischer Berücksichtigung der Abhängigkeit nicht durch Übertreibung oder Verwässerung ad absurdum zu führen. Gleiche Gedanken sind bei der Abhängigkeit der Patente zu berücksichtigen, wo der Begriff der „Abhängigkeit" übrigens gang und gäbe ist (s. Art. Patentrecht, HdR. IV S. 408/9). Die „echte" Abhängigkeit ist dabei eine solche, bei der der zweite Erfinder den Erfindungsgedanken des ersten benutzte, um zur Verwirklichung seiner Erfindung zu gelangen, also immaterialgüterrechtlich (geistig) von dem ersten abhängig ist, die „unechte" dagegen liegt vor, wenn nur eine tatsächliche Verbindung vorliegt, die die Benutzung ohne die Einwilligung des ersten hindert. Beide sind rechtliche Verbundenheiten, wenn auch aus verschiedenen Gründen.

4. Prozeß-Abhängigkeit. Es wäre eine Verwässerung und mithin eine Gefährdung des Rechtsbegriffs der Abhängigkeit, wollte man sagen, die Anrufung der zweiten und dritten Instanz sei „abhängig" von dem Durchlaufen der vorherigen Instanz. Wohl aber besteht eine Abhängigkeit der dritten Instanz nach § 561 ZPO. insofern von der Berufungsinstanz, als deren tatsächliche Feststellungen für das RG. bindend sind. Das ist eine durch Rechtssatz begründete tatsächliche Abhängigkeit, die an sich mit materiellrechtlichen Abhängigkeiten gar nichts zu tun hat und eine rein prozessuale Satzung ist. Eine auf materiellrechtlichem Grunde ruhende prozessuale Abhängigkeit jedoch ist die der §§ 148ff. ZPO. (auch § 147 ZPO. kann dahin gehören). Denn wenn „die Entscheidung des Rechtsstreits von dem Bestehen oder Nichtbestehen eines Rechtsverhältnisses abhängt, welches den Gegenstand eines anderen anhängigen Rechtsstreits bildet", so hängen hier nicht etwa nur die Prozesse, sondern eben die dem Rechtsstreit zu Grunde liegenden Rechtsverhältnisse irgendwie zusammen; und wenn auch damit keineswegs gesagt ist, daß es sich um voneinander abhängige Rechtsverhältnisse handelt, so sind doch die Prozesse infolge der irgendwie gearteten materiellen Verbindung der Rechtsverhältnisse voneinander abhängig geworden, was soweit gehen kann, daß die eine Entscheidung (auch vor Verwaltungsstellen) präjudiziell für die andere sein kann (vgl. Sydow-Busch, ZPO. insbesondere Anm. 2 u. 4 zu § 148 mit zahlreichen Entscheidungen).

Strafprozessual ist, während eine den §§ 148ff. ZPO. ausdrücklich entsprechende Bestimmung fehlt, auf § 237 StPO. zu verweisen, der zwar nur von „Zusammenhang" spricht, aber bei der von dieser Gesetzesstelle ausdrücklich betonten umfassenden Bedeutung des Wortes „Zusammenhang" zweifellos auch Abhängigkeitsverhältnisse zwischen zwei oder mehreren Prozessen in sich schließt. Das Gericht kann eine Verbindung der Verhandlung mehrerer Strafsachen anordnen, auch wenn der Zusammenhang über den des § 3 StPO. (mehrere Straftaten eines Täters, mehrere Beteiligte an einer Straftat) hinausgeht. Nach Löwe-Rosenberg, Komm. (1929 S. 571, Anm. 2 zu § 237) umfaßt der Begriff „Zusammenhang" hier „alle Sachen, deren gleichzeitige Verhandlung wegen der Identität der beteiligten Personen, Beweismittel, historischen Vorgänge oder aus anderen Gründen zweckmäßig erscheint"; danach ist also die Möglichkeit der Statuierung und Berücksichtigung einer Abhängigkeit im Strafprozeß in noch höherem Grade ermöglicht (wenn auch nicht zwingend vorgeschrieben) als nach §§ 148ff. ZPO. Es sei ferner nicht unterlassen, auf das Problem der „Beherrschung" der Hauptverhandlung durch die Voruntersuchung, das H. Mannheim in der Festgabe „Die Reichsgerichtspraxis im deutschen Rechtsleben" Bd. V S. 215, behandelt, hinzuweisen, was zweifellos eine Abhängigkeit des Hauptverfahrens von der Voruntersuchung bedeutet und ein schwieriges prozessuales Problem umschließt. Es berührt sich in gewissem Sinne mit anderen im Prozeß nicht unwesentlichen Abhängigkeiten, nämlich mit der sogenannten „Abhängigkeit" der Staatsanwaltschaft gegenüber der Unabhängigkeit der Richter (ebda S. 219ff.). Doch liegt da in dem Begriff Abhängigkeit schon wieder eine andere, mehr staatsrechtliche und rechtspolitische Bedeutung, auf die einzugehen hier nicht der Ort ist.

5. Gesetzes-Abhängigkeit. Es darf zur Abrundung des Gesamtbildes noch zum Schluß gefragt werden, ob es auch eine juristische Abhängigkeit eines Gesetzes von einem anderen gebe. Die Frage ist wohl zu bejahen; denn Einführungs- und Ausführungsgesetze sind von dem Hauptgesetz abhängig, und ein Mantelgesetz bringt für die Einzelgesetze eine gewisse Abhängigkeit mit sich. Freilich ist dies gewiß nicht für sämtliche Bestimmungen eines Einführungsgesetzes gültig, z. B. nicht immer für diejenigen, die alte Gesetze aufheben, so daß bei Aufhebung oder Novellierung des neuen Gesetzes nicht ohne weiteres die alten Gesetze wieder aufleben. Auch braucht ein Landesgesetz, das ein Reichsgesetz ausführt, wohl nicht unbedingt mit der Aufhebung des Reichsgesetzes in allen Teilen ungültig zu werden, zumal wenn es sich nicht als Ausführungsgesetz ausdrücklich bezeichnet hat, ferner nicht im Widerspruch zu der Aufhebung des Reichsges. steht oder neben der Ausführung eines Reichsges. noch selbständige Aufgaben zu erfüllen bestimmt war. Immerhin mag dies eine akademische Frage sein. Eine Abhängigkeit, im Großen gesehen, besteht zweifellos vom Hauptgesetz. Umgekehrt ist (vgl. d. Art. Ausführungsgesetz, HdR. I 411) die Geltung mancher Staatsverträge oder internationaler Abkommen von dem inländischen Ausführungsgesetz bzw. von der Ratifikation abhängig. Daneben gibt es aber Beispiele echter Abhängigkeit der Bestimmung in dem einen Gesetz von derjenigen in einem anderen Gesetz, was sich u. a. aus RAbgO. § 355 ergibt: „Das Strafgesetzbuch gilt, soweit die Steuergesetze nichts Abweichendes vorschreiben." Es ist dies die ausdrückliche Festsetzung eines sonst im Einzelfall manchmal streitigen Grundsatzes der lex generalis zur lex specialis.

Nicht zu verwechseln ist die Gesetzes-Abhängigkeit mit Fragen der Gesetzes-Konkurrenz, insbesondere nicht mit der der Subsidiarität (vgl. HdR. II 876ff.), wenn auch diese Fragen einander berühren können. Auch das Verhältnis der lex generalis zur lex specialis kann u. U. anders geartet sein als eine Abhängigkeit (nämlich im Sinne der Ergänzung oder Spezifizierung oder Ausschließung), wenn eben nicht, wie in dem erwähnten Beispiel des § 355 RAbgO., eine solche Abhängigkeit ausdrücklich und generell statuiert ist. Die nicht so statuierte Abhängigkeit kann vorliegen, müßte aber dann wohl in jedem Einzelfall untersucht bzw. besonders erwiesen werden.

Alexander Elster.

Abruf.

Der Abruf ist eine empfangsbedürftige (§ 130 BGB.) Willenserklärung des Käufers, die auf einer zum Kaufvertrage getroffenen besonderen Vereinbarung beruht. Die Abrede, die gekaufte Sache sei „auf Abruf" zu liefern, besagt, daß der Käufer den Zeitpunkt der Lieferung zu bestimmen hat. Vor dem Abruf hat der Verkäufer die Sache nicht zu übergeben und braucht der Käufer diese nicht abzunehmen. Übergabe- und Abnahmepflicht sind bis zum Abruf befristet. Der Kauf auf Abruf ist nicht ein bloßer Vorvertrag, auch kein bedingter Kauf, sondern ein unbedingter Kauf mit besonders gestalteter Leistungspflicht. Vom Spezifikationskauf unterscheidet er sich dadurch, daß nicht die Bestimmung des Inhalts, sondern der Zeit der Leistung dem Käufer vorbehalten ist.

Der Käufer vereinbart den Abruf, damit durch einen Einkauf im großen oder zu einem gewissen Zeitpunkt bessere Bedingungen erreicht werden oder eine Sicherung gegen Mängel bei plötzlichem Bedarf gewährleistet ist. Der Verkäufer unterwirft sich der Abrede, weil er mit dem Absatz in einer gewissen Menge rechnen kann. Die Vereinbarung findet sich häufig bei Sukzessivlieferungsverträgen.

Der Abruf ist regelmäßig eine Pflicht, und zwar eine Nebenpflicht des Käufers; bei einem besonderen Interesse des Verkäufers wird er zu einer Hauptpflicht, deren Nichteinhaltung als positive Vertragsverletzung anzusehen ist (a. M. Zander in GruchBeitr. 52, 304, der in dem Abruf vorwiegend ein Recht des Käufers sieht). Die Abrufspflicht wird nicht von der Pflicht des Käufers, die gekaufte Sache abzunehmen, umfaßt, sondern besteht selbständig neben dieser: Der Käufer hat bei der Ablieferung zum Zwecke der nachfolgenden Abnahme mitzuwirken.

Die Zeit, innerhalb deren der Abruf zu erfolgen hat, ist fest bestimmt oder überhaupt nicht erwähnt; sie kann ferner durch den Zusatz „nach Bedarf" zu ermitteln sein. Ist vereinbart, daß der Käufer die Ware innerhalb eines festgesetzten Zeitraumes, z. B. bis Ende 1931, abzurufen hat, so kann er bis zum Ablaufe der Frist abrufen, wann es ihm genehm ist. Ein Abruf zu unangemessener Zeit ist ihm freilich nach Treu und Glauben verwehrt. Ergibt sich dagegen die Frist für den Abruf nicht aus dem Vertrage, so ist sie nach Handelsgebräuchen, Saisonverhältnissen und anderen Umständen zu bestimmen. Bei Saisonwaren bezeichnet handelsüblich der Schluß der Saison den Endpunkt der Abrufsfrist.

Der Käufer braucht die gekaufte Sache nicht auf einmal abzurufen, wenn sie nicht in einem einheitlichen Gegenstande besteht. Es ist vielmehr aus den Verhältnissen zu entnehmen, welche Mengen abzurufen sind. Ist z. B. eine bestimmte Menge in einer gewissen Zeit, etwa eine Jahresmenge in Raten, zu liefern, so muß der Käufer annähernd gleiche Raten in annähernd gleichen Zeiträumen abfordern, wenn nicht der Bedarf für die Zeit des Abrufs entscheidend sein soll. In diesem Falle gilt als Maßstab ein regelmäßiger Bedarf, wie er zur Zeit des Vertragsschlusses erwartet werden durfte; die Möglichkeit, seinen Bedarf anderweit zu decken, ist dem Käufer dabei genommen.

Unterläßt der Käufer den rechtzeitigen Abruf, so kommt er mit der Aufforderung des Verkäufers, über die Ware zu verfügen, in Annahmeverzug, wenn er nicht innerhalb einer ihm vom Verkäufer zu setzenden Frist seine Verpflichtung erfüllt (§§ 293, 295 BGB.). Er gerät sogar ohne diese Aufforderung in Annahmeverzug, wenn für den Abruf eine kalendermäßige Frist bestimmt war (§ 296 BGB.). Der Verkäufer bleibt aber trotz unterbliebenen Abrufes zur Lieferung, der Käufer zur Abnahme der gekauften Sache verpflichtet. Wie lange nach dem Ablauf des Zeitpunktes oder der Frist für den Abruf noch Lieferung verlangt werden kann, ist nach Treu und Glauben mit Rücksicht auf die Verkehrssitte zu ermitteln. Wenn der Käufer den Abruf über einen angemessenen Zeitraum hinaus verzögert und der Verkäufer sich ebenfalls untätig verhält, kann darin unter Umständen eine stillschweigende Aufhebung des Vertrags liegen.

Der Verkäufer muß zur Zeit des Abrufs erfüllungsbereit sein. Ist er dies nicht, so kann dem Käufer bei Sukzessivlieferungsverträgen nicht zugemutet werden, nach geraumer Zeit mehrere zusammengekommene Raten auf einmal abzunehmen. Ebensowenig ist es dem Käufer gestattet, wenn der Abruf vorübergehend unterblieben ist, den ganzen Rückstand auf einmal abzufordern. Er muß vielmehr in der Regel den Rest gleichmäßig in Raten abrufen.

Ist eine Frist für den Abruf vereinbart, so gestattet der Handelsbrauch dem Verkäufer zuweilen, nach Ablauf der Frist dem Käufer die Restmenge der gekauften Ware auf einmal zuzusenden. Ein Recht des Verkäufers hierauf besteht jedoch im allgemeinen nicht. Klagt der Verkäufer im Falle des Verzugs auf Zahlung, und war Zug um Zug zu zahlen, so wird der Käufer Zug um Zug gegen Lieferung der Ware zur Zahlung verurteilt (§ 322 BGB.). Die Rechte aus § 326 BGB. stehen dem Verkäufer nur zu, wenn der Abruf eine Hauptpflicht des Käufers war.

Schrifttum:

Außer den Kommentaren zum BGB. und zum HGB.: Zander, Der Kauf auf Abruf, GruchBeitr. 52, 304. — Hagedorn, Der Handelskauf auf Abruf und die Handelsbräuche darüber, 1915. — Oertmann in Ehrenbergs Handbuch des gesamten Handelsrechts IV (2. Abt.), 417.

Felix Bondi.

Abrüstung.

(HdR. I, 21.)

Während auf dem Gebiete des Landkriegsrechts trotz häufiger Versammlungen der zuständigen Organisationen des Völkerbundes nur aus heftigen Debatten hervorgegangene Vorarbeiten geleistet sind, hat die von Januar bis Ende April 1930 in London versammelt gewesene Seeabrüstungskonferenz ein beträchtliches Stück positiver Arbeit geleistet. Anknüpfend an die Ergebnisse der zwischen den gleichen Mächten in Washington von Ende 1921 bis Februar 1922 abgehaltenen Konferenz der Vereinigten Staaten, des Empires, Frankreichs, Italiens und Japans, die zu dem Abkommen vom 6. II. 1922 (HdR. I, 22) geführt hatten, ist das in London am 22. IV. 1930 abgeschlossene — offiziell sogenannte Flottenabkommen — eine bedeutende Etappe auf dem Wege wenigstens der Flottenverminderung. (Text: Strupp, Eléments du droit international public universel, européen et américain, Paris, Editions Internationales, 2. Aufl., 1930, Bd. 3.)

Art. 1 des neuen Abkommens bestimmt generell, daß die Vertragsstaaten, die im 1922er Vertrag für die Zeit von 1931—1936 zugelassenen Ersatzbauten für überalterte Schiffe (anders für zu Grunde gegangene) nicht auf Kiel legen werden. Ausnahmen sind für Italien und Japan für Ersatzbauten zugelassen, die sie 1927 und 1929 hätten in Angriff nehmen können. Das bedeutet, daß Amerika und England je 10 Schlachtschiffe nicht bauen dürfen. Frankreich hatte man 1922 zugestanden je 1 Schiff zu 35000 t in den Jahren 1927, 1929, 1931/32, 1933, Italien 1927, 1929, 1931 je 35000, 1932 45000, 1933 25000 t. Unter Wahrung ihrer Parität dürfen sie also bis 1936 2 statt 5 35000 t-Schiffe bauen lassen. Amerika muß 3, England 5, Japan 1 Schlachtschiff außer Dienst stellen, d. h. entweder zu Zielschiffen umgestalten oder zerstören, wobei in letzterem Falle innerhalb bestimmter Frist nach Inkrafttreten des Vertrages eine Abrüstung und einer weiteren Frist völlige Zerstörung vorgeschrieben ist. Für einige dieser Schiffe ist auch Umwandlung in Schulschiffe zugelassen.

Eine wichtige Modifikation des Washingtoner Vertrages bedeutet die Vorschrift, daß eine entgegen jenem in einem bestimmten Jahr vorzunehmende Zerstörung dann unterbleiben kann, wenn ein zugelassener Ersatzbau bisher noch nicht auf Kiel gelegt ist. Neu — definierte — Flugzeugmutterschiffe von 10000 t oder weniger mit Kanonen von einem 155 mm übersteigenden Kaliber dürfen nicht von den Vertragsmächten angeschafft werden. Sofern keine ausschließliche Verwendung als Flugzeugmutterschiff vorliegt, wird ein Kriegsschiff mit Vorrichtung zur Landung oder zum Abflug eines Flugzeuges damit noch nicht zum Flugzeugmutterschiff. Die Größen- und Armierungsbestimmungen von 1922 bleiben aufrechterhalten, doch wird das Kanonenkaliber von 152 durch 155 mm ersetzt.

Beschäftigte sich der Vertrag von 1922 nur mit Schlachtschiffen, so der von 1930 auch mit den praktisch so besonders wichtigen U-Booten. Berechnet Art. 6 den Tonnengehalt solcher nach dem Überwasserzustand bei voller Bemannung und Ausrüstung (abzüglich der Brennstoffe, des Süßwassers und Ballastwassers), so verbietet Art. 7 Erwerb oder Erbauen eines U-Bootes von mehr als 2000 t oder mit der Bewaffnung einer Kanone mit einem Kaliber von mehr als 130 mm. Doch darf jeder Vertragsstaat höchstens 3 U-Boote von höchstens 2800 t und mit einer Artillerie von einem Höchstkaliber von 155 mm behalten oder anschaffen. In diesem Rahmen darf Frankreich eine Einheit von 2880 t mit einer Bestückung von 203 mm behalten. Die am 1. IV. 1930 im Besitze einer Vertragsmacht befindlichen U-Boote mit einer Tonnage von höchstens 2000 t und einem Artilleriekaliber von nicht über 130 mm dürfen behalten werden. Vorbehaltlich besonderer Verträge trifft die Abrüstung nicht 1. Überwasserkriegsschiffe von höchstens 600 t, 2. solche Schiffe von 600—2000 t, es sei denn, ihr Artilleriekaliber überstiege 155 mm, sie hätten mehr als 4 Kanonen von einem 76 mm übersteigenden Kaliber, Torpedovorrichtung oder die Fähigkeit, mehr als 20 Knoten zu machen; 3. nicht spezifische Kampfschiffe, die aber sonst (z. B. als Transporter) im Dienste der Flotte verwendet werden, sofern nicht eine der eben erwähnten Voraussetzungen zutrifft, sie Minen legen können, gepanzert oder für Flugzeuge verwendbar sind. Über alle Kriegsschiffe, die Beschränkungen durch den Vertrag unterliegen, besteht für die Vertragsmächte weitestgehende Mitteilungspflicht (Art. 10). Sondervorschriften gelten für Spezialschiffe. — Verboten ist Ersatz eines noch nicht überalterten Schiffes. Ein Schiff befindet sich in solchem Zustande nach den ausführlichen Vorschriften der Anlage I, wenn, je nachdem, seit Kiellegung 16—20 Jahre verflossen sind. Für U-Boote wird ganz allgemein das Höchstalter auf 13 Jahre festgesetzt. Sondervorschriften behandeln Spezialschiffe, die behalten werden dürfen und bei der Tonnagefeststellung nicht mitgezählt werden.

Die Vertragsmächte des Londoner Flottenvertrages vom 22. IV. 1930 haben folgende, das Abkommen von 1922 ergänzende Bestimmungen beschlossen:

„Art. 22. Les dispositions suivantes sont acceptées comme règles établies du droit international:

1. Dans leur action à l'égard des navires de commerce, les sous-marins doivent se conformer aux règles du droit international auxquelles sont soumis les bâtiments de guerre de surface.

2. En particulier, excepté dans les cas de refus persistant de s'arrêter après sommation régulière ou de résistance active à la visite, un navire de guerre, qu'il soit bâtiment de s urface ou sous-marin, ne peut couler ou rendre incapable de naviguer un navire de commerce sans avoir au préalable mis les passagers, l'équipage et les papiers de bord en lieu sûr. A cet effet, les embarcations du bord ne sont pas considérées comme un lieu sûr, à moins que la sécurité des passagers et de l'équipage ne soit assurée, compte tenu de l'état de la mer et des conditions atmosphériques, par la proximité de la terre ou la

présence d'un autre bâtiment qui soit en mesure de les prendre à bord.

Les hautes parties contractantes invitent toutes les autres puissances à exprimer leur assentiment aux règles ci-dessus énoncées."

Gelten — mit den hervorgehobenen Begünstigungen Frankreichs hinsichtlich der U-Boote — die bisherigen Vorschriften für alle Vertragsmächte, so Abschnitt III nicht für Frankreich und Italien. Nur für Amerika, England, Japan hat also — über die Schlachtschiffe, Flugzeugmutterschiffe und U-Boote hinaus — Bedeutung die weitere Erwähnung hinsichtlich bestimmter Beschränkungen von Kreuzern (d. h. Überwasserkriegsschiffen von über 1850 t oder mit einer Artillerie mit einem Kaliber von mehr als 130 mm) und Zerstörern. Für diese Gattungen und für U-Boote ist eine Gesamthöchsttonnage bis zum 31. XII. 1936 festgestellt, die beträgt für Kreuzer mit Artilleriekaliber über 155 mm für Vereinigte Staaten 180000, das Britische Reich 146800, Japan 108400 t, von 155 mm: 143500, 192200, 100450; Zerstörer 150000, 150000, 105500, U-Boote 52700 für die drei Staaten. Alle diese Zahlen übersteigenden Schiffe müssen auf dem oben umschriebenen Wege — mit gewissen, hier nicht näher darzustellenden Ausnahmen — ihrer Kriegsschiffeigenschaft entkleidet werden. Im Prinzip dürfen von den Kreuzern mit Artilleriekalibern über 155 mm die Vereinigten Staaten 18, das Britische Reich 15, Japan 12 besitzen. Wichtig ist die Vorschrift des Art. 21, wonach jeder Vertragsstaat, der sich durch Neubauten dritter Staaten auf dem Gebiete der Kreuzer, Zerstörer, U-Boote in seiner Sicherheit bedroht fühlt, nach Anzeige an seine Vertragsgenossen zu der durch die Verhältnisse gebotenen Erhöhung hinsichtlich der in Frage stehenden Schiffsgattung schreiten kann.

Karl Strupp.

Abstimmung.

(HdR. I, 29.)

A. Im öffentlichen Recht.

Während der Art. Abstimmung und Reichsabstimmungsordnung HdR. I, 29ff. das materielle Wahlrecht auf Grund der RVerf. vom 11. VIII. 1919 und einiger AusführungsG. darstellte, bedarf es der Ergänzung einerseits nach der formalen, gleichsam wahltechnischen Seite und andererseits in bezug auf die Ausdehnung der Darstellung auf die Fälle des Landesstaatsrechts (für das das preuß. Recht als typisch gelten kann, so daß eine Beschränkung auf dasselbe zulässig erscheint), sodann auf das Provinzial-, Kreis- und Gemeindewahlrecht, endlich auf die Fälle der Verwaltungstätigkeit und des Verwaltungsstreitverfahrens.

I. Die Abstimmung nach Reichsrecht.

1. Nach dem ReichswahlG. vom 6. III. 1924 (mit vielen Abänderungsbestimmungen) wird in jedem Wahlbezirke für die dort wohnhaften Wähler eine Wählerliste oder Wahlkartei geführt. Einen Wahlschein erhält auf Antrag ein Wähler, der in eine Wählerliste oder Wahlkartei eingetragen ist, wenn er sich am Wahltag während der Wahlzeit aus zwingenden Gründen außerhalb seines Wahlbezirkes aufhält; wenn er nach Ablauf der Einspruchsfrist gegen die öffentlich ausgelegte Wählerliste oder Wahlkartei seine Wohnung in einen anderen Wahlbezirk verlegt; wenn er infolge eines körperlichen Leidens oder Gebrechens in seiner Bewegungsfreiheit behindert ist und durch den Wahlschein die Möglichkeit erhält, einen für ihn günstiger gelegenen Wahlraum aufzusuchen. Ferner erhält auf Antrag einen Wahlschein ein Wähler, der in eine Wählerliste oder Wahlkartei nicht eingetragen oder darin gestrichen ist, wenn er nachweist, daß er ohne sein Verschulden die Einspruchsfrist versäumt hat; wenn er wegen Ruhens des Wahlrechts nicht eingetragen oder gestrichen war, der Grund hierfür aber nach Ablauf der Einspruchsfrist weggefallen ist; wenn er Auslandsdeutscher war und seinen Wohnort nach Ablauf der Einspruchsfrist in das Inland verlegt hat (§§ 11 I, 12). Gewählt wird mit Stimmzetteln in amtlich gestempelten Umschlägen. Abwesende können sich weder vertreten lassen, noch sonst an der Wahl teilnehmen (§ 27 daselbst). Diese Bestimmungen sind durch die Reichsstimmordnung (RStO.) vom 14. III. 1924 (RGBl. I, 173) mit Abänderungen §§ 9—17 ausgeführt. Dort sind auch genauere Vorschriften vorgesehen über die Auslegung und Berichtigung der Stimmlisten und Stimmkarteien, über den Einspruch gegen beide (§§ 18—22), über Wahl- und Abstimmungsleiter, Wahl- und Abstimmungsausschüsse, die Tätigkeit des Abstimmungsvorstehers und seines Stellvertreters, den Abstimmungsvorstand, die Stimmbezirke und Abstimmungsräume (§§ 23 bis 41). Die Abstimmung erfolgt durch Abgabe der Stimmzettel, die die Stimmberechtigten am Abstimmungstage abgeben; jene werden in Stimmurnen gesammelt. Abstimmungsschutzvorrichtungen sind besonders vorgesehen und auch die Bekanntmachung der Wahlen und Abstimmungen ist dort festgelegt (§§ 42—47 a. a. O.).

2. In bezug auf die Frage, wie die Abstimmungen im Reichstag stattfinden, gibt teils die RVerf., teils die GeschäftsO. vom 12. XII. 1922 (RGBl. II, 101) Auskunft.

Was jene angeht, so ist hier lediglich auf Folgendes hinzuweisen. Nach Art. 72 ist die vom Reichspräsidenten vorzunehmende Verkündung verfassungsmäßig zustande gekommener Gesetze um 2 Monate über die Monatsfrist hinaus anzusetzen, wenn es ein Drittel des Reichstags verlangt. Hier ist demnach eine Abweichung von der normalen Abstimmung nach Mehrheit vorgesehen. Eine weitere Abweichung kennt Art. 76, wo zwei Drittel der gesetzlichen Mitgliederzahl anwesend sein und wenigstens zwei Drittel der Anwesenden zustimmen müssen, um einen Beschluß auf Abänderung der Verfassung zustande zu bringen. Was die GeschäftsO. angeht, so bestimmt deren § 40 I S. 2, II, daß in der zweiten Beratung der Vorlagen im Reichstage in der Regel keine allgemeine Besprechung stattfindet, der Reichstag sie aber zulassen kann. Die Einzelbesprechung wird der Reihenfolge nach über jede selbständige Bestimmung, die Abschnittsüberschriften und zuletzt über Einleitung und Überschrift eröffnet und geschlossen. Nach Schluß jeder Einzelbesprechung wird abgestimmt. Über mehrere oder alle Teile eines Gesetzentwurfs kann gemeinsam abgestimmt werden. Über Staatsverträge wird nur im ganzen abgestimmt (§ 42 das.). Die Beschlüsse der zweiten Beratung bilden die Grundlagen der dritten. Sind in der zweiten Beratung alle Teile der Vorlage abgelehnt worden, so unterbleibt jede weitere Beratung und Abstimmung. Sind in der einmaligen oder dritten Beratung Änderungsanträge angenommen worden, ehe sie gedruckt verteilt werden, so muß, wenn es beantragt wird, darüber, aber ohne Besprechung vor der Schlußabstimmung, nochmals abgestimmt werden. Am Schlusse der dritten Beratung wird über die Annahme oder Ablehnung der Vorlage abgestimmt. Sind die Beschlüsse der zweiten Beratung unverändert geblieben, so folgt die Schlußabstimmung unmittelbar; sind aber Änderungen vorgenommen, so muß sie auf Antrag von 15 Mitgliedern ausgesetzt werden, bis die Beschlüsse zusammengestellt und gedruckt verteilt sind. Über Entschließungen zu Gesetzentwürfen und Staatsverträgen wird in der Regel nach der dritten Beratung abgestimmt. Über Staatsverträge findet keine besondere Schlußabstimmung statt. Über Haushaltsvorlagen wird in der Regel erst abgestimmt, wenn sie ein Ausschuß vorberaten und einen Antrag gestellt hat. Sie gehen an den Haushaltsausschuß, wenn der Reichstag nichts anderes beschließt. Über Entschließungen, die eng mit einem Kapitel des Haushaltsplans zusammenhängen, wird erst in der dritten Beratung abgestimmt (§§ 44—46, 48). Besonderheiten der Abstimmung sind vorgesehen bei selbständigen Anträgen im Reichstag (§§ 50 und 54 GeschäftsO.), — der § 54 bezieht sich auf den Antrag, dem Reichskanzler oder den Reichsministern oder einem von ihnen das Vertrauen zu entziehen. Getrennte Abstimmung über Teile des Antrags oder dessen Änderung oder Ergänzung ist nur mit Zustimmung des Antragstellers zulässig. Dasselbe gilt von Anträgen, die das Vertrauen aussprechen oder sonstwie die Haltung des Reichskanzlers oder eines Reichsministers betreffen. Über Interpellationen siehe §§ 55ff., Kleine Anfragen §§ 60ff. Im übrigen ist der Reichstag beschlußfähig, wenn mehr als die Hälfte der Mitglieder anwesend ist. Bei seinen Beschlüssen auf Abänderung der Verfassung hat der Präsident durch ausdrückliche Erklärung festzustellen, daß zwei Drittel der Mitglieder anwesend sind und wenigstens zwei Drittel der Anwesenden zustimmen. Abgestimmt wird in der Regel durch Aufstehen oder Sitzenbleiben, stets so bei der Schlußabstimmung, wenn ein Mitglied es verlangt. Die Mehrheit der abgegebenen Stimmen entscheidet. Stimmengleichheit verneint die Frage. Namentliche Abstimmung kann bis zur Eröffnung der Abstimmung beschlossen werden, wenn es 50 anwesende Mitglieder beantragen. In gewissen Fällen ist die namentliche Abstimmung unzulässig. Bei allen nicht namentlichen Abstimmungen hat jedes Mitglied des Reichstags das Recht, seine von dem Beschlusse der Mehrheit abweichende Abstimmung kurz begründet schriftlich dem Sitzungsvorstande zu übergeben und deren Aufnahme in den wörtlichen Bericht, nicht aber deren Verlesung im Reichstag, zu verlangen (§§ 98—107).

3. Waren diese Bestimmungen für die Reichstagswahl und für die Abstimmung im Reichstag maßgebend, so enthält weitere einschlägige Vorschriften das G. über den Volksentscheid vom 27. VI. 1921 (RGBl. S. 790) mit Abänderung vom 31. XII. 1923 (RGBl. 1924, S. 4). Die Abstimmungshandlung, die Ermittlung des Ergebnisses sind öffentlich. Abstimmen kann nur, wer in eine Stimmliste oder Stimmkartei eingetragen ist oder einen Stimmschein hat. Die Stimme lautet nur auf Ja oder Nein; Zusätze sind unzulässig. Auch hier wird abgestimmt mit Stimmzetteln in amtlich gestempelten Umschlägen. Die Abstimmenden tragen in die Stimmzettel das Wort Ja oder Nein ein oder durchkreuzen eines der für Ja oder Nein vorgedruckten Vierecke oder streichen eines der vorgedruckten Worte Ja oder Nein (§§ 10, 11—17). Im übrigen gilt die StO. wie bei Wahlen des Reichstages, so auch bei

Volksentscheiden und Volksbegehren nach dem obenerwähnten Volksentscheidgesetz. Sonderbestimmungen für Volksbegehren und Volksentscheide sind in §§ 63—97 der StO. enthalten. Insbesondere ist dort zwischen einem Verfahren auf Zulassung von Anträgen und Begehren und dem Eintragungsverfahren unterschieden. Der Zulassungsantrag ist schriftlich an den RM. d. Inn. zu richten. Er bedarf der Unterschriften von 5000 Stimmberechtigten. Dabei ist das Stimmrecht der Unterzeichner des Antrags durch eine Bestätigung der Gemeindebehörde ihres Wohnorts nachzuweisen. Hier wird also die Abstimmung schriftlich vorgenommen, und zwar durch Unterschriften, die einer Geheimhaltung nicht unterliegen. Von der Beibringung der Unterschriften von 5000 Stimmberechtigten kann abgesehen werden, wenn die Vorstandschaft einer Vereinigung den Antrag stellt und glaubhaft macht, daß ihn 100000 ihrer stimmberechtigten Mitglieder unterstützen. In dem Zulassungsantrag ist ein Vertrauensmann und ein Stellvertreter zu bezeichnen, die ermächtigt sind, dem RM. d. Inn. berichtigende oder ergänzende Erklärungen abzugeben. Sonst gilt der erste Unterzeichner auf dem Unterschriftsbogen oder Unterschriftshefte mit der Nr. 1 als Vertrauensmann und der zweite als sein Stellvertreter. Die Antragsteller haben dem RM. d. Inn. anzuzeigen, wo sie die Eintragungslisten zur Eintragung auslegen wollen. Hieran schließt sich dann ein Eintragungsverfahren. Werden Anträge und Begehren nach § 1 Nr. 2 und 3 des Volksentscheidgesetzes (Artt. 72, 73 II, 73 III RVerf.) zugelassen, so werden sie, falls kein Kennwort angegeben ist, mit dem Namen des Vertrauensmanns bezeichnet und vom RM. d. Inn. samt der Eintragungsfrist im RAnz. bekanntgegeben. Es folgt dann eine Auslegung der Eintragungslisten und die Abgabe der Unterschriften. Die Eintragung muß enthalten Vor- und Zunamen, bei verheirateten oder verheiratet gewesenen Frauen auch den Geburtsnamen, Stand, Beruf oder Gewerbe, Wohnung. Auch hier ist also die Abstimmung eine schriftliche.

4. Die Abstimmung ist nach dem Gesetz über die Wahlen des Reichspräsidenten vom 6. III. 1924 (RGBl. I, 168) in der Fassung des G. vom 13. III. 1925 (RGBl. I, 19) im wesentlichen nach den Regeln geordnet, welche für die Wahlen zum Reichstage gelten. Die RStO. hat in den §§ 62a—62f nur Wahlvorschläge für die Präsidentenwahl besonders eingefügt.

5. Bei Abstimmungen und Vorabstimmungen nach dem Gesetz zur Ausführung des Art. 18 RVerf. über die Neugliederung des Reiches vom 8. VII. 1922 (RGBl. I, 545) gelten nach der RStO. vom 14. III. 1924 gewisse Sonderbestimmungen. Danach findet eine Abstimmung statt, wenn die Reichsregierung, um den Willen der Bevölkerung (nach Art. 18 RVerf.) festzustellen, die Abstimmung anordnet; wenn ein Drittel der Stimmberechtigten des abzutrennenden Gebiets (Art. 18 IV Satz 2 RVerf.) die Abstimmung verlangt. Es ist hier ein Zulassungsverfahren, eine Vorabstimmung und eine Abstimmung vorgesehen. Der Zulassungsantrag muß von 5000 Stimmberechtigten unterschrieben sein. Als Gesamtzahl der Stimmberechtigten gilt die bei der letzten Reichstags- oder Reichspräsidentenwahl oder Abstimmung amtlich ermittelte Zahl. Sind weniger als 50000 berechtigt, so genügen die Unterschriften von einem Zehntel. Auch hier ist also eine schriftliche Abstimmung rechtens. Ist in einem Gebiet eine Gebietsänderung vorgenommen oder haben die Vorabstimmung oder die Abstimmung nicht die erforderlichen Stimmen ergeben, so ist die Reichsregierung berechtigt, in diesem Gebiet für einen neuen Zulassungsantrag die Unterschriften eines Viertels der Stimmberechtigten zu verlangen, es sei denn, daß inzwischen 10 Jahre abgelaufen sind oder daß es sich um einen Plan handelt, der eine wesentlich andere Gliederung vorsieht. Ein neuer Zulassungsantrag sieht eine wesentlich andere Gliederung nicht vor, wenn er eine bereits erfolgte Gebietsänderung rückgängig machen will oder auf eine vorher geplante aber nicht erreichte Gebietsänderung abzielt (§§ 98, 100, 101 II, III, IV, 104). Durch die Vorabstimmung wird festgestellt, ob ein Drittel der zum Reichstag wahlberechtigten Einwohner die Abstimmung verlangt. Wird dem Zulassungsantrage stattgegeben, so setzt der RM. d. Inn. nach Benehmen mit den beteiligten Landesregierungen entsprechend dem Antrag die der Abstimmung zu Grunde zu legenden Fragen und Gebietsgrenzen fest und ordnet eine Vorabstimmung darüber an, ob über die so festgesetzten Fragen eine Abstimmung stattfinden soll. Die der Vorabstimmung zu Grunde liegende Frage ist so zu treffen, daß sie nur mit Ja oder mit Nein zu beantworten ist. Die Abstimmung ist dann weiter geregelt und findet wie die Vorabstimmung geheim statt (§§ 106—110).

6. Ein besonderes Abstimmungsverfahren ist in Kranken- und Pflegeanstalten und für Seeleute vorgesehen (§§ 111, 111a RStO.).

7. Für alle Reichswahlen und Reichsabstimmungen gilt gemeinsam Folgendes. Die Abstimmungszeit dauert in der Zeit

vom 1. IV. bis 30. IX. von 8 Uhr vormittags bis 5 Uhr nachmittags, sonst von 9 Uhr vormittags bis 6 Uhr nachmittags. In Stimmbezirken mit weniger als 1000 Einwohnern kann die zur Abgrenzung der Stimmbezirke zuständige Behörde die Abstimmungszeit abkürzen; sie darf jedoch nicht später als 10 Uhr vormittags beginnen und nicht vor 5 Uhr nachmittags schließen. Außer rein technischen Bestimmungen gilt, daß die Abstimmungshandlung damit eröffnet wird, daß der Abstimmungsvorsteher seinen Stellvertreter, den Schriftführer und die Beisitzer durch Handschlag verpflichtet und so den Abstimmungsvorstand bildet. Zutritt zu den Abstimmungsräumen hat jeder Stimmberechtigte. Ansprachen darf niemand darin halten. Nur der Abstimmungsvorstand darf über das Abstimmungsgeschäft beraten und beschließen. Der Abstimmungsvorsteher leitet die Abstimmung und läßt bei Andrang den Zutritt zu dem Abstimmungsraum ordnen. Wenn der Stimmberechtigte den Abstimmungsraum betritt, erhält er Umschlag und Stimmzettel. Er begibt sich hiermit in einen Nebenraum oder an den mit einer Vorrichtung gegen Sicht geschützten Nebentisch. Bei Reichstagswahlen und Reichspräsidentenwahlen kennzeichnet er auf dem Stimmzettel durch ein Kreuz oder Unterstreichen oder in sonst erkennbarer Weise, welchem Kreisvorschlag, bei Reichspräsidentenwahlen welchem Anwärter er seine Stimme geben will; will er keinem der vorgeschlagenen Anwärter seine Stimme geben, so schreibt er den Namen der Person, der er seine Stimme geben will, auf den Stimmzettel in das hierzu freigelassene Feld. Sind bei sonstigen Abstimmungen Fragen zu beantworten, so beantwortet er die gestellten Fragen. Der Stimmzettel wird in den Umschlag gelegt. Danach tritt er an den Vorstandstisch, nennt seinen Namen und auf Erfordern seine Wohnung und übergibt, sobald der Schriftführer den Namen in der Stimmliste oder Stimmkartei aufgefunden hat, den Umschlag mit dem Stimmzettel dem Abstimmungsvorsteher, der ihn ungeöffnet sofort in die Stimmurne legt. Der Schriftführer vermerkt die Stimmabgabe des Stimmberechtigten neben dessen Namen in der Stimmliste oder Stimmkartei und sammelt die Stimmscheine. Haben alle in der Stimmliste oder Stimmkartei eingetragenen Stimmberechtigten abgestimmt und ist anzunehmen, daß Inhaber von Stimmscheinen nicht mehr kommen, so kann der Abstimmungsvorsteher auf einstimmigen Beschluß des Abstimmungsvorstandes die Abstimmung schon vor dem Schlusse der allgemein oder der besonders angeordneten Abstimmungszeit für geschlossen erklären (§§ 112—119). — Vorgesehen ist ferner Nachwahl und neue Abstimmung. Erklärt das Wahlprüfungsgericht die ganze Wahl (Abstimmung) für ungültig oder wird bei einer Reichspräsidentenwahl ein zweiter Wahlgang erforderlich, so ordnet der RM. d. Inn. eine neue Abstimmung an. Ist über ein Jahr nach der ersten Abstimmung vergangen, so müssen die gesamten Abstimmungsvorbereitungen erneuert werden (§§ 155, 158). Auch eine Wiederholungswahl und Wiederholung der Abstimmung kennt die RStO. Ist in einzelnen Stimmbezirken die Abstimmung nicht ordnungsmäßig vorgenommen worden, so kann das Wahlprüfungsgericht dort die Wiederholung der Abstimmung beschließen. Der RM. d. Inn. hat den Beschluß alsbald auszuführen. Seine Anordnung unterliegt im Prüfungsverfahren der Nachprüfung durch das Wahlprüfungsgericht. Die Wiederholung der Abstimmung darf nicht später als 6 Monate nach der Hauptabstimmung stattfinden (Einzelheiten siehe §§ 159—160 das.). Endlich ist auch eine Verbindung von Reichsabstimmungen mit anderen Abstimmungen zulässig. Es können mit jeder Reichswahl oder Reichsabstimmung öffentliche Wahlhandlungen und andere Abstimmungen, nämlich Landtagswahlen, Wahlen zu kommunalen Vertretungskörpern und Abstimmungen nach landesrechtlichen Verfassungsgesetzen verbunden werden. Sollen Wahlen zu kommunalen Vertretungskörpern mit der Abstimmung verbunden werden, so ist die Zustimmung der Landesregierung erforderlich (§§ 161, 162).

8. Der Reichsrat. Nach Art. 61 RVerf. hat jedes Land eine Stimme im Reichsrat. Bei größeren Ländern entfällt auf 700000 Einwohner eine Stimme. Ein Überschuß von mindestens 350000 Einwohnern wird 700000 gleichgerechnet. Kein Land darf durch mehr als zwei Fünftel aller Stimmen vertreten sein. Die Stimmenzahl wird durch den Reichsrat nach jeder allgemeinen Volkszählung neu festgesetzt. Die Gesamtstimmenzahl beträgt jetzt 66. Davon entfallen auf Preußen 26, Bayern 10, Sachsen 7, Württemberg 4, Baden 3, Thüringen, Hessen und Hamburg je 2, die übrigen 10 Länder je eine Stimme. In den Ausschüssen, die der Reichsrat aus seiner Mitte bildet, führt kein Land mehr als eine Stimme. Die Länder werden im Reichsrat durch Mitglieder ihrer Regierungen vertreten. Jedoch wird die Hälfte der preußischen Stimmen nach Maßgabe eines LandesG. von den Preußischen Provinzialverwaltungen bestellt (Art. 63 I RVerf.). Gemeint ist das preußische G. über die Bestellung von Mitgliedern des Reichsrats durch die Provinzial-

verwaltungen vom 3. VI. 1921 (GS. 379). Wahlkörper sind die Provinzialausschüsse und für die Stadt Berlin der Magistrat. Zur Vornahme der Wahl treten die Wahlkörper einzeln an den von dem Staatsministerium bestimmten Tagen an ihren Sitzen zusammen. Jeder Wahlkörper wählt in gesonderten Wahlgängen ein Mitglied und ein stellvertretendes Mitglied zum Reichsrat. Gewählt wird mit verdeckten Stimmzetteln. Gewählt ist, wer mehr als die Hälfte der abgegebenen gültigen Stimmen erhalten hat. Ergibt sich bei dem ersten Wahlgange keine solche Stimmenmehrheit, so findet sofort eine Nachwahl unter den beiden Personen, die die meisten Stimmen auf sich vereint haben, statt. Bei Stimmengleichheit entscheidet das durch die Hand des Vorsitzenden zu ziehende Los. In den Vollsitzungen des Reichsrats steht den gewählten Mitgliedern freies Stimmrecht zu; jedoch sollen die Gegenstände der Tagesordnung vorher zwecks Herbeiführung einheitlicher Stimmabgabe in gemeinschaftlicher Beratung der bestellten und der gewählten Mitglieder beraten werden (§§ 1, 2, 4). Nach der GeschäftsO. für den Reichsrat vom 20. XI. 1919 (mit Abänderungen, deren letzte in der Bek. vom 6. VI. 1928, RMBl. 363, enthalten ist) richtet sich die Reihenfolge der Abstimmung in der Vollversammlung nach der Reihenfolge der Länder (§§ 10, 18). Es entscheidet die einfache Mehrheit der Abstimmenden. Nur Beschlüsse des Reichsrats auf Abänderung der Verfassung bedürfen einer Mehrheit von zwei Dritteln der abgegebenen Stimmen. Ist ein Bevollmächtigter bei einer Abstimmung nicht in der Lage, seine Stimme oder Erklärung sofort abzugeben, so kann er sich die Abgabe einer Erklärung bis zur nächsten Vollsitzung vorbehalten (§ 20). Bei der Abstimmung in den Ausschüssen entscheidet ebenfalls die einfache Mehrheit der Abstimmenden. Bei Stimmengleichheit gilt der Antrag als abgelehnt (§ 36 das.). Die Ausschüsse sind nur beschlußfähig, wenn mindestens die Hälfte der stimmberechtigten Mitglieder anwesend sind. Jedes Land, das dem Ausschuß als ständiges Mitglied angehört und bei der Abstimmung durch einen Bevollmächtigten vertreten ist, führt e i n e Stimme. Sind mehrere Ausschüsse zur gemeinschaftlichen Beratung und Abstimmung versammelt, so führt jedes Land so viele Stimmen, als ihm in den beteiligten Ausschüssen zusammen zustehen und durch persönlich bei der Abstimmung anwesende Bevollmächtigte vertreten werden. Sind in einer Ausschußsitzung ein oder mehrere Länder, die ständige Mitglieder des Ausschusses sind, nicht durch einen ihrer Bevollmächtigten vertreten, so treten die als Stellvertreter bestellten, durch einen anwesenden Bevollmächtigten vertretenen Länder nach ihrer Reihenfolge bei der Beratung und Abstimmung für sie ein. Eine andere Art der Stellvertretung ist in den Ausschüssen nicht zulässig (§ 37 das.).

9. Die R e i c h s r e g i e r u n g. Nach ihrer GeschäftsO. vom 3. V. 1924 (RMBl. 173, 236) § 27 faßt die Reichsregierung ihre Beschlüsse in der Regel in gemeinschaftlicher Sitzung. Sie ist beschlußfähig, wenn einschließlich des Vorsitzenden die Hälfte der Reichsminister anwesend oder vertreten ist (§ 31 das.). Über die Abstimmung im einzelnen ist weder hier noch in der Gemeinsamen GeschäftsO. der Reichsministerien vom 2. IX. 1926 (nicht amtlich verkündet) etwas Genaueres vorgeschrieben.

10. Der R e i c h s w i r t s c h a f t s r a t, der nach der VO. vom 4. V. 1920 (RGBl. 858) zusammengesetzt ist, hat seine eigene GeschäftsO. vom 16. VI. 1921 (Drucksachen des vorläufigen Reichswirtschaftsrats 1920/21 Nr. 167), die auch den Abstimmungsmodus regelt.

II. Die Abstimmung nach Landesrecht.

Es ist hier eine Beschränkung auf Preußen angebracht.

1. Nach dem LandeswahlG. in der Fassung vom 28. X. 1924 (GS. 671) ist die Regelung in weitestem Maße derjenigen des ReichswahlG. angepaßt. Der RStO. entspricht die WahlO. für den preußischen Landtag vom 29. X. 1924 (GS. 684).

2. Entsprechend dem G. über das Verfahren bei Volksbegehren und Volksentscheiden vom 8. I. 1926 (GS. 21) hat die VO. zur Ausführung dieses G. (die „LandesabstimmungsO.“) vom 23. I. 1926 (GS. 26) über die Abstimmung besondere Regeln festgesetzt. Auch hier, wie im Reiche, wird ein Zulassungsverfahren und ein Eintragungsverfahren unterschieden. Das Zulassungsverfahren beginnt mit dem an den Min. d. Inn. schriftlich zu richtenden Antrag auf Zulassung der Auslegung von Eintragungslisten für ein Volksbegehren. Handelt es sich um ein solches auf Erlaß, Änderung oder Aufhebung eines nicht verfassungsändernden Gesetzes, so muß die Eintragungsliste die Unterschriften von 5000 Stimmberechtigten, bei einem Begehren auf Auflösung des Landtages oder Änderung der Verfassung die Unterschrift von 20000 Stimmberechtigten tragen. Das Stimmrecht der Unterzeichner des Antrages ist durch eine Bestätigung der Gemeindebehörde ihres Wohnorts nachzuweisen; die Bestätigung ist in der Regel auf dem zu diesem Zweck der

Gemeindebehörde vorzulegenden Unterschriftsbogen selbst zu erteilen (§§ 1, 2). Über den Antrag von Vereinigungen sind Sondervorschriften vorgesehen (§ 4). Nach Zulassung der Listenauslegung hat ein Vertrauensmann dem Min. d. Inn. anzuzeigen, wo die Auslegung der Eintragungslisten beabsichtigt wird. Diese Listen sind während der Eintragungsfrist oder Nachfrist an Arbeitstagen innerhalb der üblichen Amtsstunden und an den in diese Frist fallenden Sonntagen zu besonders von der Gemeindebehörde festzusetzenden Stunden auszulegen. Nach Auslegung sind von der Gemeindebehörde innerhalb der Auslegungsfrist oder Nachfrist Eintragungsberechtigte zur Eintragung zuzulassen. Ein Eintragungsschein ist auch hier vorgesehen. Nach Ablauf der Eintragungsfrist oder Nachfrist werden die Eintragungslisten von den Gemeindebehörden unverzüglich abgeschlossen und den Vertrauenspersonen übersandt. Es folgt das Vorlegungsverfahren. Die das Volksbegehren betreibenden Personen haben die Eintragungs- und Nachtragslisten binnen 8 Tagen dem Landeswahlleiter einzureichen. Es folgt dann die Feststellung des Ergebnisses. — In dem Verfahren bei Volksentscheiden gilt hinsichtlich der allgemeinen Stimmabgabe und des Abstimmungsverfahrens in Kranken- und Pflegeanstalten, sowie des Verfahrens für Seeleute, in der Landeswahlordnung Entsprechendes. Doch erhält für die Stimmabgabe jeder Stimmberechtigte nach Betreten des Abstimmungsraums außer dem amtlich gestempelten Umschlag einen Stimmzettel; aus den ihm übergebenen mehreren Stimmzetteln wählt er hinter der Schutzvorrichtung zunächst den oder die Stimmzettel mit denjenigen Fragen aus, an deren Entscheidung er sich beteiligen will. Er macht seinen Willen dadurch kenntlich, daß er hinter das auf dem Stimmzettel vorgedruckte Ja oder Nein ein Kreuz oder ähnliches Zeichen setzt; alsdann legt er den oder die so gekennzeichneten Stimmzettel in den Umschlag und tritt zwecks Abgabe seiner Stimme an den Vorstandstisch. Die Nach- und Wiederholungsabstimmungen, die Verbindung von Abstimmungen und Wahlen sind ebenso geregelt wie in der RStO. und in der LandeswahlO. (§§ 7, 11, 15, 16, 19, 20, 21—27, 31).

3. Was die Wahlen zum Staatsrat angeht, so werden seine Mitglieder und ihre Stellvertreter nach den Grundsätzen der Verhältniswahl, in den Hohenzollernschen Landen nach den Grundsätzen der Mehrheitswahl gewählt. Wähler sind die Mitglieder der Wahlkörper (Provinziallandtage, Stadtverordnetenversammlung in Berlin, Kommunallandtage der Grenzmark Posen-Westpreußen und der Hohenzollernschen Lande). Wähler sind alle reichsdeutschen Männer und Frauen, die das 25. Lebensjahr vollendet und ihren Wohnsitz ein Jahr im Bezirke des Wahlkörpers haben. Die Wahl erfolgt auf Einladung des Staatskommissars beim Provinziallandtag (Kommunallandtag), in Berlin des Oberpräsidenten. Soweit nach den Grundsätzen der Verhältniswahl gewählt wird, muß die Einladung die Aufforderung enthalten, Wahlvorschläge bei den vom Staatskommissar bezeichneten Stellen einzureichen. Die Wahl findet in öffentlicher Sitzung des Wahlkörpers ohne Aussprache statt. Gewählt wird mit verdeckten Stimmzetteln. Die Wähler werden in der Buchstabenfolge aufgerufen, jeder aufgerufene Wähler legt den Stimmzettel zusammengefaltet in die Wahlurne. Der Schriftführer vermerkt die Stimmabgabe jedes Wählers neben dessen Namen in der Liste. Jeder Wähler kann stimmen, bis der Vorsitzende die Wahl für geschlossen erklärt (G. über die Wahl zum Staatsrat vom 16. XII. 1920, GS. 1921 S. 90).

4. Das Abstimmungsverfahren nach dem WahlG. für die Provinziallandtage und Kreistage vom 7. X. 1925 (GS. 123), ergänzt durch G. vom 29. X. 1928 (GS. 198), ist in weitgehendem Maße den Vorschriften angepaßt, die nach dem LandeswahlG. und der LandeswahlO. gelten. Für beide Arten von Wahlen gilt, daß sie nach den Grundsätzen des Verhältniswahlrechts erfolgen und daß die Provinziallandtags- und Kreistagsabgeordneten von den wahlberechtigten Einwohnern der Provinz bzw. des Kreises auf 4 Jahre gewählt werden.

5. Die Gemeindewahlen sind geregelt worden nach dem GemeindewahlG. vom 12. II. 1924 (GS. 99) mit AbänderungsG. vom 31. XII. 1926 (GS. 367). Es erfolgte eine Ergänzung durch die Gesetze vom 14. VI. und 24. VII. 1924 (GS. 551 bzw. 591). Vgl. auch G. über die Festsetzung der Gemeindewahl vom 18. IV. 1928 (GS. 99) in der Fassung der Bek. vom 1. XI. 1928 (GS. 207) und G. vom 26. II. 1929 (GS. 7). Nach diesen Vorschriften sind die Gemeindevertretungen der Städte und Landgemeinden zu wählen. Zur Ausübung der Wahlberechtigung ist die Eintragung in die rechtsgültig festgestellte Bürgerliste oder die Erteilung eines Wahlscheins erforderlich. In die Bürgerliste ist einzutragen, wer am Wahltage wahlberechtigt ist. Einen Wahlschein erhalten hauptsächlich Personen, die nicht in die Bürgerlisten eingetragen sind, wenn ihrem Einspruch erst nach Schluß der Bürgerliste stattgegeben ist; Wahlberech-

tigte, die wegen Ruhens der Wahlberechtigung oder Behinderung in der Ausübung in der Bürgerliste nicht eingetragen oder gestrichen waren, wenn der Grund hierfür nach Ablauf der Einspruchsfrist weggefallen ist. Für die Rechtsgültigkeit der Stimmabgabe ist allein die Eintragung in die Bürgerliste oder der Besitz eines Wahlscheins maßgebend. Die Einzelheiten der Stimmabgabe sind dieselben wie bei den Reichs- und Landtagswahlen. Was die Abstimmung innerhalb der Stadtverordnetenversammlung bzw. der Gemeindevertretung angeht, so ist nach geltendem Preußischen Kommunalrechte der einfache Mehrheitsgrundsatz maßgebend. Bei Erlaß einer GeschäftsO. darf auch kein anderes Prinzip zur Geltung gebracht werden. Was die Abstimmung innerhalb des Magistrats angeht, so werden die Beschlüsse durch Stimmenmehrheit gefaßt, bei Stimmengleichheit entscheidet die Stimme des Vorsitzenden. Gewisse gesetzliche Ausnahmen sind möglich, so erfordert z. B. ein Beschluß in Sachen der Feuerbestattung Zweidrittelmehrheit (G. vom 14. IX. 1911, GS. 193).

III. Die Abstimmung innerhalb der Verwaltungsbehörden ist im Reich und in den Ländern in so verschiedener Weise geregelt, daß eine erschöpfende Aufzählung ohne besonderen Wert sein würde. Im allgemeinen kann man die Geltung des Mehrheitsgrundsatzes vorfinden. Doch gibt es hiervon auch Ausnahmen. Wichtig ist auch die Frage, ob der Vorsitzende bei Stimmengleichheit den Ausschlag gibt oder nicht und welche Bedeutung die Stimmenthaltung besitzt. Auch für die Verwaltungsgerichte läßt sich innerhalb der einzelnen Länder nur die Regel feststellen, daß sie grundsätzlich nach Stimmenmehrheit entscheiden. In Preußen haben die Laienmitglieder dasselbe Stimmrecht wie die Berufsrichter. Nur in wenigen Fällen ist der Grundsatz der festen Spruchrichterzahl vorgesehen. Bei den meisten ist eine Mindestbesetzung vorgeschrieben. Damit in jedem Fall eine Mehrheit zustande kommt, wird entweder der Stimme des Vorsitzenden bei Stimmengleichheit das Recht des Ausschlags gegeben oder es wird nur eine ungerade Zahl von Mitgliedern zur Abstimmung zugelassen. Die Frage, welcher Richter von einer geraden Zahl auszuscheiden habe, ist für jedes Verwaltungsgericht nach seiner besonderen Verfassung und Zusammensetzung besonders bestimmt. Meistens hat der Berichterstatter den Vorzug und keineswegs immer der Vorsitzende. Der von der Abstimmung ausgeschlossene Richter braucht sich nicht aus der Sitzung zu entfernen, er kann ihr vielmehr mit beratender Stimme beiwohnen (OVG. im PrVBl. 22, 241, 1); anders wegen der vom Richteramt wegen Beteiligung ausgeschlossenen oder wegen Besorgnis der Befangenheit abgelehnten Richter. Die Stimmenthaltung muß aus dem Protokoll (OVG. 71, 409) und der ausgefertigten Entscheidung zu erkennen sein. Der Verstoß gegen diese Vorschriften, namentlich wenn eine gerade Zahl von Richtern teilnimmt, oder die Stimmenthaltung nicht aus Protokoll und Urteil ersichtlich ist, ist ein wesentlicher Mangel des Verfahrens, aber auch wenn ein Richter sich zu Unrecht der Mitwirkung enthält (PrOVG. 70, 455 und Friedrichs, Verwaltungsrechtspflege, Bd. 1 [1920], S. 168f. — Erwähnt sei schließlich noch, daß bei Abstimmungen in dem Steuerausschuß der Vorsteher des Finanzamts die Verhandlungen leitet und die Stimmenmehrheit entscheidet. Der Vorsteher stimmt mit; bei Stimmengleichheit entscheidet seine Stimme. Bilden sich wegen eines Betrages, der für die Steuerberechnung wesentlich ist, mehr als zwei Meinungen, so werden die Stimmen für den höchsten Betrag den Stimmen für den nächstniederen hinzugezählt, bis sich eine Mehrheit ergibt (§ 30 I, II RAbgO.). Das Finanzgericht beschließt nach § 260 daselbst nach einfacher Stimmenmehrheit. Der Vorsitzende stimmt zuletzt (§ 30 II Satz 4 gilt entsprechend). Bei der Beratung und Abstimmung dürfen außer den zur Entscheidung berufenen Mitgliedern nur die beim Landesfinanzamt zur Ausbildung beschäftigten Personen zugegen sein, soweit der Vorsitzende deren Anwesenheit gestattet. Was die Rechtsbeschwerde vor dem Reichsfinanzhof betrifft, so beschließt der Senat in geheimer Sitzung mit einfacher Stimmenmehrheit. Die Reihenfolge der Abstimmung richtet sich nach dem Dienstalter; der jüngste stimmt zuerst. Zuletzt stimmt der Vorsitzende. Ist ein Berichterstatter ernannt, so stimmt dieser zuerst. Ihm folgt ein etwaiger Mitberichterstatter. Nach dem ReichsbewertungsG. vom 10. VIII. 1925 (RGBl. I, 214) § 18 ist der Bewertungsbeirat beschlußfähig, wenn außer dem Vorsitzenden mindestens 4 Mitglieder anwesend sind. Bei Abstimmungen entscheidet Stimmenmehrheit, der Vorsitzende stimmt mit; bei Stimmengleichheit entscheidet seine Stimme. Bilden sich bei der Frage der Bewertung von Betrieben mehr als zwei Meinungen, so werden die Stimmen, die für die höchste Bewertung abgegeben sind, den Stimmen hinzugezählt, die für die nächstniedrige Bewertung abgegeben sind, bis sich eine Mehrheit ergibt. Die zu Mitgliedern des Bewertungsbeirats bestimmten ausübenden Landwirte gelten bei der Abstimmung insoweit als verhindert, als durch die Abstimmung Werte von Betrieben des Landes festzustellen oder zu vergleichen sind, in dem die Mitglieder die Landwirtschaft ausüben oder einen landwirtschaftlichen Betrieb besitzen. An die Stelle des Landes tritt in Preußen die Provinz.

Nach dem ArbeitsgerichtsG. (23. XII. 1926, RGBl. 507) § 9 gelten die Vorschriften über die Beratung und Abstimmung des GVG. auch für das arbeitsgerichtliche Verfahren; sie gelten aber nur entsprechend, so daß die für Schöffen gegebenen besonderen Vorschriften auf die Laienbeisitzer der Arbeitsgerichte, Landesarbeitsgerichte und des Reichsarbeitsgerichts angewendet werden müssen (§§ 192—195, 196 I und II, 197, 198 GVG.). Der Bruch der Schweigepflicht zieht nur im Falle des § 174 II GVG. Rechtsfolgen nach sich. Nach § 53 des ArbeitsgerichtsG. erläßt die nicht auf Grund einer mündlichen Verhandlung ergehenden Beschlüsse und Verfügungen, soweit nichts anderes bestimmt ist, der Vorsitzende allein. Im übrigen gelten für die Befugnisse des Vorsitzenden und der Beisitzer die Vorschriften der ZPO. über das landgerichtliche Verfahren entsprechend. Sie üben daher innerhalb ihres Tätigkeitsbereichs richterliche Funktionen aus. Aber eine Mitwirkung der Beisitzer im Urteilsverfahren ist nur für die mündliche Verhandlung vorgesehen. Der Vorsitzende hat also nicht nur diejenigen Maßnahmen allein zu treffen, die auch im ordentlichen Zivilprozeß der Vorsitzende des kollegialen Gerichts als solcher trifft, wie z. B. Anberaumung der Termine, Abkürzung der Einlassungsfrist, vorbereitende Maßnahmen vor der mündlichen Verhandlung, Entscheidung über eine einstweilige Verfügung usw., sondern er erläßt auch solche außerhalb der mündlichen Verhandlung zu treffenden Entscheidungen, die im ordentlichen Prozeß dem Gericht vorbehalten sind, z. B. Bewilligung des Armenrechts, Bestrafung ausgebliebener Zeugen oder Parteien, wenn der Beschluß nicht in der Verhandlung selbst erlassen wird usw. (Dersch-Volkmar, ArbGerG. 1927, S. 170 bis 175, 315f.). Natürlich ist bei diesen Entscheidungen die Frage der Abstimmung gegenstandslos.

Fritz Stier-Somlo.

B. Im Zivilrecht.

1. Die Vorschriften über die Beratung und Abstimmung bei gerichtlichen Entscheidungen (Urteilen und Beschlüssen) finden sich im 16. Titel des GVG. §§ 192—198. Diese Vorschriften gelten u. a. auch im ehrengerichtlichen Verfahren gegen Rechtsanwälte (§ 66 RAO.), im Verfahren vor den Seeämtern und dem Reichsoberseeamt (§§ 19, 30 RGes. vom 27. VII. 1877, RGBl. 549) vor dem Konsulargericht (§ 19 KonsGerG. vom 7. IV. 1900, RGBl. 213), vor den Jugendgerichten (§ 18 JugendGG. vom 16. II. 1923, RGBl. I, 135), vor den Arbeitsgerichten (§ 9 ArbGG. vom 23. XII. 1926, RGBl. I, 506), im Mietaufhebungsverfahren (§ 8 Abs. 3 MietSchG.), in dem gerichtlichen Verfahren in Angelegenheiten der freiwilligen Gerichtsbarkeit (§ 8 FGG.). Dagegen finden die Bestimmungen auf das Schiedsgerichtsverfahren (§ 1025 ZPO.) keine Anwendung, weil die Ordnung des Verfahrens in der Hand der Parteien und der Schiedsrichter liegt (RG. in JW. 1921, 1248 Nr. 27; man beachte aber RGZ. 129, 15).

2. Die Beratung und die Abstimmung ist n i c h t ö f f e n t l i c h. Es dürfen außer den zur Entscheidung berufenen Richtern nur die bei demselben Gericht zu ihrer juristischen Ausbildung beschäftigten Personen zugegen sein, soweit der Vorsitzende deren Anwesenheit gestattet. Der Zweck dieser Vorschrift des § 193 GVG. ist: Garantieen zu schaffen für die Ausschließung der Möglichkeit oder auch nur des Scheins der Möglichkeit einer Beeinflussung der zur Entscheidung berufenen Richter bei der Beratung und Abstimmung. Ergänzungsrichter (§ 192 GVG.) können der Beratung und Abstimmung beiwohnen, da sie möglicherweise „zur Entscheidung berufen" sind. Einer Person, die zu ihrer juristischen Ausbildung beschäftigt wird, kann auch dann die Anwesenheit gestattet werden, wenn sie in der zur Beratung stehenden Sache als Urkundsbeamter mitgewirkt hat, obwohl an sich die Anwesenheit des Urkundsbeamten unstatthaft ist (RGSt. 18, 161). Unstatthaft ist auch die Anwesenheit des einem Landgericht zur unentgeltlichen Beschäftigung überwiesenen Gerichtsassessors; denn dieser kann jedenfalls in Preußen (ebenso in Sachsen RG. in JW. 1895, 572 Nr. 2, anders in Hessen s. RGSt. 26, 42) nicht als eine zu ihrer juristischen Ausbildung beschäftigte Person angesehen werden (RGSt. 25, 237). Deshalb ist es nicht möglich, einen nicht zum Hilfsrichter bestellten Gerichtsassessor mit der Abfassung von Urteilen nach Art der Referendare zu beschäftigen (Pr. RV. vom 11. VI. 1894 — I 3017)

Wenn auch die Beratung und Abstimmung äußerlich in die Erscheinung treten muß, so ist es doch nicht unbedingt notwendig, daß sich die Richter zur Beratung und Abstimmung in ein besonderes Zimmer zurückziehen oder daß der Verhandlungssaal, wenn die Beratung in ihm stattfinden soll, geräumt wird. Es ist vielmehr eine leise Beratung und Abstimmung im Sitzungssaal nicht ausgeschlossen, besonders über einfache, eine nähere Erläuterung nicht erfordernde Anträge. Voraussetzung ist aber dabei, daß die nichtbeteiligten, im Saal anwesenden Personen nichts von der Beratung und Abstimmung vernehmen können (RGSt. 22, 397; 43, 51; 46, 374).

Dem Richter gebietet die Pflicht zur Amtsverschwiegenheit, den Schöffen und Geschworenen die besondere Vorschrift des § 198 GVG. über den Hergang bei der Beratung und Abstimmung Stillschweigen zu beobachten. Beratung und Abstimmung ist eine lediglich innere Angelegenheit des Gerichts. Ob und welche Meinungsverschiedenheiten bestanden haben und mit welcher Stimmenzahl sie entschieden sind, darf weder in den Entscheidungsgründen noch in Aktenvermerken erkennbar gemacht werden. Jede Entscheidung gilt als Entscheidung des ganzen Kollegiums (RGRspr. 2, 70). Ob ein überstimmtes Mitglied berechtigt ist, ein Separatvotum abzugeben, richtet sich für die Landesgerichte nach Landesrecht. Im preuß. ALR. II Tit. 10 § 144 war den überstimmten Beamten gestattet, ihr abweichendes Gutachten unter Anführung der Gründe zu den Akten zu bringen. Für das Reichsgericht ist die Zulässigkeit der Abgabe eines Separatvotums in § 15 der GeschO. ausdrücklich anerkannt. Separatvoten sind ein Internum des Gerichts, sie sind mit Rücksicht auf die Vorschrift des § 198 GVG. geheimzuhalten.

Da die Beratung und Abstimmung geheim ist, ist es grundsätzlich unzulässig, die beteiligten Richter über die Art und Weise des Zustandekommens des Richterspruchs als Zeugen zu vernehmen (RGSt. 26, 202; 28, 242/245; 36, 371/373; RGRspr. 3, 495) Dieser Grundsatz muß jedoch höheren Interessen der Rechtsverfolgung und Rechtsverteidigung, namentlich bei Untersuchungen wegen Rechtsbeugung, bei Rückgriffsprozessen gegen Richter und in ähnlichen Fällen weichen. Eine solche Ausnahme ist z. B. in den Zivilprozessen wegen Amtspflichtverletzungen der Beamten zuzulassen (RGZ. 89, 13/16). Vernehmung der Mitglieder eines Schiedsgerichts über Vorgänge bei der Beratung vgl. RGZ. 129, 15ff.

3. Die Vorschriften des GVG. über die Art und den Inhalt der Beratung und der Abstimmung sind nicht erschöpfend. Das Gesetz hat sich insbesondere der Aufstellung von Vorschriften darüber enthalten, ob nach Gründen oder nach dem Endergebnis abzustimmen sei. Über diese in der Theorie sehr streitige Frage siehe weiter unten. Nach der Bestimmung des § 194 GVG. hat der Vorsitzende die Beratung zu leiten, die Fragen zu stellen und die Stimmen zu sammeln. Entstehen Meinungsverschiedenheiten über den Gegenstand, die Fassung und die Reihenfolge der Fragen oder über das Ergebnis der Abstimmung, so entscheidet das Gericht.

Kein Richter, Schöffe oder Geschworener darf die Abstimmung über eine Frage verweigern, weil er bei der Abstimmung über eine vorhergegangene Frage in der Minderheit geblieben ist (§ 195 GVG.). Ob sich das bei einer Vorfrage überstimmte Mitglied bei den ferneren Abstimmungen auf den Standpunkt der früheren Mehrheit zu stellen hat oder berechtigt ist, den eigenen früheren Standpunkt festzuhalten, läßt sich, wie die Mot. z. GVG. S. 96 bemerken, durch positive gesetzliche Vorschriften nicht beantworten und wird nach logischen Grundsätzen in Gemäßheit der Verschiedenheit der Fälle verschieden beantwortet werden müssen. Aus dem Wesen der Kollegialverfassung wird man aber den Grundsatz entnehmen müssen, daß der bei einer Abstimmung Überstimmte sich bei den ferneren Abstimmungen auf den Standpunkt der Mehrheit stellen muß. Zu der Frage, wie lange das einzelne Mitglied seine Meinung ändern darf, führt RGSt. 17, 287 aus: Die aus den zu beantwortenden einzelnen Fragen sich ergebenden Stadien der Beratung des Urteils durch das Gericht bilden nicht selbständige Prozeßabschnitte; jedes Gerichtsmitglied ist vielmehr berechtigt, seine Abstimmung über die einzelnen Fragen jederzeit bis zur Verkündung des Urteils zu widerrufen und anders zu stimmen.

Die Entscheidungen erfolgen, soweit nicht das Gesetz ein anderes bestimmt, nach der absoluten Mehrheit der Stimmen (§ 196 Abs. 1 GVG.). In Strafsachen ist aber zu einer jeden dem Angeklagten nachteiligen Entscheidung, die die Schuldfrage oder die Bemessung der Strafe betrifft, eine Zweidrittelmehrheit erforderlich (§ 263 StPO.). Bilden sich in einer Strafsache, von der Schuldfrage abgesehen, mehr als zwei Meinungen, deren keine die erforderliche Mehrheit für sich hat, so werden die dem Beschuldigten nachteiligsten Stimmen den zunächst minder nachteiligen so lange hinzugerechnet, bis sich die erforderliche Mehrheit ergibt. Bilden sich in der Straffrage zwei Meinungen, ohne daß eine die erforderliche Mehrheit für sich hat, so gilt die mildere Meinung. Ergibt sich in dem mit zwei Richtern und zwei Schöffen besetzten Schöffengerichte, von der Schuld- und Straffrage abgesehen, Stimmengleichheit, so gibt die Stimme des Vorsitzenden den Ausschlag (§ 196 Abs. 3 GVG.).

Bilden sich in Beziehung auf Summen, über welche zu entscheiden ist — solche Fälle werden hauptsächlich in Zivilsachen vorkommen, die Bestimmung kann aber auch in Strafsachen z. B. bei Zuerkennung einer Buße praktisch werden — mehr als zwei Meinungen, deren keine die Mehrheit für sich hat, so werden die für die größte Summe abgegebenen Stimmen den für die zunächst geringere abgegebenen so lange hinzugerechnet, bis sich eine Mehrheit ergibt (§ 196 Abs. 2 GVG.) Das Gleiche bestimmt § 1667 RVersO. hinsichtlich des Verfahrens vor dem Spruchausschuß.

4. Die Richter stimmen nach dem Dienstalter, bei gleichem Dienstalter nach dem Lebensalter, Handelsrichter, Schöffen und Geschworene nach dem Lebensalter; der jüngere stimmt vor dem älteren. Die Schöffen und Geschworenen stimmen vor den Richtern. Wenn ein Berichterstatter ernannt ist, so stimmt er zuerst. Zuletzt stimmt der Vorsitzende (§ 197 GVG.). Die gleichen Grundsätze gelten mit Rücksicht auf die entsprechende Anwendbarkeit des § 197 GVG. (s. oben am Anfang) auch sonst, soweit nichtrichterliche Beisitzer bei der Entscheidung mitwirken, z. B. Mietschöffengericht, Arbeitsgericht.

Ob nach Gründen (Elementen) oder nach dem Gesamtergebnis abzustimmen sei, überläßt das Gesetz der Entscheidung des Gerichts. In Übereinstimmung mit den Materialien will die herrschende Ansicht in Zivilsachen nach Gründen, in Strafsachen hingegen jedenfalls hinsichtlich der Schuldfrage nach dem Ergebnis (Totalabstimmung) abstimmen lassen. Die Notwendigkeit, die Entscheidungsgründe durch das Kollegium festzustellen, soll in Zivilsachen zur Abstimmung über die Elemente des Urteils nötigen und diese Art der Abstimmung soll auch allein eine erschöpfende Beweiswürdigung und eine zutreffende Anwendung der Rechtssätze auf Grund einer wirklichen Analyse des Falles gewährleisten. Für Strafsachen wird der Grundsatz aufgestellt, daß, wenn eine Entscheidung von der Beantwortung mehrerer rechtlicher oder tatsächlicher Fragen abhängig ist, über jede derselben getrennt abgestimmt werden muß. Von selbst versteht es sich aber, daß bei der Beratung über das Strafurteil die Schuld- von der Straffrage zu sondern ist. Denn erst nach Entscheidung der ersteren kann die letztere Gegenstand der Beratung und Abstimmung sein. Das Gleiche gilt von den Fragen nach den Prozeß- und den Urteilsvoraussetzungen. Die Schuldfrage muß nach der herrschenden Ansicht ungeteilt zur Abstimmung gebracht werden. Was hierbei zur Schuldfrage zu rechnen ist, ist streitig. Nach einer von anderer Seite bekämpften Ansicht ist die Frage nach den Strafaufhebungsgründen und nach den im Strafgesetz besonders hervorgehobenen Umständen, die die Strafbarkeit erhöhen oder vermindern, von der Abstimmung über die Schuldfrage zu trennen. Das Reichsgericht (RGSt. 2, 379; 8, 218) weist darauf hin, daß das GVG. positive Vorschriften über die Art der Abstimmung im allgemeinen nicht aufstellt und daß daher logische Prinzipien darüber entscheiden müssen, ob eine Abstimmung richtig erfolgt ist. Mag danach unter Umständen aber auch eine Abstimmung nach Gründen geboten sein, um insbesondere für den Fall eines freisprechenden Erkenntnisses die Gründe klarzustellen, weshalb die Freisprechung erfolgte, so läßt sich doch nicht bezweifeln, daß bezüglich der Schuldfrage für das Endresultat nicht die Abstimmung über einzelne Tatbestandsmerkmale, sondern nur die Abstimmung darüber entscheidend sein darf, ob der Angeklagte der ihm zur Last gelegten Tat schuldig ist oder nicht, d. h. ob sämtliche Merkmale der strafbaren Handlung, sowohl die subjektiven als auch die objektiven, vorliegen oder nicht.

5. In neuerer Zeit geht das Bestreben der Theorie dahin, die Abstimmung in Zivil- und Strafsachen auf eine einheitliche Grundlage zu stellen. In Bd. 41 S. 528f. der Zeitschrift für die gesamte Strafrechtswissenschaft vertritt Zeiler die Abstimmung nach Gründen einheitlich für den Zivil- und den Strafprozeß. Sein Vorschlag geht dahin: Es soll zuerst „nach Gründen" abgestimmt und so Schritt für Schritt der denkmäßige Aufbau des Urteils gewonnen werden, daran anschließend aber in abgesonderter Feststellung die Entscheidung über die eigentliche Rechtsfolge", d. i. Klagabweisung oder Verurteilung im Zivilprozeß, Strafausspruch im Strafprozeß, erfolgen und hierbei jeder Richter auf Grund seiner eigenen Ansicht stimmen; aus dieser Endabstimmung soll dann das Durchschnittsergebnis gelten. Das Ergebnis seiner Untersuchung über die Abstimmungsfrage ist: Über den Beurteilungsstoff muß, gleichmäßig für das Strafverfahren wie für den bürgerlichen Rechtsstreit nicht einheitlich nur über das Endergebnis, sondern über die Einzelheiten des Aufbaues gesondert abgestimmt werden.

Hiergegen wendet sich in der gleichen Zeitschrift Bd. 42 S. 599ff. Beling, der im Anschluß an seine schon früher mehrfach ausgesprochene Auffassung für beide Prozeßarten Ergebnisabstimmung verlangt. Er führt aus: Die Instanz, von der wir die Antwort darauf zu erwarten haben, wie abzustimmen sei, ist nicht die Denkordnung, sondern die Rechtsordnung. Die Richter haben so abzustimmen, wie diese es anordnet. Soweit das betreffende empirische Recht gesetzlicher Festlegung ermangelt, wie das deutsche Prozeßrecht, ist die Aufgabe des Juristen die, den auch ohne Förmelung geltenden Rechtssatz eben dieses Rechts ausfindig zu machen. Die Kernfrage für die Abstimmungslehre ist die, was soll nach geltendem Recht durch die Abstimmung erreicht werden? Die Abstimmung im Kollegium kann nun nicht wenigstens die Wahrscheinlichkeit der richtigen Entscheidung verbürgen, sie kann vielmehr lediglich das Mittel dafür sein, eine solche Entscheidung zu gewinnen, wie sie dem empirischen Vorstellungsbild der betreffenden empirischen Richter, diese als Ganzes gedacht, entspricht. Nicht die richtige oder wahrscheinlich richtige Entscheidung, sondern die zu jener Basis passende Entscheidung soll durch den Mund des Vorsitzenden als Entscheidung „des Gerichts" verkündet werden. Man muß bei jeder Entscheidung scharf scheiden zwischen dieser selbst als einer Richtertätigkeit, einem Vorgang, bestehend in einer Äußerung, und dem Sinngefüge dieser Äußerung, dem Entscheidungsinhalt. Der Entscheidungsakt und der Entscheidungsinhalt unterstehen je selbständiger rechtlicher Bewertung. Dieser soll so sein, wie der Zusammenhalt der Lebenswirklichkeit mit der rechtlichen Regelung ergibt, also dem Ideal der absolut richtigen Entscheidung entsprechen, jener dagegen so, wie er der durch den konkreten Prozeß in den Richtern erzeugten Auffassung entspricht. Die Abstimmung kommt dabei lediglich als Mittel für den realen Entscheidungsakt mit seinem — von dem Ideal vielleicht weit abführenden — Sinn in Betracht. Diesem Zweck ist nun die Art und Weise der Abstimmung anzupassen. Bei der Methode der Ergebnisabstimmung sind stets so viele das Ergebnis als das richtige vertretende Richter da, wie den gesetzlichen Bestimmungen über die ausschlaggebende Mehrheit entspricht. Mögen die dieser ausschlaggebenden Richtergruppe angehörenden Richter auch aus verschiedenen Gründen zu dem Ergebnis gelangt sein; daß dieses selbst das richtige sei, dafür übernehmen sie übereinstimmend die Verantwortung. Demgegenüber führt die Methode der Gründeabstimmung ganz ins Unbegreifliche, ins Mystische. Sie verlegt das Einstehenmüssen für die Entscheidung aus der empirischen Welt hinaus und schanzt es einer Instanz zu, die sich auch nicht etwa im Überempirischen findet, sondern die buchstäblich ein Niemand und Nichts ist, einer reinen Ausgeburt der Phantasie.

Die Meinung, daß man mit der Ergebnisabstimmung für den Zivilprozeß nicht auskommen könne, ist unbegründet. Denn sie beruht auf einer dogmatisch-unkritischen Vorstellung davon, was „Entscheidung" und demgemäß das „Entscheidungsergebnis" ist, das zum Thema einheitlicher Abstimmung zu machen ist. Der Begriff des Ergebnisses ist kein von vornherein feststehender. Er ist vielmehr ein relativer. Ein und dasselbe Sinngebilde kann je nach der Prozeßlage und den ihr geltenden rechtlichen Bestimmungen „Ergebnis"-Entscheidungsinhalt sein oder lediglich einen Entscheidungsgrund bilden. Man darf dabei den Begriff der „Entscheidung" im Sinne der Abstimmungslehre nicht rein formell dahin bestimmen, als sei die selbständige Verkündung, also das Nachaußenhervortreten eines Abschlusses das Kriterium, als sei die „Ergebnisabstimmung" beschränkt auf den Tenor eines End- oder Zwischenurteils und solche Stellungnahmen des Gerichts, die sich zu einem besonderen „Beschluß" (oder „Verfügung") verdichten. Auch in dem Gedankengebäude, das nach außen nur in der Form eines „cur" bei Gelegenheit einer Entscheidung zum Vorschein kommt, können Bestandteile stecken, die besonderen Entscheidungswert haben und darum eigener Ergebnisabstimmung bedürfen. Ganz im Einklang mit dem über die relative Bedeutung der Begriffe „Ergebnis" und „Gründe" Ausgeführten steht auch, daß der titulus condemnationis im Strafprozeß ein besonderes Stück des Abstimmungsthemas der Schuldfrage ausmacht, im Zivilprozeß aber nicht. (Sind die Richter darin einig, daß Verurteilung geboten sei, aber uneinig darüber sub quo titulo, ohne daß eine der Meinungen die gesetzliche Mehrheit für sich hätte, so erfolgt im bürgerlichen Rechtsstreit Verurteilung mit wahldeutiger Begründung, im Strafverfahren dagegen Freisprechung.) Die Abstimmungsmethode ist für Erledigung von Prozeßrechtsfällen ganz die gleiche wie für die Sacherledigung. Immer kommt es nur darauf an, ob einer Feststellung eine Sonderfunktion zukommt oder nicht.

6. In eingehenden Darlegungen behandelt Haymann in seiner Abhandlung: „Die Mehrheitsentscheidung, ihr Sinn und ihre Schranke" in der Festgabe für Rudolf Stammler S. 395ff. die verschiedenen in der Rechtslehre ausgesprochenen Ansichten. Er nimmt zu ihnen Stellung und kommt dann zu dem folgenden Ergebnis: Eine Antwort auf die Frage, ob Totalabstimmung oder Abstimmung nach Gründen stattzufinden hat, kann nur nach

den Grundsätzen der Wahrscheinlichkeitsberechnung gegeben werden. Wenn das Gesetz das Richterkollegium dem Einzelrichter darum vorzieht, weil dieses Kollegium, wenn es mit gleichen Gaben ausgestattet, sich der einheitlichen Aufgabe mit gleicher Treue hingibt, eine größere Gewähr für die richtige Entscheidung gibt, so muß auch bei der Feststellung dieser Entscheidung diejenige Methode gewählt werden, welche ihrerseits nach den Regeln der Wahrscheinlichkeit die größere Gewähr in dieser Hinsicht liefert. Dieses aber ist, wenn die einzelnen Mitglieder über die einzelnen Momente der Entscheidung auseinandergehen, die Abstimmung auf die Frage nach dem Inhalt der Entscheidung und nicht nach den einzelnen Momenten, die für diesen Inhalt von Belang sind. Alle Erwägungen führen zu einer einheitlichen Beantwortung der alten Streitfrage für Zivil- und Strafsachen. Grundsätzlich ist nach dem Ergebnis, nicht nach den logischen Zwischengliedern, die zu diesem Ergebnis führen, abzustimmen. Eine Ausnahme gilt selbstverständlich überall dort, wo das Gesetz die Entscheidung von Vorfragen fordert, ehe zur Sachentscheidung oder zur endgültigen Entscheidung vorgeschritten werden darf, wie z. B. hinsichtlich der Ordnungsmäßigkeit von Rechtsmitteln oder der Prozeßvoraussetzungen des § 274 ZPO., auch wenn über sie nicht durch Zwischenurteil entschieden wird, oder das Vorliegen eines ordnungsmäßigen Strafantrages in einer Strafverhandlung wegen Beleidigung nach §§ 194ff. StGB., § 260 StPO. oder der Voraussetzungen, an die der § 266 StPO. die Verurteilung des Angeklagten wegen einer Tat knüpft, die nicht Gegenstand des Eröffnungsbeschlusses ist, oder stets hinsichtlich der Schuldfrage, ehe über die Bestrafung entschieden werden kann. Auch über streitige Rechtsfragen oder Strafaufhebungsgründe ist keine besondere Frage zu stellen, so wenig wie im Zivilprozeß über selbständige Angriffs- oder Verteidigungsmittel, die nicht Gegenstand einer besonderen Entscheidung sind. Auch für die Revisionsinstanz gilt nichts Besonderes, insoweit das Revisionsgericht in der Sache selbst endgültig entscheidet (§§ 563, 565 III ZPO., § 354 I StPO.). Nur wenn in die Instanz zurückverwiesen wird, müssen die einzelnen rechtlichen Punkte, die zweifelhaft sind, durch Abstimmung geklärt werden, weil hier ja das Instanzgericht an die rechtliche Auffassung des Revisionsgerichts bei seiner Entscheidung gebunden ist (§§ 565 II ZPO., 358 I StPO.). Hier haben in der Tat die Gründe einen selbständigen Rechtswert, weil sie die Regel enthalten, nach der das Instanzgericht seine neue Entscheidung fällen muß.

7. Im bürgerlichen Recht finden sich mehrfach für das Vereins- und Gesellschaftsrecht Bestimmungen, nach denen sich ein Mitglied in einzelnen Fällen nicht an der Abstimmung beteiligen darf. So ist nach § 34 BGB., § 252 Abs. 3 HGB., § 47 GmbHG., § 43 GenG., § 36 VersAufsG. ein Mitglied nicht stimmberechtigt, wenn die Beschlußfassung die Vornahme eines Rechtsgeschäfts mit ihm oder die Einleitung oder Erledigung eines Rechtsstreits zwischen ihm und dem Verein (§ 34 BGB.) oder die Befreiung von einer Verbindlichkeit oder Entlastung (§ 252 Abs. 3 HGB.) betrifft. Die Ausschließung des Stimmrechts will hier der Gefahr vorbeugen, daß das persönlich beteiligte Mitglied der Versuchung unterliegt, bei der Abstimmung die Interessen des Verbandes seinem persönlichen Vorteil zu opfern. Die Mitglieder sollen nicht nur nach ihren Sonderinteressen abstimmen, die Abstimmung soll vielmehr nach einheitlichen sachlichen Gesichtspunkten in Richtung auf das Gesamtinteresse erfolgen.

Schrifttum.

Hahn, Materialien z. GVG. 1879. — Struckmann-Koch, ZPO. zu § 196 GVG. — Gaupp-Stein-Jonas, Kommentar zur ZPO. § 309. — Planck, Lehrbuch des Deutschen Zivilprozeßrechts I (1887), S. 161. — Hellwig, Lehrbuch § 76. — Derselbe, System des Deutschen Zivilprozeßrechts I (1912), § 33. — Stein, Kunst der Rechtsprechung (1900), S. 16f.— Glaser, Handbuch des Strafprozesses II, S. 271 (1885). — v. Krieß, Lehrbuch des deutschen Strafprozeßrechts (1892), S. 441ff. — Bennecke-Beling, Lehrbuch des deutschen Reichsstrafprozesses (1900), S. 388. — Oetker, Verfahren vor dem Schwur- und Schöffengericht (1907), S. 392. — Löwe-Rosenberg, StPO. zu § 194 GVG. — Rosenfeld, Reichsstrafprozeß 1912, § 45. — Binding, Strafrechtliche und strafprozessuale Abhandlungen, Bd. 2, S. 141f. — Haymann, Die Mehrheitsentscheidung, ihr Sinn und ihre Schranke in der Festgabe für Rudolf Stammler 1926. — Heinemann in Ztschr. f. d. gesamte Strafrechtswissenschaft, Bd. 15, S. 1f., 217f. — Beling, ebenda Bd. 37, S. 376ff. Zeiler, ebenda Bd. 41, S. 528ff. — Beling, ebenda Bd. 42, S. 599ff.

Eugen Friedrichs.

Abstrakte Verpflichtungsakte.

1. Wesen, geschichtliche Entwicklung, rechtspolitische Bedeutung. a) Unter abstrakten Verpflichtungsakten versteht man solche, bei denen der geschäftliche Tatbestand sich in der Abgabe einer Verpflichtungserklärung und — in der Regel, gemäß § 305 BGB. — deren Annahme durch den Geschäftsgegner erschöpft, während die Gültigkeit des Aktes von Vorhandensein oder Erreichung des mit dem Versprechen erstrebten rechtlichen oder wirtschaftlichen Zweckes, der causa, losgelöst, ihr gegenüber verselbständigt ist. Diese Verselbständigung ist als materielle, nicht als formelle zu verstehen: freilich kann ein Versprechensakt, der von der Angabe des rechtlichen Zweckes in aller Form absieht, grundsätzlich nur als abstrakter rechtserheblich sein, da er die anderenfalls unerläßliche causa in seinem Tatbestand eben nicht enthält. Aber andererseits hindert die wörtliche Angabe der causa im Akt dessen abstrakte Bedeutung nicht: das ergibt sich sofort aus der Zulassung des abstrakten Schuldanerkenntnisses in § 781 BGB., das im Gegensatz zum Schuldversprechen, § 780, den Zweck (Schuldgrund) in aller Form angibt und doch von dessen rechtsgültigem Vorhandensein absieht, ihm gegenüber also abstrakt wirksam ist. Ebensowenig steht es dem Wesen eines abstrakten Schuldversprechens entgegen, wenn ihm der Bestand oder die künftige Erreichung des Zweckes als Bedingung hinzugefügt wird, z. B. A verspricht dem B 1000, wenn ihm B ein bestimmtes Pferd überlassen werde — denn diese Gegenleistung hat hier keine obligatorische, sondern nur konditionale Bedeutung; sie stellt nur die Wirksamkeit des abgegebenen Versprechens in Frage, während die rechtliche Existenz, die Gültigkeit desselben dadurch nicht berührt wird.

Ob und inwieweit man sich abstrakt verpflichte, hängt — natürlich in dem mehr oder minder weit gesteckten Rahmen der gesetzlichen Zulassung — ausschließlich vom Parteiwillen ab: ob die Pflicht als eine dem Rechtszweck gegenüber verselbständigte begründet werden soll. Das mag unter Umständen Zweifel erwecken. So kann, und wird häufig, das Bekenntnis, man sei aus diesem oder jenem Grunde einen bestimmten Betrag schuldig, die Bedeutung eines bloßen Beweismittels für das Vorhandensein der darin „anerkannten" Schuld aufweisen und unterliegt dann dem einfachen Gegenbeweise dahin, daß die Schuld in Wahrheit nicht oder doch nicht in der anerkannten Höhe bestehe. Soll der Akt aber einen selbständigen Verpflichtungsgrund enthalten, so kommt ihm gegenüber ein solcher Gegenbeweis nicht ohne weiteres in Betracht; es bleibt höchstens der Ausweg eines besonderen Bereicherungsanspruches zur Beseitigung des abstrakten Aktes, wenn dieser wirklich unter der irrigen Vorstellung von einer schon vorhandenen Verbindlichkeit eingegangen war (§ 812^2 BGB.). Es ist mißlich, bei einem sogenannten „Schuldanerkenntnis" unterschiedslos eine Vermutung, sei es für eine bloße Beweis-, sei es umgekehrt für eine verpflichtende Bedeutung aufzustellen, und umgekehrt folgt aus dem Fehlen des Wortes „Anerkennung" keineswegs ohne weiteres, daß ein bloßer widerleglicher Beweisakt gemeint sei (s. RGZ. 71, 102ff.); die Entscheidung läßt sich vielmehr nur durch die Heranziehung aller besonderen Umstände des Einzelfalles geben.

Den Gegensatz zu den abstrakten bilden die sogenannten kausalen oder individualisierten Verpflichtungsakte. Diese werden nicht als selbständige eingegangen, sondern nur als unselbständige Bestandteile eines in der Regel, aber keineswegs notwendig, zweiseitig-verpflichtenden Schuldvertrages. So an sich die Versprechen des Käufers und Verkäufers, des Mieters und Vermieters, des Arbeitgebers und Arbeitnehmers. Solche Geschäfte sind in ihrer ursprünglichen Bedeutung wirtschaftlicher Natur, dienen jedes einem bestimmten, typischen Zwecke (Gütersatz usw.) und sind von der Rechtsordnung nur als regelnde Mittel für die Zweckerreichung aufgenommen und ausgestaltet. Es wäre ganz widersinnig, solche ihrerseits in einer bestimmten Kausalbeziehung aufgehenden Geschäfte selbst als „kausale" zu bezeichnen — „kausal" im Gegensatz zu „abstrakt" sind vielmehr nur die dabei hervortretenden, nicht zur rechtlichen Selbständigkeit erhobenen Versprechensakte des einen oder anderen Geschäftsteiles, z. B. das Zahlungsversprechen des Käufers. Natürlich ist diese Unselbständigkeit der einzelnen Versprechen beim Geschäft keine notwendige — nichts hindert die Parteien, das eine oder andere durch einen besonderen Akt zu einem selbständigen, abstrakten zu erheben, sei es neben dem ursprünglichen kausalen Versprechensakt (akzessorisch), sei es an seiner Stelle (novatorisch). Und insbesondere bei Geldversprechen wird davon, besonders im gewerblichen Leben, geradezu massenhaft Gebrauch gemacht — so u. a. durch den Wechsel.

b) Die abstrakten Verpflichtungsakte sind eine Unterart der abstrakten Geschäfte. Diese kommen daneben, ja mit noch gesteigerter Wirksamkeit, im Gebiete der Verfügungen vor. So besonders im Sachenrecht, wo die dingliche Einigung sowohl bei Mobilien wie bei Grundstücken im geltenden Recht als abstrakter (dinglicher) Vertrag gestaltet ist. Nicht minder bei Verfügungen über Forderungsrechte, z. B. durch Erlaß und Abtretung, die zwar einen schuldrechtlichen Gegenstand, aber keineswegs nur eine obligatorische (verpflichtende) Wirkung aufweisen. Über alle solche abstrakten Akte ist im Rahmen dieses Aufsatzes nicht zu handeln. Bemerkt sei nur, daß bei den abstrakten Verfügungen die Unempfindlichkeit gegen die causa in noch weit höherem Maße ausgebildet ist als bei den meisten abstrakten Verpflichtungsakten. Zwar erzeugt der Mangel der causa bei beiden Arten einen Bereicherungsanspruch (condictio). Aber dieser ist rein persönlich, geht nur auf Mitwirkung zur Beseitigung des rechtsgrundlosen Aktes und versagt in aller Regel (s. nur §§ 816[1] S. 2, 822) gegenüber dem Dritterwerber des Verfügungsgegenstandes. Nun kann aber der Mangel der causa nicht nur klage-, sondern auch einredeweise geltend gemacht werden (Einrede der ungerechtfertigten Bereicherung, vgl. § 821), und diese Einrede wirkt in der Regel (vgl. § 404 BGB.) auch gegenüber dem Drittgläubiger (Zessionar) aus der ohne Rechtsgrund übernommenen Verpflichtung. Insofern ist also die Einflußlosigkeit der causa bei den noch nicht erfüllten bloßen abstrakten Verpflichtungsakten viel weniger streng durchgeführt als bei den derartigen Verfügungen.

In einem Fall ist übrigens die Zugehörigkeit eines abstrakten Aktes zu den Verpflichtungen oder Verfügungen außerordentlich zweifelhaft und bestritten — bei der (befreienden) Schuldübernahme, s. darüber Oertmann, Kommentar Vorbem. vor §§ 414ff. Ziff. 5b.

c) Aus der geschichtlichen Entwicklung ist hier nur zu erwähnen, daß bereits die Römer abstrakte Verpflichtungsakte ausgebildet hatten. Ja, diese spielten hier sogar eine sehr große Rolle, besonders in Form des Verbal- und Litteralkontraktes — die verbale stipulatio ist der markanteste Typus des gesamten römischen Schuldrechts. Und zwar konnte sie, wie auch der Litteralkontrakt, sowohl dazu verwendet werden, neue Verbindlichkeiten zu schaffen, als auch dazu, bestehende in eine neue, abstrakte Schuldform umzuwandeln (novatio), als endlich auch dazu, neben dem alten Schuldner einen neuen als Garanten beizufügen (fideiussio, Bürgschaft).

Doch entartete im nachklassischen Recht die Stipulation allmählich zu einer sinnlosen Floskel in den jetzt in Wahrheit allein noch gebräuchlichen Urkunden, was schließlich auch die Gesetzgeber dazu brachte, in den Stipulationsurkunden (cautiones) nur noch Beweismittel zu sehen, die übrigens mangels Angabe des Verpflichtungsgrundes nicht einmal dazu recht verwendbar waren und weiteren Beweis erforderlich sein ließen, s. l. 25 § 4 Dig. 22, 3 (interpoliert!) und l. 3 Cod. 4, 30. Die Praxis des gemeinen Rechts hielt an dieser dem abstrakten Verpflichtungsakte feindlichen Behandlung fest, und in den neueren Gesetzgebungen besonders des 18. und Anfang des 19. Jahrhunderts — Preußen, Österreich, Frankreich — war von einer Anerkennung solcher Akte überhaupt nicht mehr die Rede.

Dagegen die moderne Gesetzgebungskunst zeigt einen völligen Umschwung. Das neuzeitliche Wechsel- und Handelsrecht verwendeten abstrakte Verpflichtungsakte im weitesten Umfange, und auch für das allgemeine Bürgerliche Recht wurden sie unter dem Einfluß des berühmten Werkes von Otto Bähr, „Die Anerkennung als Verpflichtungsgrund", seit Mitte des 19. Jahrhunderts in immer steigendem Umfang durch Wissenschaft und Praxis zugelassen, allerdings zunächst nur unter dem in Wahrheit allzu engen Gesichtspunkt der Anerkennung, die, wenn sie wirklich Verpflichtungsgrund sein soll, in der Sache keine bloße Anlehnung an eine vorhandene anderweite Verpflichtung bedeutet, so daß das abstrakte Versprechen sinngemäß auch formell von solcher Anlehnung entbunden werden sollte.

So sind denn auch im BGB., im Grunde ohne ernste Meinungsverschiedenheiten, die abstrakten Verpflichtungsakte aufgenommen, insbesondere durch die §§ 780ff. Allerdings hatte man noch in letzter Stunde versucht, dagegen Sturm zu laufen (besonders Kindel, Das Rechtsgeschäft und sein Rechtsgrund, 1892), und selbst noch im Sinne des geltenden Rechtes wollen Einzelne die Bedeutung des abstrakten Schuldgeschäfts herabdrücken, indem sie darin nur eine Änderung der Beweislast für das Vorhandensein des angeblich materiell allein wirksamen Kausalgeschäftes sehen möchten.

Diese Gegensätze in der Entwicklung und Auffassung sind nicht zum wenigsten deshalb bedeutsam, weil sie unmittelbar mit den grundverschiedenen rechtspolitischen Idealen der verschiedenen Zeitalter und Völker zusammenhängen. Es wird durch Zulassung der abstrakten, verselbständigten Verpflichtungsakte dem Einzelnen zweifellos gewisse Gelegenheit gegeben, die wirklich verfolgten Geschäftszwecke im Dunkel zu lassen, sie der Beurteilung und Beanstandung durch Publikum und Gericht weitgehend zu entziehen. So ist es fast selbstverständlich, daß der Zeitgeist eines Absolutismus oder bevormundenden Polizeistaates solchen Akten wesentlich abgeneigt sein mußte. Aber ebenso zweifellos mußten die Zeiten einer grundsätzlich freien Wirtschaft, eines lebendigen Rechts- und Geschäftsverkehrs, der sich unmöglich immer von der Obrigkeit in die Karten sehen lassen will, die Zulassung solcher abstrakter Akte fordern.

Auch unsere Gegenwart kann ihrer auf keine Weise entraten — es wäre z. B. gar nicht auszudenken, wie der Verkehr ohne Wirksamkeit von Wechsel, Anweisung und Scheck sollte auskommen können. Auch die stärkere Berücksichtigung sozialethischer Gesichtspunkte und wirtschaftlicher Schutzgedanken in der neuesten Rechtspolitik vermag daran im Grunde nichts zu ändern — daraus folgt nur, daß wir den Rechtsschutz, die Behelfe gegen solche abstrakten Akte, denen eine causa überhaupt nicht oder doch nur eine von Rechts- oder Moralwegen gemißbilligte causa zu Grunde liegt, tunlichst wirksam gestalten, aber keineswegs, daß wir um der Möglichkeit solcher mißbräuchlicher Verwendung der abstrakten Akte willen ihnen den Weg von vornherein versperren. Das Äußerste, was man in dieser Richtung tun könnte, wäre, daß die abstrakten Verpflichtungsakte in gewissen Fällen wegen der gemißbilligten causa von vornherein für ungültig oder doch unklagbar erklärt würden. Und das ist denn auch vereinzelt im Gesetzbuch geschehen, indem insbesondere das Anerkenntnis einer Spiel- und Wettschuld sowie eine Lohnschuld an den Ehemäkler des Klagschutzes entbehren (§§ 762², 656² BGB.). Aber ob das Entsprechende allgemein für abstrakte Versprechen aus rechts- oder gar nur moralwidrigem Schuldgrund (causa) gelte oder man hier nicht auf Beseitigung mittels der Bereicherungsansprüche und -einreden beschränkt sei, ist außerordentlich zweifelhaft und schwerlich im ersten Sinne zu entscheiden, vgl. insbesondere § 817 BGB., kann hier auf keinen Fall näher untersucht werden. Richtig ist allerdings, daß auch das abstrakte Versprechen nach §§ 134, 138 dann in der Regel von vornherein nichtig ist, wenn es selbst auf etwas inhaltlich Rechts- oder Moralwidriges geht oder wenn es doch die Betätigung eines rechts- oder moralwidrigen Verhaltens als Bedingung in sich aufgenommen hat (z. B. A verspricht dem B im Wege eines abstrakten Versprechens Geld, wenn er in einem Prozeß zu Gunsten des A einen Meineid leiste).

2. Die rechtliche Bedeutung der abstrakten Verbindlichkeiten ist im bisherigen schon wesentlich klargestellt worden. Im Zusammenhang sei nur noch bemerkt:

a) Der Gläubiger kann sein Recht einfach auf Grund der abstrakten Verbindlichkeit geltend machen. Er braucht die causa seiner Forderung im Prozeß nicht einmal zu erwähnen, geschweige denn zu beweisen. Denn „Grund" des erhobenen Anspruchs ist nur das abstrakte Versprechen selbst, nicht ein dieses erst stützender weiterer Rechtsgrund.

b) Auch ein Gegenbeweis dahin, daß dem geltend gemachten Anspruch keine causa zu Grunde liege, steht dem Schuldner nicht zu. Er kann vielmehr deshalb höchstens seinerseits Klage erheben oder sich durch besondere Einrede verteidigen. Aber beides nur unter den besonderen Gesichtspunkten und Voraussetzungen der ungerechtfertigten Bereicherung, §§ 812ff., 821 BGB. Die bloße Tatsache, daß es an einer causa für den geltend gemachten Anspruch fehle, genügt dazu keineswegs — sonst könnte jedes Anerkenntnis einer in Wahrheit nicht bestehenden Schuld auf dem Umwege über Bereicherungsklage oder -einrede leicht wieder unschädlich gemacht werden. Der den abstrakten Verpflichtungsakt rechtfertigende Rechtsgrund liegt nicht in dem Vorhandensein der alten anerkannten oder im Schuldversprechen neuerdings übernommenen Verbindlichkeit, sondern nur in dem vorgestellten oder zu erreichenden besonderen Zweck, dem das Anerkenntnis oder Schuldversprechen seinerseits dienen soll. Wird es z. B. zu Vergleichs- oder Schenkzwecken abgegeben, so liegt der die Bereicherungshaftung ausschließende Rechtsgrund in dem rechtswirksamen Vorhandensein des Vergleichs- oder Schenkaktes, nicht in dem einer bereits ohnedies vorhandenen alten Verbindlichkeit. Das wird durch § 812² nicht in Frage gestellt. Der Anerkennungsakt ist danach nur dann kondizierbar, wenn er selbst ohne causa zustande gekommen war. Das ist in der Regel nur dann der Fall, wenn er ohne eigenen Zweck allein der Fortentwicklung oder Verstärkung des alten, anerkannten Schuldverhältnisses gedient hat, entsprechend wie z. B. die Zahlung. Wie man eine nicht bestehende Schuld nicht rechtswirksam tilgen kann, sondern das zu ihrer Tilgung Gegebene grundlos geleistet ist, so entbehrt das nur zwecks Fortentwicklung, Stärkung einer als vorhanden unterstellten Schuld abgegebene Anerkenntnis bei Nichtbestehen der Schuld des Rechtfertigungsgrundes.

c) Der Schuldner kann sich dem Anspruch gegenüber auf Grund des Kausamangels mit der Einrede der ungerechtfertigten Bereicherung verteidigen. Diese steht ihm an sich, wie schon gesagt, auch dem Dritterwerber (Zessionar) der abstrakten Verbindlichkeit gegenüber zu. Doch gibt es davon

Ausnahmen, wo jemand in das Schuldverhältnis aus eigenem Recht eintritt, nicht auf Grund des Rechtes des Vormanns. So besonders bei Inhaberschuldverschreibungen. Dem Inhaber können laut § 796 BGB. nur die Einreden entgegengestellt werden, welche die Gültigkeit der Ausstellung betreffen oder sich aus der Urkunde ergeben oder dem Aussteller unmittelbar gegen den Inhaber zustehen. Ausgeschlossen ist also namentlich die Einrede, wonach bei dem ersten Nehmer ein Rechtsgrund für die Abgabe des Schuldversprechens nicht bestanden hatte. Soweit das Versprechen auf Leistung an den Inhaber, wie in aller Regel, als abstraktes abgegeben ist, zeigt sich hier die Bedeutung der Selbständigkeit bei der Verpflichtung in besonders weitgehender Weise — wäre nämlich das Leistungsversprechen als kausales, unselbständiges abgegeben worden, so würde der Mangel des Rechtsgrundes „die Gültigkeit der Ausstellung betreffen", also auch dem Drittberechtigten entgegengehalten werden können. Ähnlich ist es beim Wechsel nach dem allerdings bekanntlich nicht sonderlich klar gefaßten Art. 82 der WO., nicht minder bei der Verpflichtung des Akzeptanten einer Anweisung laut § 784 BGB.

3. Die einzelnen Fälle der abstrakten Schuldversprechen sind sehr mannigfach und können in diesem nur informatorischen Aufsatz nicht ausführlich aufgeführt werden. Es gehören dahin u. a. zahlreiche Versprechen des Handels- und Wechselrechts, besonders der Wechsel selbst, worauf an anderer Stelle eingegangen ist (s. d. Art. Wechselrecht).

Aus dem allgemeinen Bürgerlichen Recht sei nur hingewiesen auf:

1. Das Schuldversprechen und das -anerkenntnis, §§ 780—782 BGB. — die allgemeinsten Fälle, von denen auch manche dem Handelsverkehr angehörige, z. B. die Bestätigung eines Akkreditivs, nur Sonderanwendungen bilden.

Über den — wesentlich nur formellen — Unterschied des Schuldversprechens und -anerkenntnisses war schon in Ziff. 1 die Rede. Beide sind im allgemeinen formbedürftig, indem das abstrakte Versprechen — nicht auch seine Annahme — die Schriftform erfordert, §§ 780—781. Doch sind die Akte dann davon befreit, wenn sie auf Seite des Schuldners ein Handelsgeschäft darstellen, § 350 HGB., und die §§ 780—781 weisen überhaupt auf mögliche Ausnahmen hin. Sie kommen besonders beim Anerkenntnis vor: das Schrifterfordernis fällt (§ 782) weg, wenn jenes „auf Grund einer Abrechnung oder im Wege des Vergleichs erteilt ist." Andererseits kann das Erfordernis aber auch eine weitere Verschärfung erfahren: einmal dann, wenn für die Begründung des anerkannten Schuldverhältnisses eine andere Form vorgeschrieben ist, § 781, zum anderen dann — dies auch beim Schuldversprechen! —, wenn der Akt selbst schenkweise vollzogen ist, § 518^1 S. 2. Danach ist die Form des Schenkversprechens, d. h. gerichtliche oder notarielle Beurkundung, einmal dann erfordert, wenn das Bestehen einer Schenkschuld, einerlei aus welchem Grunde, also auch bei etwaiger Gegenleistung dafür, mittels abstrakten Aktes anerkannt wird. Zum anderen aber auch, wenn nur das Anerkenntnis der Schuld, einerlei welcher Art sie übrigens sei, z. B. auch Kauf- oder Darlehensschuld, schenkweise erfolgt. Die Form des Schenkversprechens wird also teils wegen des Inhalts der anerkannten Schuld, teils wegen der causa des Anerkennungsaktes selbst erfordert.

b) Die Annahme der Anweisung und Ausstellung einer Inhaberschuldverschreibung, s. oben, wo die Bedeutung der abstrakten Verpflichtung sogar in besonders verschärfter Weise zutage tritt.

c) In eigenartiger Weise gehören dahin ferner die Schuldübernahme, insbesondere die verstärkende, und die Verbürgung. Bei ihnen ist zwar die übernommene oder verbürgte Schuld selbst nicht, besser an sich nicht, abstrakt; es liegt inhaltlich kein selbständiges Versprechen vor. Wohl aber der Übernahmeakt, insofern seine Gültigkeit unabhängig ist gegenüber dem ihm zu Grunde liegenden Rechtsverhältnis zwischen dem Übernehmer (Bürgen) und dem Ur-(Haupt-)schuldner, vgl. § 417^2. Jedenfalls dient die Schuldübernahme nur der Fortentwicklung, nicht der Neubegründung eines Schuldverhältnisses und bedarf deshalb, als sogenanntes „kausales Hilfsgeschäft", weder der Form nach §§ 780—781, noch derjenigen des ursprünglichen Begründungsaktes für die übernommene Schuld. Für die Bürgschaft andererseits gilt die besondere Formvorschrift des § 766; s. übrigens Oertmann zu § 764 Ziff. 3b und 5.

Schrifttum:

Bähr, Die Anerkennung als Verpflichtungsgrund, 1892. — Kindel, Das Rechtsgeschäft und sein Rechtsgrund, 1892. — M. Rümelin, ArchZivPr. 97, 211ff. Weitere Angaben in den Kommentaren zu §§ 780ff. BGB. sowie (über älteres Schrifttum) bei Windscheid, Pandekten, § 412a.

Paul Oertmann.

Abtreibung.

(HdR. I, 35.)

Schon das Ges. vom 28. V. 1926 hatte die bis dahin bestehenden Strafdrohungen wesentlich gemildert, indem es die Abtreibung, die die Schwangere selbst vornimmt oder die ein Dritter nicht gewerbsmäßig Handelnder an ihr mit ihrer Einwilligung betätigt, lediglich mit Gefängnis bestraft. Wird die Tat ohne Einwilligung der Schwangeren oder von einem gewerbsmäßig Handelnden vorgenommen, so ist die Strafe Zuchthaus. Die gleiche Strafe trifft den, der einer Schwangeren ein Mittel oder Werkzeug zur Abtreibung der Frucht gewerbsmäßig verschafft. Bei mildernden Umständen Gefängnis nicht unter 3 Monaten. Dieselben Strafdrohungen enthält der im strafrechtlichen Ausschuß des Reichstags in 2. Lesung beratene Entwurf eines Allgemeinen Deutschen Strafgesetzbuchs. Er gibt überdies dem Richter die Möglichkeit, in besonders leichten Fällen — und zwar nicht nur beim Versuch, wie es der Entw. 27 vorgeschlagen hatte — von Strafe abzusehen, soweit die Abtreibung durch die Schwangere selbst oder durch einen Dritten mit ihrer Einwilligung und nicht gewerbsmäßig Handelnden vorgenommen wird. Um so weniger besteht ein Bedürfnis, dem Drängen nach Strafloslassung der Abtreibung nachzugeben.

Wie früher schon hervorgehoben, setzte sich der Arzt, der die Schwangerschaft unterbrach oder eine Perforation vornahm, der Gefahr aus, wegen Abtreibung oder Tötung verfolgt zu werden, mochte er auch lediglich aus medizinischer Indikation zur Rettung der Mutter gehandelt haben; nur wenn der seltene Fall des Notstandes vorlag, war er straffrei. Die neuere Rechtsprechung ist dem Arzt günstiger. Das Urteil des 1. Strafsenats vom 11. III. 1927 nimmt an, daß der Arzt, der in Notstandsfällen zur Rettung der Mutter eingreift, ebensowenig rechtswidrig handelt wie diese selbst, da das Leben der Mutter höher zu bewerten ist als das der Leibesfrucht. — Der Strafgesetzentwurf erklärt, wie früher schon bemerkt wurde, ausdrücklich, daß die aus medizinischer Indikation vorgenommene Unterbrechung der Schwangerschaft oder Perforation nicht als Abtreibung oder Tötung strafbar sei.

Ludwig Ebermayer.

Abtretung von Land zum Bergbau.

Berichtigung zu HdR. I, S. 42 Zeile 43:

Statt „die genannten Kosten" lies „die gesamten Kosten".

Agrargesetzgebung.

(HdR. I, 72.)

I. Es sind ergänzungsweise folgende Neuerungen bzw. Ergänzungen nachzutragen.

1. Das G. betr. die Beförderung der Errichtung von Rentengütern vom 7. VII. 1891 (GS. 279) ist aufgehoben durch das LandesrentenbankG. vom 29. XII. 1927 (GS. 283) § 42 I. Für die Rentengüter, die nach den Vorschriften des genannten Gesetzes mit Rentenbankrenten belastet sind, und für Verfahren zur Rentengutsgründung, die vor Errichtung der Landesrentenbank eingeleitet sind, verbleibt es bei den bisherigen Vorschriften. Der Zeitpunkt der Errichtung der Rentenbank wurde durch VO. des Staatsministeriums bestimmt (§ 1 II des LandesrentenbankG.), nämlich durch VO. vom 17. I. 1928 (GS. 5); DurchfVO. vom 21. III. 1928 (GS. 45); VO. über die Auflösung der Rentenbanken und über die Aufwertung von Ansprüchen aus Rentenbriefen der Rentenbanken vom 29. III. 1928 (GS. 47). Vgl. auch G. betr. die Gewährung von Zwischenkredit bei Rentengutsgründungen vom 5. V. 1928 (GS. 52); DurchfErl. zum LandesrentenbankG. vom 25. I. 1929 (PrBesBl. 9); Geschäftsanweisung zur Einziehung der Landesrentenbankrenten vom 25. I. 1929 (PrBesBl. 17)/8. VIII. 1929 (PrBesBl. 160); Erhebung und Ablieferung der Landesrentenbankrenten und der aufgewerteten Renten: Erl. vom 25. I. 1925 (PrBesBl. 21)/8. VIII. 1929 (PrBesBl. 160); Geschäftsverkehr der Gerichte mit der Landesrentenbank und die der Landesrentenbank zur Last fallenden baren Auslagen: Vfg. vom 5. IX. 1929 (JMBl. 287).

2. Das G. betr. das Anerbenrecht bei Renten- und Ansiedlungsgütern vom 8. VII. 1896 (GS. 124) ist geändert durch das LandesrentenbankG. vom 29. XII. 1927 (GS. 283) § 43.

3. Nach dem G. über Landeskulturbehörden vom 3. VII. 1919 (GS. 101) § 16 I Nr. II steht dem Präsidenten des Landeskulturamts eine dort in 11 Nummern aufgeführte Einzelentscheidung zu. Nach § 45 des LandesrentenbankG. vom 29. XII. 1927 bleibt ihm die dort begründete Zuständigkeit auch für die entsprechende, nach dem letzterwähnten Gesetz zu treffende Entscheidung vorbehalten.

II. 1. Das ReichssiedlungsG. ist (abgesehen von den bereits in diesem Werke I, 75 erwähnten G. vom 7. VI. 1923, RGBl. I, 364) weiter ergänzt und geändert worden durch G. vom 18. VIII. 1923 (RGBl. I, 805) und vom 8. VII. 1926 (RGBl. I, 398). Hierzu ist zu vergleichen: AusfVO. vom 15. VI. 1923

(RMBl. 521 und vom 18. VIII. 1923 (RMBl. 897). Endlich VO. zur Auslegung des § 29 vom 6. IX. 1922 (RGBl. I, 737). In Preußen sind zur Ausführung des ReichssiedlungsG. noch ergangen der Erl. vom 9. III. 1926 (JMBl. 84) und vom 23. I. 1928 (JMBl. 26).

2. Von Bedeutung ist auch das Preußische Beamtensiedlungsgesetz vom 27. III. 1924 (GS. 195) und § 35 des G. vom 25. III. 1926 (GS. 105). Der Staat kann Beamten, die auf Grund der PersonalabbauVO. in den dauernden Ruhestand versetzt werden, den Erwerb und die Bebauung von Grundeigentum zu garten- und landwirtschaftlicher Siedlung nach Maßgabe jenes Gesetzes erleichtern. In gleicher Weise kann der Staat Wartegeldempfängern den Erwerb und die Bebauung von Grundeigentum zu gartenwirtschaftlicher Tätigkeit erleichtern, sofern der Umfang des zu erwerbenden Grundstückes regelmäßig nicht mehr als 1250 qm beträgt. Ein weitergehender Erwerb bedarf der Zustimmung der obersten Landeszentralbehörde, die diese Befugnis auf nachgeordnete Behörden übertragen kann. Dem Erwerbe von Grundeigentum steht der Erwerb eines Erbbaurechts gleich, sofern es mindestens für 50 Jahre eingeräumt ist. Unter gewissen Umständen kann auf Antrag das Ruhegehalt eines Ruhegehaltsempfängers in jährlichen Beträgen, die durch 10 teilbar sind, bis zur Hälfte in eine Rente umgewandelt werden. Das Gleiche gilt für Wartegeldempfänger. Die Rente wird nach der durchschnittlichen wahrscheinlichen Lebensdauer des Antragstellers berechnet. Es wird das Lebensjahr zugrunde gelegt, das an dem Geburtstage vollendet wird, der auf den Zeitpunkt folgt, der im § 7 I des G. bezeichnet ist. Dort wird ausgesprochen, daß der Anspruch auf den Betrag des Ruhegehalts oder Wartegeldes, an dessen Stelle die Rente tritt, mit dem ersten Tage des Vierteljahres erlischt, für das der erste Teilbetrag der Rente gezahlt wird. Das Gesetz findet auch auf die Lehrer und die Beamten der Gemeinden und Gemeindeverbände und anderer öffentlichrechtlicher Körperschaften, für die die Preußische PersonalabbauVO. galt, entsprechende Anwendung. Vgl. auch die ReichsbeamtensiedlungsVO. vom 11. II. 1924 (RGBl. I, 53); hierzu: AusfBest. vom 21. V. 1924 (RBesBl. 145).

III. Zu dem HeimstättenG. vom 10. V. 1920 (RGBl. 962) ist noch nachzutragen das preußische AusfG. vom 18. I. 1925 (GS. 49), die AusfBest. vom 25. IV. 1924 (JMBl. 1925, 131)/25. X. 1929 (VMBl. 961); über die Eintragung des Reichsheimstättenvermerks in das Grundbuch s. Vfg. vom 30. XII. 1924 (JMBl. 1925, 23), geändert durch Vfg. vom 23. VIII. 1929 (JMBl. 282). Zu beachten ist ferner das G. über die Abtretung von Beamtenbezügen zum Heimstättenbau vom 30. VI. 1927 (RGBl. I, 133) und hierzu DurchfVO. vom 12. III. 1928 (RGBl. I, 61); Erl. vom 19. V. 1928 (RArbBl. I, 182); DurchfBek. vom 20. VI. 1928 (RAnz. Nr. 145) Erl. vom 6. VIIi 1928 (PrBesBl. 318).

IV. Die Reichspachtschutzordnung ist nicht mehr die vom 9. VI. 1920, sondern die vom 1. X. 1925 ab geltende, durch Bek. vom 23. VII. 1925 (RGBl. I, 152) neu veröffentlichte Fassung der Pachtschutzordnung; geändert sind § 1 IV durch § 115 des ArbeitsgerichtsG. vom 23. XII. 1926 (RGBl. I, 507) und § 2 I, § 7 III durch G. vom 12. VII. 1927 (RGBl. I, 179). Für Preußen gilt die Pachtschutzordnung in der Fassung der Bek. vom 19. IX. 1927 (GS. 177). Sie regelt das Pachtschutzrecht, die Einrichtung der Pachteinigungsämter, das Verfahren sowohl vor dem Pachteinigungsamte wie auch die Rechtsbeschwerde, die Berufung, den Rechtsentscheid und die Wiederaufnahme des Verfahrens, schließlich die Kosten und die Zwangsvollstreckung. Die Ausdehnung der früheren Preußischen Pachtschutzordnung vom 27. IX. 1922 (GS. 287) in der Fassung der VO. vom 31. Oktober 1922 (GS. 311) und vom 27. II. 1924 (GS. 115) auf Jagdpacht- und Fischereiverträge bestimmte die VO. vom 23. XI. 1922 (GS. 440)/27. II. 1924 (GS. 115). In ihr sind die Fischereipachtverträge durch VO. vom 18. VIII. 1927 (GS. 169) gestrichen. Sie ist sodann als VO. zur Ausdehnung der Pachtschutzordnung auf Jagdpachtverträge durch Bek. vom 19. IX. 1927 (GS. 177) neu veröffentlicht.

V. Die VO. über Familiengüter vom 10. III. 1919 (GS. 39) gilt jetzt in der Fassung vom 30. XII. 1920 (GS. 1921, S. 77) und des G. vom 22. IV. 1930 (GS. 51). Unter der Bezeichnung FamiliengüterG. vom 22. IV. 1930 ist der Wortlaut der VO. über die Familiengüter in der Fassung der Bek. vom 30. XII. 1920 (FamiliengüterVO.) — GS. 1921, S. 77 — in ihrer vom 1. X. 1930 an geltenden Fassung bekanntgemacht worden durch Bek. vom 27. VI. 1930 (GS. 125). Ferner ist unter diesem selben Datum unter der Bezeichnung ZwangsauflösungsG. vom 22. IV. 1930 der Wortlaut der VO. über die Zwangsauflösung der Familiengüter und Hausvermögen (ZwangsauflösungsVO.) vom 19. XI. 1920 (GS. 463) in ihrer vom 1. X. 1930 an geltenden Fassung bekanntgemacht worden. Jenes G. vom 22. IV. 1930 (GS. 51) hat u. a. neue Vorschriften eingefügt über das Erlöschen der Fideikommisse, die Rechtsstellung der Anwärter und der Anfallsberechtigten, über die vertragsmäßige und gesetzliche Regelung der Rechte der Anwärter, über den Eintritt des Falles der Nacherbfolge während der Sperrfrist, über die Regelung der Rechte der Anfallsberechtigten, das Zusammentreffen von Anwärtern und Anfallberechtigten, Zeitpunkt der Auflösung, Abfindung der nächsten Angehörigen, Berechnung des Wertes des Vermögens, Erhöhung des Abfindungsanteils, Ausschluß der Abfindung, Verfahren, Erlöschen des Anspruchs auf Abfindung und Antragsfristen, Fideikommißschulden, Verfügungen und Verpflichtungen bis zur Auflösung, die Früchte des Fideikommisses, Auseinandersetzung beim Folgefall, Erlöschen der Geldfideikommisse und der Geldsamtfideikommisse, Erhaltung der Wälder, das Waldgut, den Schutzforst und das Verfahren bei der Bildung von Waldguts- und Schutzforsten, die staatliche Forstaufsicht und ihre Durchführung, Teilungs- und Erneuerungsbeschränkungen, Anerbenrecht der Waldgüter, deren Teilung und Umwandlung, den Fideikommißauflösungsschein, das Freiwerden der Familiengüter und Hausvermögen, die sich in der freiwilligen allmählichen Auflösung befinden. All dies bezog sich auf die VO. über die Zwangsauflösung der Familiengüter und Hausvermögen. Ferner hat jenes G. vom 22. IV. 1930 die VO. über Familiengüter vom 10. III. 1919 in der Fassung vom 30. XII. 1920 (GS. 39 bzw. 1921, S. 77) wesentlich und umfassend geändert. Auch das AdelsG. vom 23. VI. 1920 (GS. 367) ist durch das G. vom 22. IV. 1930 verändert worden.

Siehe auch Artt. Rentenbankgesetz, in diesem Erg.-Bd., Adel, HdR. I, 56 sowie Familiengüter und Familienstiftungen, HdR. II, 384, 388 und dieser Erg.-Bd. unter „Auflösung der Familiengüter“.

Fritz Stier-Somlo.

Akten.

1. Ein fest umrissener Begriff des Wortes „Akten“ ist nicht vorhanden. Allgemein dürften hierunter Schriftstücke zu verstehen sein, die, sei es von einer Behörde, von Kaufleuten oder selbst auch von Privatpersonen, gesammelt sind, um in Gegenwart und in Zukunft einen bestimmten Vorgang oder eine bestimmte Materie klargestellt zu haben. Es ist daher wohl anzunehmen, daß Akten stets als Urkunden im Sinne des Gesetzes zu bewerten sind. Dies dürfte jedoch das Einzige sein, was allgemein für alle „Akten“ Geltung hat; unter Ausscheidung kaufmännischer und privater Akten, bei denen nichts hindert, unter diesem Begriff zu verstehen, was einem jeden beliebt — wie ja auch das Handelsgesetzbuch nicht von kaufmännischen Akten, sondern von Handelsbüchern spricht, obgleich selbstverständlich das Gebundensein von Belegen oder das Vorliegen eines losen Blattsystems unerheblich ist —, muß eine juristische Prüfung des Begriffs „Akten“ sich auf behördliche Akten beschränken, wenn nicht, wie z. B. in der Rechtsanwaltsordnung, ausdrücklich gesetzliche Vorschriften bestehen. Aber auch hier können, abgesehen von den wichtigen Akten des Zivil- und Strafprozesses, Einzelheiten nur gestreift werden. Insbesondere muß hinsichtlich der stets auftauchenden Frage, wer zur Akteneinsicht berechtigt ist — ob ein jeder oder ob ein rechtliches bzw. berechtigtes Interesse nachgewiesen werden muß — bezüglich des näheren auf die Vorschriften der einzelnen Gesetze verwiesen werden.

2. Rechtsgeschichtlich begegnen wir zunächst dem Institut der Aktenversendung. Durch die Einführung der im Jahre 1495 geschaffenen Reichskammergerichtsordnung trat eine Nachwirkung dieser auch auf die nach Landesrecht ihre Rechtsverhältnisse regelnden einzelnen Territorien ein. Insbesondere bürgerte sich in den Städten in Zivil- und Strafsachen statt des Rechtszuges an die Oberhöfe die Einrichtung der Aktenversendung an die juristischen Fakultäten ein. So wurde z. B. als Rechtsmittel gegen die Entscheidung des Kammergerichts, das als oberster Brandenburgischer Gerichtshof fungierte, nur das Rechtsmittel der Aktenversendung zugelassen. Diese Einrichtung stellte sich ursprünglich lediglich als die Einholung eines Gutachtens dar, unter dessen Berücksichtigung sodann das Gericht selbst eine Entscheidung zu finden hatte. Später gewannen diese Auskünfte größeren Einfluß, aus drei Gründen, nämlich: der Autorität der Fakultäten in wissenschaftlichen Fragen, einer gewissen Bequemlichkeit der Gerichtshöfe und teilweise auch infolge der Besetzung der niederen Gerichte mit nicht rechtskundigen Vorsitzenden. Die Auskunft wurde zum Urteil selbst. Maßgebend beschäftigte sich die Deutsche Bundesverfassung mit dieser Einrichtung, die infolge der mit ihr naturgemäß verbundenen Langsamkeit des Verfahrens unbeliebt geworden war. Sie bestimmte, daß in den größeren Staaten ein dreifacher Rechtszug gegeben sein sollte, und ließ lediglich in den kleineren eine Aktenversendung noch zu. In Preußen dagegen war bereits durch die Coccejische Reform 1746 die Aktenversendung sowohl an inländische als auch auswärtige Fakultäten und Schöppenstühle verboten und nach dem Deutsch-Österreichischen Kriege dieses Verbot auf die einverleibten Gebiete, insbesondere das Ge-

biet der Stadt Frankfurt a. M., ausgedehnt. Allgemein verschwand dieses Institut in ganz Deutschland nach der erfolgten Reichsgründung.

3. Der heutige Zivilprozeß kennt Partei-, Gerichts- und Gerichtsvollzieherakten, die die ZPO. ausdrücklich in den §§ 143, 299, 497, 544, 566, 706, 760 und in den eine Entscheidung nach Lage der Akten (vgl. HdR. II, S. 288f.) regelnden §§ 251a, 331a, 349 erwähnt. Zu den Parteiakten werden lediglich die in den Händen der Partei befindlichen Schriftstücke gezählt, welche die Verhandlung und Entscheidung der Sache betreffen. Es gehören dagegen nicht hierzu Urkunden, die lediglich zur Vorbereitung des Prozesses dienen sollten, insbesondere auch nicht etwaige dem Parteivertreter erteilte Informationen. Die Vorlage dieser Akten kann vom Gericht im Wege eines Beweisbeschlusses angeordnet werden. Ein Zwang zur Vorlage derselben besteht nicht; eine Weigerung hat daher lediglich die sonstigen Folgen einer angetretenen, angeordneten aber infolge Verschuldens des Beweisführers nicht durchgeführten Beweisführung. Als Prozeßakten stellen sich die auf ein streitiges Verfahren bezüglichen Gerichtsakten dar, zu denen alle Schriftstücke, die aus Anlaß des Rechtsstreits erwachsen und entweder dem Gericht übergeben worden sind oder von ihm selbst herrühren, gerechnet werden. Auch Beiakten dürften regelmäßig zu den Prozeßakten zu zählen sein, da das RG. (abgedruckt in JW. 95, 183) zutreffend ausführt, daß das im jetzigen § 299 ZPO. eingeräumte Recht auf Einsicht in die Prozeßakten regelmäßig auch die Einsicht in die Beiakten umfaßt. „Es kann keinen Unterschied machen, ob beispielsweise eine Urkunde im Original oder in Abschrift in die Akten eingeheftet ist, oder ob sie besonders verwahrt wird, oder endlich, ob sie sich in anderen Akten befindet, die infolge gerichtlicher Anordnung als Hilfsakten beigefügt sind. In solchen Fällen werden auch die beigefügten Hilfsakten, soweit bestimmt bezeichnete Schriftstücke in Bezug genommen sind und somit einen Teil des Prozeß- und Beweismaterials bilden sollen, als zu den Prozeßakten zugehörig angesehen werden müssen." Diese Prozeßakten einzusehen und sich aus ihnen gegen Zahlung eines die Schreibgebühren deckenden Betrages Ausfertigungen, Auszüge und Abschriften (auch beglaubigte) erteilen zu lassen, ist ein uneinschränkbares Recht jeder Partei (also auch des Nebenintervenienten). Ausgenommen hiervon sind lediglich die Entwürfe zu Urteilen, Beschlüssen und Verfügungen, die zur Vorbereitung derselben dienenden Arbeiten sowie die Schriftstücke, welche Abstimmungen oder Strafverfügungen betreffen. Beschränkt ist das Recht auf ein zurzeit schwebendes Verfahren; es bezieht sich also nicht auf Akten, deren Verfahren bereits abgeschlossen ist (OLGR. 25, 96). Die Akteneinsicht, die vom Urkundsbeamten der Geschäftsstelle zu gewähren ist und gegen dessen etwa ablehnenden Bescheid die Entscheidung des Prozeßgerichts nachgesucht werden kann, erfolgt auf dem Gericht. Nur unter besonderen Umständen können den Parteien die Akten zur Mitnahme überlassen werden bzw. an einen anderen Ort übersandt werden. Ausnahmsweise steht auch dritten Personen das Recht der Akteneinsicht zu. Jedoch bedarf es stets, falls die Parteien nicht einwilligen, der Glaubhaftmachung eines rechtlichen Interesses. Die Erlaubnis wird vom Vorstand des Gerichts und nicht von dem betreffenden Dezernenten bzw. dem Kammervorstand erteilt. Sie stellt sich als ein Akt der Justizverwaltung dar, so daß bei Ablehnung des Gesuches lediglich Dienstaufsichtsbeschwerde zulässig ist. — Die sonstige Erwähnung der Prozeßakten bedarf keiner Erörterung, so daß eine summarische Aufzählung genügt. — Gemäß § 497 kann im Amtsgerichtsverfahren die Ladung einer Partei unterbleiben, wenn ihr bei Einreichung der Klage der Termin mündlich mitgeteilt wird. Die erfolgte Mitteilung ist zu den Akten zu vermerken. §§ 544, 566: Im Falle der Einlegung der Berufung bzw. der Revision sind die Prozeßakten binnen 24 Stunden durch den Urkundsbeamten der Geschäftsstelle von dem Untergericht einzufordern. § 706: Zeugnisse über die Rechtskraft der Urteile werden auf Grund der Prozeßakten erteilt. — Die Führung und Aufbewahrung der Akten ist Sache der Justizverwaltung, d. h. sie regelt sich nach Landesrecht. Maßgebend ist in Preußen die Geschäftsordnung für die Gerichtsschreibereien der Amtsgerichte vom 18. II. 1924, der Landgerichte und der Oberlandesgerichte, beide vom 22. X. 1906. Die Akten der Gerichtsvollzieher, zu denen gemäß den Dienstanweisungen für Gerichtsvollzieher auch die zu führenden Register gerechnet werden, unterliegen gleichfalls der Einsicht (§ 766 ZPO.). Der Anspruch, der auch das Recht, Abschriften einzelner Aktenstücke zu erfordern, umfaßt, steht jeder am Vollstreckungsverfahren beteiligten Person, evtl. auch Dritten bei Glaubhaftmachung rechtlicher Interessen zu. Besondere Vorschriften bestehen in Preußen gemäß § 122 der Geschäftsanweisung vom 24. III. 1914 für die zu führenden Protestsammelakten, in die die Protestabschriften und Vermerke über den wesentlichen Wechselinhalt nach der

zeitlichen Reihenfolge geordnet einzuheften sind.

4. Im Konkursverfahren ist zu unterscheiden zwischen Gerichtsakten und den Akten des Konkursverwalters. Erstere unterliegen den Vorschriften der ZPO., da § 72 KO. sagt, daß deren Vorschriften, soweit sich nicht aus den Bestimmungen der Konkursordnung Abweichungen ergeben, auf das Konkursverfahren entsprechende Anwendung finden. Gemäß § 299 ZPO. haben dementsprechend die Parteien, d. h. der Verwalter, der Gemeinschuldner sowie ein jeder Gläubiger das Recht auf Einsicht der Akten, zu denen insbesondere das Protokoll über einen etwaigen Offenbarungseid gehört, sowie das Recht, sich einfache oder beglaubigte Abschriften anfertigen zu lassen. Die Art der Anlage der Konkursakten regeln die Geschäftsordnungen für Gerichtsschreibereien (in Preußen § 32). — Die Akten des Konkursverwalters sind Massegegenstände. Es steht daher dem Konkursverwalter, falls dessen Amt endigt, keinerlei Zurückbehaltungsrecht an diesen zu. Der Gemeinschuldner kann Herausgabe im Prozeßwege verlangen. Die Einsicht in die Akten des Konkursverwalters ist beschränkt. Nur den Mitgliedern des Gläubigerausschusses gestattet § 88 KO. die Bücher und Schriften des Verwalters, also seine Akten, einzusehen.

Ähnliches gilt im Vergleichsverfahren zur Abwendung des Konkurses. Hier haben Schuldner, Vertrauensperson und jeder Gläubiger grundsätzlich unbedingt das Recht auf Akteneinsicht, andere Personen dagegen gleichfalls nur nach Maßgabe des § 299 Abs. 2 ZPO. Eine Einschränkung erleidet das Einsichtnahmerecht der Gläubiger jedoch durch Abs. 2 des § 13 der Vergleichsordnung, wonach im Interesse des Schuldners die Einsicht solcher Teile der Akten versagt werden kann, deren Kenntnis für die Gläubiger ohne Bedeutung ist oder deren Geheimhaltung nach Angabe des Schuldners für die Fortführung seines Unternehmens erforderlich ist.

5. In den Angelegenheiten der freiwilligen Gerichtsbarkeit, insbesondere im Registerwesen, sind die Vorschriften des Reichsgesetzes über die Angelegenheiten der freiwilligen Gerichtsbarkeit maßgebend, die in Preußen durch § 1 des Preußischen Landesgesetzes über die freiwillige Gerichtsbarkeit, soweit nicht Sondervorschriften einzelner Gesetze, insbesondere Vorschriften in Grundbuchsachen, Abweichungen ergeben, gleichfalls für maßgebend erklärt sind. Gemäß § 34 des Reichsgesetzes bedarf es zwecks Einsichtnahme in die Gerichtsakten stets der Glaubhaftmachung eines berechtigten — nicht dagegen eines rechtlichen — Interesses. Unter der gleichen Voraussetzung können Abschriften — einfache oder beglaubigte — gefordert werden. Die Gestattung der Einsicht ist hier Ermessensfrage des Gerichts. Jedoch ist gegen einen ablehnenden Bescheid gemäß § 19 die einfache Beschwerde zulässig. Die Art der Einsicht ist Justizverwaltungssache. Erweitert, und zwar dahin, daß bei Vorliegen und Glaubhaftmachung eines berechtigten Interesses Einsicht in die Akten des Nachlaßgerichts gewährt werden muß, ist diese Vorschrift durch § 78. Gemäß diesem muß unbedingt Einsicht in die Gerichtsakten gewährt werden bezüglich der Ermittlungen, die das Gericht zwecks Festsetzung, daß ein anderer Erbe als der Fiskus nicht vorhanden ist, angestellt hat. „Das Gleiche gilt von der Einsicht einer Verfügung, welche die Bestimmung einer Inventarfrist oder die Ernennung oder die Entlassung eines Testamentsvollstreckers betrifft, eines Protokolls über die Leistung des im § 79 bezeichneten Eides (Offenbarungseid des Erben) sowie von der Einsicht eines Erbscheins und eines der in den §§ 1507, 2368 BGB. (Zeugnis über die Fortsetzung der Gütergemeinschaft bzw. über Ernennung des Testamentsvollstreckers), §§ 37, 38 der GrundbuchO. vorgesehenen gerichtlichen Zeugnisses (bei Erbauseinandersetzung und Auseinandersetzung einer Gütergemeinschaft.)" Über diesen Vorschriften stehen jedoch etwa in den materiellen Gesetzen getroffene Bestimmungen. So ist gemäß § 79 BGB. die Einsicht der zu dem Vereinsregister beim Amtsgericht eingereichten Schriftstücke einem Jeden gestattet.

Gleiches gilt gemäß § 1563 BGB. hinsichtlich der im Güterrechtsregister in bezug genommenen eine Eintragung vervollständigenden Urkunden und gemäß § 9 HGB. bezüglich der zum Handelsregister eingereichten Schriftstücke. Zur Erteilung von Abschriften bedarf es jedoch auch hier der Glaubhaftmachung eines berechtigten Interesses.

6. In Grundbuchsachen gestattet die GrundbuchO. reichsrechtlich die Einsichtnahme der Urkunden, auf die im Grundbuch zur Ergänzung einer Eintragung Bezug genommen ist, sowie von den noch nicht erledigten Eintragungsanträgen. Es genügt die Darlegung des Interesses, so daß es einer Glaubhaftmachung nicht bedarf. Gleiches gilt bezüglich etwaiger Abschriften. Ein weitergehendes Recht zur Einsichtnahme festzulegen sowie Bestimmungen über die Anlage der Grundakten zu treffen ist Sache der Landesjustizverwaltung. Dieser ist es gemäß §§ 93, 94 GBO. gestattet, die Einsicht

der oben bezeichneten Schriftstücke, die Einsicht der Grundakten und die Erteilung von Abschriften in weiterem Umfange zuzulassen. Die Anlage der Grundakten ist in Preußen durch §§ 34—36 der allgemeinen Verfügung zur Ausführung der GrundbuchO. vom Jahre 1899 geregelt. Es werden für jedes Grundbuchblatt besondere Grundakten gehalten, bei denen eine Tabelle zu halten ist, die mit dem Blatte wörtlich übereinstimmt. Die Sorge für die Übereinstimmung liegt dem Richter und dem Urkundsbeamten der Geschäftsstelle ob. Die auf eine Eintragung sich beziehenden Urkunden werden zu den Grundakten genommen. Einsichtnahme der Gesamtgrundakten ist bei Darlegung berechtigten Interesses einem Jeden gestattet. Ohne dieses steht jedoch die Einsicht öffentlichen Behörden, den von ihnen beauftragten Beamten, Notaren sowie Rechtsanwälten im nachgewiesenen Auftrage eines Notars frei. Eine weitere Ausnahmestellung genießen Bauschutzvereine und die von ihnen beauftragten Personen. Für sie genügt eine allgemeine Bescheinigung des Ministers für Handel und Gewerbe dahingehend, daß ein berechtigtes Interesse des Vereins an der Einsicht des Grundbuches allgemein anzuerkennen ist.

7. Strafrechtlich geschützt sind Akten durch § 133 StGB. Gleich wie Urkunden und Register ist ihre vorsätzliche Vernichtung, Beiseiteschaffung oder Beschädigung strafbar, sofern die Akten sich zur amtlichen Aufbewahrung an einem dafür bestimmten Ort befinden oder einem Beamten oder auch nur einem Dritten amtlich übergeben worden sind. Die Strafe ist Gefängnis, im Falle gewinnsüchtiger Absicht nicht unter drei Monaten, wozu auch die Aberkennung der bürgerlichen Ehrenrechte treten kann.

8. Die Strafprozeßordnung erwähnt das Wort „Akten" in den §§ 80, 96, 147, 196, 197, 209, 219, 346, 347, 385, 390, 414, 420. Überwiegend handelt es sich um Aktenübersendung (z. B. bei Berufungseinlegung, bei Revisionseinlegung, bei Privatklage, bei Antrag auf gerichtliche Entscheidung, gegen polizeiliche Strafverfügungen oder Strafbescheide der Verwaltungsbehörden), die im allgemeinen durch die Staatsanwaltschaft erfolgt. Von Interesse ist neben der unten zu behandelnden, hier besonders wichtigen Frage der Akteneinsicht § 96. Dieser bestimmt, daß die Vorlegung oder Auslieferung von Akten durch Behörden und öffentliche Beamte nicht gefordert werden darf, wenn die Oberste Dienstbehörde erklärt, daß das Bekanntwerden des Inhalts dieser Akten dem Wohl des Reiches oder eines deutschen Landes Nachteile bereiten würde. Wird die Beschlagnahme bzw. Durchsuchung verweigert, so ist ein rechtliches Zwangsmittel nicht gegeben, sondern es kann lediglich eine Dienstaufsichtsbeschwerde angebracht werden. Ausgeschlossen ist auf Grund allgemeinrechtlicher Regeln die Beschlagnahme von Akten, die sich in Gewahrsam von exterritorialen Personen oder Konsuln befinden. Gleiches gilt für die Akten einer gesetzgebenden Versammlung. — Die Akteneinsicht ist trotz der Öffentlichkeit des Verfahrens nicht so weitgehend wie im Zivilprozeß. Der Zweck der Ermittlung strafbarer Handlungen bringt es mit sich, daß zunächst dem Beschuldigten selbst Einsicht verweigert wird. Trotzdem steht ihm hierauf unter den Beschränkungen des § 147 ein unentziehbares Recht zu, dessen Verletzung stets einen Revisionsgrund abgibt. Die Akteneinsicht kann nur durch den Verteidiger erfolgen, dies selbst im Falle einer Privatklage (§ 385), obschon doch hier der Privatkläger im allgemeinen die Rolle der Staatsanwaltschaft übernimmt. Zu unterscheiden sind die einzelnen Verfahrensabschnitte. Völlige Einsichtnahme, auch etwaiger Beiakten, ist gestattet nach Einreichung der Anklageschrift bzw. nach Schluß der Voruntersuchung, sonst nur, soweit dies ohne Gefährdung des Untersuchungszweckes geschehen kann. Eine Ausnahme bildet die Einsicht der Protokolle über die Vernehmung des Beschuldigten, der Gutachten der Sachverständigen und der Protokolle über die gerichtlichen Verhandlungen, denen der Verteidiger beizuwohnen befugt ist. Hier ist ohne weiteres Akteneinsicht für den Verteidiger gegeben. Während der Hauptverhandlung besteht ein Anspruch auf Einsicht nicht, vielmehr ist es Ermessensfrage des Gerichts. Anders dagegen nach Schluß der Hauptverhandlung. Mit diesem Zeitpunkt lebt das Recht wieder auf, selbst falls das Urteil inzwischen rechtskräftig geworden ist. Über die Einsichtnahme entscheidet die Justizverwaltung. Die Einsicht der Akten erfolgt grundsätzlich im Gerichtsgebäude, jedoch können nach Erwägen des Vorsitzenden dem Verteidiger auch die Akten in seine Wohnung verabfolgt werden. — Gestattet werden kann ferner die Einsicht in die Akten dem Sachverständigen. Auch hier dürfte die Verabfolgung der Akten in die Wohnung des Sachverständigen zulässig sein (§ 80 StPO.). — Ständig zur Einsichtnahme der Akten ist die Staatsanwaltschaft befugt. Eine Pflicht zur Akteneinsicht besteht in Preußen gemäß der allgemeinen Verf. vom 18. XII. 1918 in Haftsachen, falls die Untersuchungshaft seit Eröffnung der Voruntersuchung oder seit Zurückweisung einer Haftbeschwerde 2 Monate gedauert hat. Die

Einsicht ist erforderlichenfalls alle 2 Monate zu wiederholen. — Gehen Akten im Laufe eines Verfahrens verloren, so wird im Falle einer noch nicht geprüften verlustig gegangenen Revisionseinlegung zu Gunsten des Beschwerdeführers unterstellt, daß die bei den verlorengegangenen Akten befindliche, rechtzeitig begründete Revision zur Aufhebung des Urteils der Vorinstanz geführt hätte (JW. 28, 1311).

9. Staatsrechtlich bestimmt Art. 129 Abs. 3 Satz 2 und 3 der RVerf.: „In die Nachweise über die Person des Beamten sind Eintragungen von ihm ungünstigen Tatsachen erst vorzunehmen, wenn dem Beamten Gelegenheit gegeben war, sich über sie zu äußern. Dem Beamten ist Einsicht in seine Personalnachweise zu gewähren.“ Hieraus folgt, daß Personalakten sowohl der Reichs-, Landes- und Kommunalbeamten nicht mehr Geheimakten sind. Sämtliche Werturteile der Vorgesetzten sind zu den Personalakten zu nehmen, nicht etwa in einem geheim zu haltenden Sonderheft aufzubewahren. Das Recht auf Einsichtnahme ist kein vermögensrechtlicher Anspruch. Dementsprechend steht weder im Reich noch in Preußen dem Beamten das Recht zu, diesen Anspruch im Klagewege zu verfolgen. (Vgl. auch den in DJZ. 1930, S. 430 erwähnten Beschluß des Kammergerichts). Ist daher der Klageweg nicht wie in Württemberg gesetzlich ausdrücklich vorgesehen, verbleibt trotz der überaus wichtigen Frage dem Beamten bei einer Verweigerung der Einsicht nur das unzulängliche Recht der Dienstaufsichtsbeschwerde an den Vorstand der Behörde, bei der die Personalakten geführt werden. Prüfungsakten können, soweit erreichbar, gleichfalls eingesehen werden. Die Einsichtnahme auch durch ausgeschiedene Beamte — bei Darlegung berechtigten Interesses und soweit nicht dienstliche Interessen entgegenstehen — erfolgt, wie allgemein üblich, im Dienstgebäude der Behörde, und zwar grundsätzlich persönlich. Stehen dieser Einsichtnahme Schwierigkeiten entgegen, so können aber nach Ermessen des Vorstandes der Behörde Bevollmächtigte mit ausreichender Vollmacht zugelassen werden bzw. dem Beamten Abschriften erteilt werden.

10. Verwaltungsrechtlich bestehen hinsichtlich der Anlage, Führung, Vernichtung usw. von Akten zahlreiche Verfügungen der einzelnen Behörden. Soweit es sich um gerichtliche Akten handelt, ist bereits erwähnt, daß diese in den Geschäftsordnungen für Gerichtsschreibereien grundlegend niedergelegt sind. Allgemein vergleiche man auch nachfolgende nach dem im Wirtschaftsverlage Arthur Sudau erschienenen Gesamtverzeichnis der gesetzlichen Verordnungen, Verfügungen usw. für Reich und Preußen (Stand vom 1. I. 1930) zitierten Verfügungen.

Abgabe und Benutzung, Abk. mit Polen 22. XII. 1926, Bek. 7. XI. 1927 (RMBl. 562). AusfBek. 17. VII. 1928 (RMBl. 509). — Ablieferung an die Staatsarchive Verf. 31. XII. 1927 (JMBl. 28 S. 2), desgl. von A. aus dem Weltkriege u. d. früheren Kriegen Erl. 28. IV. 1926 (HVBl. 53), Aussonderung, Vernichtung bzw. Verkauf b. d. Justizverwaltung Verf. 31. XII. 1927 (JMBl. 28 S. 2), desgl. beim Reichsheer Erl. 9. VIII. 1926 (HVBl. 87), Hoheitsbezeichnungen, Beseitigung früherer Erl. 31. XII. 1925 (MBl. 26 S. 3) auch vor dem 9. XI. 1918 abgeschlossenen Erl. 12. V. und 13. VI. 1927 (MBl. 499, LMBl. 533); keine Teile entfernen StMBeschl. 18. XII. 1923 (HMBl. 24 S. 82, Marken, Siegel, Autogramme usw. Verbot der Entfernung Verf. 14. I. 1924 (JMBl. 24), 19. II. 1924 (MBl. 218), Rechtshilfeersuchen, Abstandnahme von der Mitsendung bei Einholung von Auskünften usw. Verf. 4. III. 1922 (JMBl. 66), 29. II. 1924 (JMBl. 97), der Mieteinigungsämter und der Kleingartenschiedsgerichte, Vernichtung, Erl. 7. X. 1929 (VMBl. 953), Reichsarchive, Akten des alten Heeres Verf. 10. V. 1921 (JMBl. 306), 18. III. 1924 (JMBl. 127), Bek. 22. IV. 1925 (JMBl. 200), Tumultschädenakten Verf. 12. I. 1922 (MBl. 65), Umfang, Verminderung und Verwahrung der dauernd aufzubewahrenden Verf. 4. IV. 1912 (JMBl. 141), Vernichtung Erl. 10. XI. 1876 (MBl. 254), 31. VII. 1923 (MBl. 821), bei Justizverwaltung Verf. 6 und 8. IX. 1900 (JMBl. 569, 575, 577) geändert 8. V. 1903 (JMBl. 114, 26. XII. 1911 (JMBl. 455), 3. IV. 1912 (JMBl. 140), 24. IV. 1918 (JMBl. 131), 26. IX. 1922 (JMBl. 401), 8. III. 1923 (JMBl. 207), desgl. milit. Verf. 17. IX. 1924 (MBl. 917), desgl. d. früheren Heeresverwaltung Verf. 1. VI. 1921 (GS. 181), Versendung durch die Post Verf. 25. VI. 1929 (JMBl. 201, MBl. 587).

11. Hinsichtlich der Handakten der Rechtsanwälte sagt § 32 RechtsanwaltsO. nur, daß der Anwalt nicht verpflichtet ist, vor Empfang seiner Auslagen und Gebühren diese dem Auftraggeber herauszugeben, andererseits aber die Aufbewahrungspflicht mit dem Ablauf von 5 Jahren nach Beendigung des Auftrages erlischt und schon vor Beendigung dieses Zeitraums, wenn der Auftraggeber, zur Empfangnahme der Handakten aufgefordert, sie nicht binnen 6 Monaten nach erhaltener Aufforderung in Empfang genommen hat. Im einzelnen wird auf die Ausführungen und Anmerkungen bei Friedländer Bezug genommen. Danach besteht

auf Grund des dem Anwalt erteilten Auftrages, wie sich aus § 660 BGB. ergibt, die Pflicht zur Auskunfterteilung sowie ferner die Pflicht zur Aufbewahrung anvertrauter Urkunden, was wiederum eine zivilrechtliche Verpflichtung zur Führung von Handakten bedingt. Zu den Handakten gehören nicht Gegenstände, die zur Aufnahme in die Akten ungeeignet sind, z. B. hinterlegte Gelder, Modelle usw. Maßgebend für die Frage, was zu den Handakten gehört, ist stets das sachliche Moment, nicht ob im Einzelfalle der in Frage kommende Gegenstand zusammen mit dem Aktenband aufbewahrt wird. Was zu den Akten gehört, kann insofern von Wichtigkeit sein, als hiervon die Frage abhängt, wieweit das Zurückbehaltungsrecht sich erstreckt. Niemals darf jedoch — auf Grund allgemeiner Standesrücksichten — ein Zurückbehaltungsrecht rigoros ausgeübt werden, z. B. wegen geringfügiger Beträge, insbesondere wenn für den Auftraggeber wichtige Interessen auf dem Spiel stehen. Ausgeschlossen überhaupt ist das Zurückbehaltungsrecht im Konkursverfahren. — Die Frage des Eigentums an den Handakten kann nicht allgemein entschieden werden. Vielmehr muß hier jedes einzelne Aktenstück auf die Frage des Eigentumsverhältnisses nach Lage des Falles einzeln geprüft werden. Der Inhalt der Handakten gehört regelmäßig zum Berufsgeheimnis des Anwalts. Bezüglich der Offenbarungspflicht kann allgemein der Satz aufgestellt werden, daß die Pflicht zur Verschwiegenheit so lange besteht, als nicht eine gesetzliche Pflicht zur Offenbarung besteht, z. B. wenn aus den Akten sich eine nach dem Strafgesetzbuch anzeigepflichtige strafbare Handlung ergibt (z. B. § 139 StrGB. Nichtanzeige drohender Verbrechen, ferner nach dem SprengstoffG., SeuchenG. u. a.).

Bezüglich der Akten der Notare bestehen reichsrechtliche Vorschriften nicht. In Preußen unterscheidet man Notariatsakten, Notariatsbeiakten, Generalakten sowie die Wechsel-, Scheck-, Protestsammelakten, bezüglich deren im einzelnen auf die Ausführungen bei Oberneck verwiesen wird.

Schrifttum:

Eine zusammenhängende Darstellung fehlt. Man vergleiche die Kommentare zur RVerf. und zu den einzelnen erwähnten Gesetzen. Ferner Brand-Meyer zum Gottesberge, Die Registersachen in der gerichtlichen Praxis, Berlin 1929. — Brand, Das Beamtenrecht, Berlin 1928. — A. u. M. Friedländer, Rechtsanwaltsordnung, München, Berlin, Leipzig 1930. — Oberneck, Das Notariatsrecht.

Hugo Hoormann.

Aktiengesellschaft und Aktienrecht.

(HdR. I, 90.)

I. Umstellung. Die durch die GoldbilanzVO. vom 28. XII. 1923 und ihre DurchfVO. vorgeschriebene „Umstellung" ist zurzeit ganz durchgeführt. Auch ist die Abstoßung der durch die GoldbilanzVO. aus Schonung für die Kleinaktionäre geschaffenen „Zwergaktien" (Aktien mit ganz kleinen Beträgen) und „krummen Aktien" (Aktien mit wenig abgerundeten Beträgen) auf Grund der DurchfVO. (Aufruf und Umtausch; die letzte, siebente (!) DurchfVO. vom 7. VII. 1927) im wesentlichen abgeschlossen. Es kommen daher heute im allgemeinen nur Aktien zu einem Betrage von 100 RM. oder einem durch 100 RM. teilbaren Betrage, sowie als Kleinaktien Aktien zu einem Betrage von 20 RM. in Betracht.

II. Reformvorschläge und ausländisches Recht. Der Ruf nach Reformen im deutschen Aktienrecht ist keineswegs erst nach dem Weltkriege hervorgetreten; vielmehr hat man sich auch schon früher mit manchen Reformvorschlägen befaßt (Aufsichtsrat, Bilanzwesen, staatliche Beaufsichtigung). Lauter und allgemeiner aber forderte man eine Reform seit dem Beginn der Inflationszeit, und als man später an den Wiederaufbau der deutschen Wirtschaft ging. Dabei tauchten zunächst mehr oder weniger gemeinwirtschaftliche Tendenzen auf (vgl. bereits Rathenau, Vom Aktienwesen 1918). Bald aber trat für die Reformbewegung speziell die Kapitalnot der deutschen Wirtschaft in den Vordergrund, wobei der Blick insbesondere auf amerikanische Vorbilder gelenkt wurde (33. Deutscher Juristentag in Heidelberg). Zu einer allgemeineren Erörterung von Reformfragen führte der 34. Deutsche Juristentag zu Köln (Vergleich mit dem englisch-amerikanischen Recht). Die Verhandlungen ergaben im Gegensatz zum Juristentag in Heidelberg eine Ablehnung der Übertragung der Vorschriften des englisch-amerikanischen Rechts auf deutsche Verhältnisse, zeitigten aber die Einsetzung einer Kommission zur Prüfung der Notwendigkeit einer Reform des deutschen Aktienrechts. Ein Bericht dieser sogenannten Aktienrechtskommission ist 1928 erschienen. Wertvolles Material brachten die Untersuchungen, die der Reichswirtschaftsrat veranstaltete (Verhandlungen und Berichte des I. Unterausschusses 1928). Es wurden dann im Jahre 1929 vom Reichsjustizministerium außerordentlich ausführliche Fragebogen über die Reform des deutschen Aktienrechts an die Industrie- und Handelskammern und sonstige wirtschaftliche und juristische Verbände zur Äußerung überschickt. Diese Fragebogen sind in den Fachzeitschriften mehr oder weniger eingehend besprochen worden. Im August 1930 wurde dann vom Reichsjustizministerium der „Entwurf eines Gesetzes über Aktiengesellschaften und Kommanditgesellschaften auf Aktien" (260 §§) mit Einführungsgesetz und erläuternden Bemerkungen veröffentlicht. Bei den gesamten Reformfragen handelt es sich vornehmlich um drei Probleme:

1. Inwieweit ist gemeinwirtschaftlichen Tendenzen Rechnung zu tragen? Ist insbesondere dem Staat ein Stimmrecht oder ein weitgehendes Aufsichtsrecht (Reichsaktienamt) zu geben? M. E. sind diese Fragen zu verneinen, ihre Bejahung muß zu einer bürokratischen Einmischung und Erschlaffung des Unternehmergeistes führen. Das Problem der „Arbeitsaktie" (vgl. französisches G. vom 26. IV. 1917) ist infolge der geringen Höhe der Aktienbeträge etwas in den Hintergrund getreten; im übrigen hängt es mit allgemeinen Fragen des Verhältnisses von Unternehmertum und Arbeitnehmern zusammen, die jedenfalls nicht allein für die Aktiengesellschaft lösbar sind.

2. Bei dem zweiten Problem handelt es sich um das Stimmrecht des Aktionärs. Von einigen wird eine völlig demokratisch-genossenschaftliche Struktur der Aktiengesellschaft gefordert: die Höhe der Stimmrechte soll sich genau nach Maßgabe der kapitalistischen Beteiligung richten, das Stimmrecht selbst soll nur persönlich oder durch Einzelbevollmächtigte ausgeübt werden dürfen (Beseitigung der Stimmrechtsaktien, der Verwaltungsaktien, der Legitimationsübertragung). Eine gemäßigte Richtung will nur gewisse Auswüchse beschneiden, insbesondere die Stimmrechtsaktien und Verwaltungsaktien quantitativ beschränken, die Legitimationsübertragung aber beibehalten. Dieser Richtung ist im wesentlichen beizustimmen.

Unbedingt ist m. E. an dem Grundsatz festzuhalten, daß jedem Aktionär das Stimmrecht zusteht. Ganz verfehlt ist der vereinzelt geäußerte Vorschlag, Kleinaktien ohne Stimmrecht zu schaffen, den Großaktionären aber eine besondere Haftung für zufällige Verluste aufzubürden; der Gesetzgeber darf nicht die Hand dazu reichen, daß das Verantwortlichkeitsgefühl der Kleinaktionäre noch mehr eingeschläfert wird, als es heute schon der Fall ist — und daß bei den Kleinaktionären die Vorstellung genährt wird, als ob die Aktien Wertpapiere wären, die eine sichere Rente abwürfen.

3. Bei dem dritten Problem handelt es sich um die Frage größerer Publizität. Man verlangt größere Offenbarung der Verhältnisse der Verwaltung in den Bilanzen und in dem Geschäftsbericht, ferner auch gegenüber dem einzelnen Aktionär. Diese Forderungen sind teilweise als berechtigt anzuerkennen.

Zu beachten bleibt, daß eine Reihe angesehener Kenner des Aktienrechts ein Eingreifen des Gesetzgebers überhaupt für schädlich oder überflüssig hält.

Belehrend ist ein Blick auf das ausländische Aktienrecht. Auch im Ausland sind Reformbestrebungen im Gange und teilweise bereits verwirklicht. Der deutsche Gesetzgeber wird sich aber davor zu hüten haben, ausländische Vorschriften ohne die genaueste Prüfung zu übernehmen. Die geschichtlichen und wirtschaftlichen Grundlagen sind in den einzelnen Ländern mannigfach verschieden, und das Rechtsempfinden ist keineswegs überall das gleiche.

Schrifttum:

Vgl. J. v. Gierke, Handels- und Schiffahrtsrecht, 3. Aufl., 1929, S. 236ff., über Reformvorschläge im allgemeinen S. 250f. mit Literaturangaben. — Über ausländisches Aktienrecht s. vor allem Hamburger im Rechtsvergl. Handwörterbuch herausg. von Schlegelberger (Art. Aktiengesellschaft nebst Nachtrag). — Einen Einblick in das deutsche lebende Aktienrecht gibt jetzt die Sammlung von Flechtheim, Wolf, Schmulewitz, Die Satzungen der deutschen Aktiengesellschaften, 1929.

Julius v. Gierke.

Akzessorietät s. Abhängigkeit (oben S. 8 u. 9).

Alluvion s. Anlandung (HdR. I, 20).

Amerikanisches Recht s. Vereinigte Staaten HdR. VI, 360).

Amtsbezirk.

(HdR. I, 124.)

Die Gutsbezirke kommen zur Auflösung gemäß Ges. vom 27. XII. 1927, AusfAnw. vom 31. I. 1928, das zum größten Teil durchgeführt ist. Nach demselben Gesetz heißen die rheinischen Bürgermeistereien jetzt Ämter, die westfälischen Amtsleute Bürgermeister.

Nr. 3. Der Amtsvorsteher wird vom Kreistag gewählt, vom Oberpräsidenten bestätigt, Ges. vom 18. VII. 1919 (GS. 139) § 11, und vom Landrat beeidigt, KrO. östl. § 56, schl.-holst. § 48.

Im Jahre 1928 haben allgemeine Neuwahlen stattgefunden. Die Wahldauer bleibt den neuen Gemeindeverfassungsgesetzen vorbehalten, G. vom ~~29. X. 1928~~ (GS. 197) § 5.

Kommissarische Amtsvorsteher werden vom Oberpräsidenten auf Vorschlag des Kreisausschusses bestellt, KrO. östl. § 58, schl.-holst. § 50.

Karl Friedrichs.

Amtssprache s. Gesetzessprache (in diesem Erg.-Bd.).

Aneignung.

1. Allgemeiner Begriff. Im Volksmunde wird das Wort in sehr weitem Sinne gebraucht. Auch der Griff des Diebes wird gelegentlich als eine (freilich unerlaubte) Aneignung bezeichnet. Der Jurist verwendet das Wort allerdings auch nicht immer gleichmäßig, aber er hält an einem Grundgedanken als Ausgangspunkt fest: Aneignen läßt sich nur, was in dem betreffenden Augenblick noch keinen (oder nicht mehr einen) Eigentümer hat, also das herrenlose Gut. So schon die schulmäßige Lehre der römischen Juristen. Der berühmte Dogmatiker Gaius hat ihr in der durch die Jahrhunderte immer wiederholten Formel Ausdruck gegeben: „Quod enim nullius est, id ratione naturali occupanti conceditur" (D. 41, 1, 3 pr.). In diesen Worten ist auch bereits an eine Gedankenwelt gerührt, die dann dem Rechtsinstitut der Aneignung (Okkupation) zu einem außergewöhnlichen Glanze verholfen hat. Das ist die Welt des Naturrechts. Die Lehrer des Naturrechts haben sich mit der Prüfung und Behandlung der Aneignung nicht genug tun können. Das hing damit zusammen, daß für sie das Eigentum eines der ganz großen Themata war und daß hier wieder vor allem die Frage nach dem Ursprung des Eigentums ihr Denken in Anspruch nahm. Da sie (vor allem die Enzyklopädisten des 18. Jahrhunderts) durch die öffentliche Diskussion und den Verlauf der politischen Dinge (französische Revolution) mehr und mehr in die Notwendigkeit hineingedrängt wurden, das Privateigentum als eine Notwendigkeit zu erklären und es aus der Entwicklung der Dinge zu rechtfertigen, bekam bei ihnen die Aneignung die stolze Aufgabe, als ältester Titel für das Privateigentum überhaupt zu dienen. Der einfachste Gedankengang war dabei folgender: Anfänglich war die Erde unverteilt, allen stand sie offen; danach konnte jeder an sich ziehen, was er will; und damit ist dann das Privateigentum entstanden und der Zugriff eines Anderen auf den betreffenden Gegenstand vom gleichen Augenblick an unerlaubt. Freilich ist das im weiteren Fortgang der gelehrten Aussprache mannigfaltig verbrämt worden. So hat man es mit dem Urrecht der „Freiheit" verknüpft. Oder mit der Idee der Arbeit: Nur das Erarbeitete sollte dem Okkupanten gehören. Oder man hat das Recht zur Aneignung und das so erworbene Eigentum in den allgemeinen „Contrat social", also in den Begründungsvertrag der menschlichen Gesellschaft verlegt: die Menschen sind übereingekommen, daß das Okkupierte dem Okkupanten verbleiben solle. Übrigens waren es auch die Naturrechtler, die bereits eine Spaltung des Gebildes nach der öffentlichrechtlichen und nach der privatrechtlichen Seite hin vorbereiteten: der private Mann erwirbt durch den Zugriff das „dominium", der Staat aber das „imperium". Darauf wird unter Ziff. 3 zurückzukommen sein.

2. Dogmatik. Der innere Ausbau des Rechtsinstituts der Aneignung ist fast ausschließlich in der Privatrechtslehre erfolgt. Fast alle zivilrechtlichen Kodifikationen enthalten einen kleinen Abschnitt über die Aneignung, wobei die Pandektendoktrin die Unterlage geliefert hat. Das deutsche BGB. ist, da es zwischen beweglichen und unbeweglichen Sachen einen grundlegenden Unterschied macht, genötigt gewesen, an zwei Stellen auf die Aneignung einzugehen.

Die Aneignung von Grundstücken hat es im § 928 Abs. 2 behandelt. Praktisch spielt diese Sorte der Aneignung fast gar keine Rolle. Denn der Boden ist so gut wie ganz aufgeteilt. „Herrenlose" Grundstücke sind eine große Seltenheit. Immerhin kommen vereinzelte Fälle vor, sei es, daß der bisherige Eigentümer seines Grundstücks überdrüssig wird und es „aufgibt" (vgl. § 928 Abs. 1), sei es, daß bei Neuvermessung in der ländlichen Flur oder im Forst Flächen entdeckt werden, die noch in niemandes Eigentum gestanden haben. Es greift dann nicht etwa ein allgemeines Aneignen zu Gunsten Jedermanns ein. Vielmehr hat (in Abweichung vom Pandektenrecht) das BGB. hier ein ausschließliches Aneignungsrecht des Landesfiskus aufgestellt. Allerdings kann das Landesrecht, laut Vorbehalt im Art. 129 EGzBGB., das Aneignen statt dem Fiskus „einer bestimmten anderen Person" zusprechen, aber davon ist wenig Gebrauch gemacht worden. Das im einzelnen Falle ihm erwachsene Aneignungsrecht kann übrigens der Fiskus an beliebige Personen, auch Privatpersonen, abtreten (ein Beispiel im Urteil des Reichsgerichts vom 18. III. 1913; 82, 74), doch ist das nicht ganz unbestritten. Schwierigkeiten ergeben sich für die Zwischenzeit, d. h. die Zeit, die zwischen dem Beginn der Herrenlosigkeit und dem Zugriff des Fiskus liegt, zumal der

Fiskus nicht gezwungen werden kann, von seinem Aneignungsrecht Gebrauch zu machen. Hier bietet sich für die geistige Spekulation ein Tummelplatz, und es haben sehr angesehene Gelehrte (Hellwig, Stammler u. a.) das Wort ergriffen, um diese merkwürdige Lage zu „konstruieren". Liegt ein subjektloses Recht, ein Gebilde nach Art der römischen hereditas jacens vor? Oder soll man schon in der Zwischenzeit den künftigen Okkupanten als Eigentümer fingieren, damit überhaupt ein Eigentümer da ist? Oder wird das Eigentum des früheren Eigentümers, obwohl er es aufgegeben hat, als noch fortbestehend angenommen? Die letzteren beiden Fiktionen dürften abzulehnen sein. Es bleibt nichts anderes übrig, als im Augenblick einer praktischen Notwendigkeit von Staats wegen einen „Vertreter" einzusetzen. Das ist verhältnismäßig leicht, wenn ein Recht gegen das Grundstück geltend gemacht werden soll, z. B. aus einem nachbarrechtlichen Verhältnis heraus oder auf Grund einer an dem Grundstück bestehenden Hypothek. Denn dann bieten die §§ 58 und 787 ZPO. einen klaren, eigens auf diese Lage zugeschnittenen Anhaltspunkt. Wie aber, wenn ein Recht für das Grundstück in Rede steht, z. B. Schutz gegen Eindringlinge, etwa eine Schadensersatzklage gegen Nachbarn oder Fremdlinge, die Bäume auf dem Grundstück umgeschlagen haben? Dann bleibt nichts anderes übrig, als gestützt auf § 1913 S. 1 BGB. einen Pfleger einzusetzen, der die Belange des noch nicht vorhandenen, aber zu erwartenden Okkupanten wahrnimmt.

Bei beweglichen Sachen spielt die Aneignung eine weit größere Rolle, sie ist geradezu eine Alltäglichkeit. Denn viele bewegliche Dinge, die die Natur uns anbietet, gehören niemandem, sind also dem freien Zugriff ausgesetzt, und hier hat nun der Staat nicht etwa sich selbst (als Fiskus) in den Vordergrund geschoben, sondern den Untertanen die Bahn freigegeben. Darum darf jeder einzelne Steine aufsammeln, Schmetterlinge fangen, Wasser aus dem Bache schöpfen usw. Durch „Aufgabe"-Handlungen wird überdies der Bestand der „herrenlosen" Sachen bedeutend vermehrt. Oft genug werfen wir geringwertige Gegenstände, gelesene Zeitungen, alte Kleider, halbgerauchte Zigarren weg und machen sie dadurch herrenlos (§ 959); jeder, der will, kann dann zugreifen. Doch wird andererseits der Kreis wieder stark eingeengt. An sich ist z. B. das Wild im Walde „herrenlos". Aber dank einer Sondergesetzgebung (s. Art. Jagdrecht) besteht hier ein ausschließliches „Aneignungsrecht eines Anderen" (des Jagdberechtigten), und damit ist die Aneignung wiederum abgeschnitten (§ 958 Abs. 2). Das Nähere ergibt der Gesetzestext (§§ 958ff.).

3. Erstreckungen. Der einmal geschaffene Begriff der Aneignung kann aus dem Zivilrecht in andere Teile des Rechtssystems verpflanzt werden. So lassen sich z. B. Patent- und Urheberrecht (s. daselbst) als Akte der Aneignung darstellen: der schöpferische Mensch greift aus dem herrenlosen (noch nicht von Anderen beschlagnahmten) Raum eine bestimmte Idee heraus, gestaltet sie und erwirbt damit das „geistige Eigentum". Vor allem aber spielt im Völkerrecht die „Okkupation" sowohl dogmatisch wie praktisch eine wichtige Rolle. Allerdings ist auch hier wieder das „herrenlose" Land dank der Expansionspolitik der Großstaaten in den letzten Jahrzehnten mächtig zusammengeschrumpft. Aber immer wieder tauchen Fälle einer neuen Okkupation durch irgendeinen Großstaat auf. Die völkerrechtliche Dogmatik setzt dabei voraus, daß es sich um Niemandes Land handelt, denn sonst liegt ein Fall der „kriegerischen" Eroberung oder Besetzung vor, der ganz anders zu behandeln ist. Auch wird von der eigentlichen Okkupation das erst künftig auszuübende ausschließliche Okkupationsrecht (ähnlich dem des Jagdberechtigten) unterschieden, das z. B. bei der „Abgrenzung von Interessensphären" eine Rolle spielt.

Schrifttum:

Zu 1 vgl. Hedemann, Fortschritte des Zivilrechts, Teil II (Neuordnung des Bodenrechts), 1930, insbesondere S. 113. — Zu 2 vgl. die Lehrbücher und Kommentare zum BGB. — Zu 3 vgl. die Systeme des Völkerrechts, z. B. Liszt-Fleischmann, § 18.

J. W. Hedemann.

Anleihe, öffentliche.

(HdR. I, 201ff.)

1. (Zu S. 208 Sp. 1): In der Rechtsprechung ist der Begriff des Schuldscheindarlehns streitig geworden, das nach § 30 Abs. 3, § 40 Abs. 3 AblG., wenn es von einem Lande oder einer Gemeinde aufgenommen worden, diesem Gesetze unterliegt, also nicht nach den Vorschriften des Aufwertungsgesetzes aufgewertet werden kann. Das RG. hat zunächst, unter ausdrücklicher Ablehnung von Billigkeitserwägungen, ausgesprochen, daß als Schuldscheindarlehen einer Gemeinde nicht etwa nur solche Darlehen verstanden werden dürfen, die von der Gemeinde zur Erfüllung ihrer öffentlichrechtlichen Verpflichtungen oder

zur Deckung eines Fehlbetrages im Gemeindehaushalte aufgenommen oder bei deren Aufnahme verwaltungsrechtliche Genehmigungen erforderlich waren und eingeholt worden sind; daß vielmehr jedes Darlehen im Sinne des bürgerlichen Rechts darunter fällt, über welches ein Schuldschein ausgestellt ist (RGZ. 116, 166; 117, 60; 120, 86). Es hat sodann für den Begriff des Schuldscheins als erforderlich und genügend eine Urkunde erachtet, die von dem Schuldner zum Zwecke der Beweisführung für das Bestehen der Schuld ausgestellt ist und die Schuldverbindlichkeit begründet oder bestätigt, auch vom Schuldner unterschrieben ist und den Inhalt der Schuldverpflichtung im wesentlichen wiedergibt, so daß sie geeignet ist, für sich allein den Beweis dieses Inhalts zu erbringen (RGZ. 116, 173; 117, 60; 120, 89). Urkunden, die vor Auszahlung des Darlehens ausgestellt sind und den Empfang des Geldes nicht bestätigen, genügen dazu nicht. Sparkassenbücher, die von der Sparkasse einer städtischen Gemeinde über ein von der Gemeinde aufgenommenes Darlehen ausgestellt werden, sind keine Schuldscheine der Gemeinde (RGZ. 120, 87); ebensowenig Sparkassenbücher, in denen die Darlehensbedingungen und der Empfang des Darlehens nur in den für die Beurkundung von Spareinlagen vorgeschriebenen Formen (durch den Kassenführer und Gegenbuchführer) beurkundet worden sind (RGZ. 125, 213).

2. (Zu S. 208 Sp. 2): Als „bedürftig" und daher fähig, eine Vorzugsrente zu erhalten, gelten jetzt solche Personen, deren Jahreseinkommen den Betrag von 1000 (statt früher 800) RM. nicht übersteigt (§ 19 Ges. vom 9. VII. 1927 [RGBl. I, 173]). Es ist dies der einzige dürftige Erfolg, den die gleich nach dem Inkrafttreten der beiden Gesetze über die Aufwertung bzw. die Ablösung vom 16. VII. 1925 einsetzende Bewegung für die Aufhebung oder doch mehr oder weniger umstürzende Abänderung der Gesetze (vgl. Näheres in dem Art. Aufwertung und Aufwertungsgesetzgebung unten S. 86ff.) auf dem Gebiete der Ablösung öffentlicher Anleihen bis jetzt davongetragen hat.

3. (Zu S. 209 Sp. 1): Auf Grund des § 48 AblG. sind in der von der Reichsregierung erlassenen ersten DurchfVO. vom 8. IX. 1925 (RGBl. I, 335) die Forderungen, welche als Markanleihen des Reiches gelten, bezeichnet, sowie die Behörden und das Verfahren für den Umtausch in Ablösungsanleihe, für die Gewährung von Auslosungsrechten und von Vorzugsrenten bestimmt worden. Diese Verordnung ist durch spätere Verordnungen mehrfach in Einzelheiten abgeändert worden. Auf Grund des Art. 49 AblG. ist eine Anzahl von Ausführungsverordnungen durch den Reichsfinanzminister erlassen worden.

Richard Michaelis.

Anmeldung.

Das Vorhandensein und das Erfordernis einer Anmeldung im Rechtsleben läßt sich auf drei verschiedene Grundgedanken zurückführen und unter diesen Erwägungen zusammenfassen:

A. Die Anmeldung ist erforderlich zur Begründung eines Rechts;

B. sie wird gefordert im allgemeinen sicherheits-, verkehrs- und ordnungspolizeilichen Interesse im weitesten Sinne dieses Begriffs;

C. sie ist notwendig zur Verhütung des Ausschlusses oder der geringeren Bewertung eines Rechts.

Sie findet sich auf fast allen Gebieten des Rechts, des öffentlichen wie des privaten. Im Interesse einer besseren Übersichtlichkeit der Stoffanordnung sehen wir davon ab, ihr Vorkommen kasuistisch auf den einzelnen Rechtsdisziplinen zu verfolgen, sondern fassen unsere Betrachtungen unter der obigen Gruppierung zusammen.

A. 1. Die Anmeldung ist die formale Voraussetzung für die Begründung und Innehaltung des Patentrechts, ohne Anmeldung kein Patentrecht. Nicht die Erfindung allein, sondern Erfindung und Anmeldung sind Grundlagen und Voraussetzung für die Erteilung des Patents. „Auf die Erteilung des Patentes hat derjenige Anspruch, welcher die Erfindung zuerst nach Maßgabe dieses Gesetzes angemeldet hat" (§ 3 Abs. 1 PG. i. F. vom 26. III. 1926 [RGBl. 1926, II, 181]). Das deutsche Patentrecht steht auf dem Boden des Anmelderprinzips. „Sein Sinn ist, daß die Hingabe der Erfindung an die öffentliche Kenntnis die Gegengabe des Patentschutzes verdient. Aus der Sphäre des egoistischen Geheimnisses wird die Erfindung in die offene Arena des Wettbewerbs herausgelockt, damit sie der Allgemeinheit diene und ihren eigenen Fortschrittsgedanken zum Schemel für neuen Aufstieg der Technik mache. Dafür aber wird dem, der solches an die Öffentlichkeit hingibt und ihr damit einen Dienst leistet, privatwirtschaftlich ein ausschließlicher Schutz für die Verwendung seiner Erfindung eingeräumt" (Alexander Elster, Urheber- und Erfinder-, Warenzeichen- und Wettbewerbsrecht, 2. Aufl., 1928, S. 298). Die materielle Berechtigung des Anmelders wird von Amts wegen nicht nachgeprüft, der erste Anmelder gilt zur Patenterlangung als äußerlich legitimiert. Ist der Anmelder nicht der materiell Berechtigte, so muß dieser im Parteibetrieb gegen ihn vorgehen. Der Zeitpunkt der Anmeldung ist grundsätzlich für die Priorität maßgebend, sie wird genau nach Tag, Stunde, Minute festgestellt (vgl. im übrigen Art. Patentrecht, HdR. IV, 408ff.). Über die Erfordernisse des formalen Vorgangs der Anmeldung läßt sich § 20 PG. aus, auf den hiermit verwiesen wird. Über die z. T. etwas abweichende Bedeutung der Anmeldung im Musterschutzrecht s. d. Art. Muster- und Modellschutz HdR. VI, 153ff.

2. Die gleiche rechtliche Bedeutung wie im Patentrecht hat die Anmeldung im Warenzeichenrecht. Sie ist (vgl. A. Elster, a. a. O., S. 285 unten) zeitlich maßgebend für die Priorität, sachlich maßgebend für den Umfang des Schutzes hinsichtlich der Waren, für die das Zeichen gelten soll, und hinsichtlich des Aussehens des Zeichens und des rechtlichen Inhalts des Gesuchs (§ 1 des G. zum Schutz der Warenbezeichnungen vom 7. XII. 1923 m. Änd. v. 21. III. 1925 u. 26. III. 1926). Nach § 2 WZG. und den vom Patentamt erlassenen Bestimmungen über die Anmeldung von Warenzeichen vom 8. IX. 1922 (mit Erläuterungen dazu) muß die Anmeldung eines Warenzeichens schriftlich bei dem Patentamt erfolgen. Jeder Anmeldung muß die Angabe des Namens und Wohnorts oder der Hauptniederlassung des Anmelders (bei Verbandszeichen: Angabe des Namens und des Sitzes des Verbandes), Bezeichnung des Geschäftsbetriebes, für den das Zeichen verwandt werden soll (bei Verbandszeichen nicht erforderlich), ein Verzeichnis der Waren, für die es bestimmt ist, in zwei Ausfertigungen sowie eine deutliche Darstellung und, soweit es erforderlich, eine Beschreibung des Zeichens beigefügt sein, ferner der Antrag auf Eintragung, die Aufführung der Anlagen unter Angabe ihrer Nummer und ihres Inhalts; falls der Anmelder einen Vertreter bestellt hat, die Angabe von dessen Person, der Berufsstellung und seines Wohnorts sowie eine Vollmacht auf ihn, endlich die Unterschrift des Anmelders oder seines Vertreters. Schließlich ist auch eine Prioritätserklärung nach der Pariser Übereinkunft vom 2. VI. 1911 abzugeben (wegen der Einzelheiten vgl. A. Elster, a. a. O., S. 404/405).

B. I. A. Im Polizeirecht. Die Reichsgesetzgebung berührt die landesgesetzlichen Vorschriften über Überwachung und Beaufsichtigung des Fremdenverkehrs, soweit das Meldewesen in Betracht kommt, nur wenig. § 10 des FreizügigkeitsGes. vom 1. XI. 1867 bestimmt, daß die Vorschriften über die Anmeldung neuanziehender Personen den Landesgesetzen mit der Maßgabe vorbehalten bleiben, daß die unterlassene Anmeldung niemals mit dem Verlust des Aufenthaltsrechts, sondern nur mit einer Polizeistrafe zu belegen sei. In Preußen kommen als solche landesgesetzliche Bestimmungen außer den Vorschriften über die Fremdenmeldungen im § 18 des Paßedikts vom 22. VI. 1817 (GS. 152) und dem § 6e und i des PolVerwGes. vom 11. III. 1850 (GS. 265) vor allem die Vorschriften des G. über die Aufnahme neuanziehender Personen vom 21. XII. 1842 (GS. 1843 S. 5) zur Anwendung. Die §§ 8 und 9 dieses Gesetzes verpflichten zur Anmeldung bei der Polizeiobrigkeit alle diejenigen, die an einem Orte ihren Aufenthalt nehmen wollen, sowie diejenigen, die einem Neuanziehenden Wohnung oder Unterkommen gewähren. In Ausführung dieser gesetzlichen Vorschriften regelt der Runderlaß des Min. Inn. vom 4. IV. 1930 II D 100 (MBl. f. i. Verw. 1930, 353ff.) die Grundzüge für das gesamte polizeiliche Meldewesen. Er schreibt mit Wirkung vom 1. VII. 1930 ab den Erlaß von Polizeiverordnungen über das Meldewesen vor, die in 15 Paragraphen insbesondere folgende Bestimmungen zu enthalten haben: Wer im Bezirk einer Meldebehörde — d. h. der Ortspolizeibehörde, in den Landgemeinden der östlichen Provinzen, Schleswig-Holsteins und Hannovers des Gemeindevorstehers — seinen Wohnsitz oder dauernden Aufenthalt — d. h. einen Aufenthalt von mehr als drei Monaten — nimmt, hat sich und die zu seinem Hausstande gehörigen, mit ihm zuziehenden Personen, bei der Meldebehörde des Zuzugsortes unter Vorlage eines ihm von der Meldebehörde seines bisherigen Wohnsitzes erteilten Abmeldescheines anzumelden. Bei der Meldebehörde seines bisherigen Wohnsitzes oder dauernden Aufenthaltsorts hat er sich und seine Angehörigen im Fall seines dauernden Fortzugs abzumelden. Bei einem Wohnungswechsel im Bezirk der Meldebehörde besteht eine Ummeldepflicht. Alle Meldungen — Anmeldung, Abmeldung und Ummeldung — müssen spätestens eine Woche nach dem Tage des An-, Ab- und Umzugs schriftlich durch Abgabe eines polizeilichen Meldescheins, und zwar in dreifacher Ausfertigung, erfolgen. Eheleute und ihre Kinder sind auf einem Meldeschein zu melden, im übrigen ist für jede Person ein besonderer Meldeschein zu verwenden. Der Meldepflichtige hat die von ihm unterschriebenen Meldescheine vor Abgabe an die Meldebehörde dem Hauswirt oder seinem Beauftragten, dessen Namen der Hauswirt der Meldebehörde schriftlich anzugeben hat, zur Unterschrift vorzulegen. Zu ihrer Vollziehung sind sie verpflichtet, es sei denn, daß der Meldepflichtige gegen ihren Willen widerrechtlich im Hause Wohnung genommen hat. Personen, die einen zweiten Wohnsitz begründen, unterliegen für diesen für sich und ihre etwaigen Angehörigen den gleichen Pflichten (§§ 1—6). Nach den Entscheidungen des KG. vom 22. V. 1905 (1, 302/05) in Polizei 8, 251/252 und vom 7. IV. 1913 (1, 214/3) in Polizei 10, 63/64, sind die Polizeibehörden befugt, die Einreichung zweier Meldescheine zu fordern, wenn neben der lokalen Stelle, bei der die Meldung erfolgt, eine Zentralmeldestelle besteht, an die das zweite Stück des Meldescheines abgegeben wird. Die Forderung der Einreichung eines weiteren (dritten bzw. zweiten) Meldescheins findet ihre gesetzliche Unterlage im § 50 Abs. 1 u. 2 der AusfBest. zum EinkStG. vom 8. V. 1926 (MBl. f. i. Verw. 227). Diesen Meldeschein hat die Meldebehörde unverzüglich dem zuständigen Finanzamt zuzusenden. Die Forderung eines dritten (bzw. 4.) Meldescheines zum Zweck der Bescheinigung ermangelt jedoch nach dem Urteil des KG. vom 7. IV. 1913 (1, 214/13) der gesetzlichen Unterlage. Die Meldebehörde muß vielmehr ihrerseits dem Meldepflichtigen eine unentgeltliche Meldebescheinigung erteilen. Einen großen Fortschritt bedeutet es, daß die schriftliche Meldung auch durch die Post zugelassen wird, hierdurch werden der Bevölkerung viel unnötige Wege erspart.

Eine Meldepflicht besteht weiter (§§ 7ff.) für diejenigen, die Personen zu vorübergehendem Aufenthalt in Gasthäusern, Pensionen, möblierten oder unmöblierten Zimmern gegen Entgelt Wohnung gewähren; binnen 24 Stunden nach ihrem Eintreffen haben sie solche bei der Meldebehörde anzumelden. Eheleute und ihre minderjährigen Kinder sind auf einem Meldeschein derartig anzumelden, daß lediglich die genauen Personalien des Haushaltungsvorstandes und seiner Ehefrau anzugeben sind, die Kinder sind nur der Zahl nach zu benennen. Alle diese Personen, die gewerbsmäßig Fremde beherbergen, haben ferner ein Fremdenbuch in Buch-, Block- oder Karteiform zu führen, das die Personalien der Fremden sowie den Tag der Ankunft und Abreise zu enthalten hat. Die Eintragung der Personalien in dieses Buch hat unverzüglich nach ihrer Ankunft zu erfolgen, und zwar mit Tinte oder Tintenstift, der aufgenommene Fremde hat dieselbe eigenhändig zu unterschreiben. Der Gastwirt usw. ist verpflichtet, das Fremdenbuch auf Verlangen der Polizeibehörde vorzuzeigen. Die Eintragungen sind zwei Jahre über den Abreisetag hinaus aufzubewahren. Wer zu Besuchszwecken ohne Entgelt sich vorübergehend auswärts aufhält, hat sich nur dann schriftlich bei der Meldebehörde anzumelden, wenn sein Besuch länger als drei Monate dauert. Eine An- und Abmeldepflicht beim Zu- und Abgang der zur Anstaltsbehandlung aufgenommenen Personen legt § 10 den Leitern von Krankenhäusern, Kliniken, Entbindungs-, Irren-, Heil- und Bewahranstalten auf, und zwar binnen drei Tagen. Sie haben ferner ein Aufnahmebuch zu führen, das entsprechend dem Inhalt des sogenannten „kleinen Meldescheins“ bei Aufnahmen von Hotelgästen usw. enthalten muß: Vor- und Zunamen (bei Frauen auch den Geburtsnamen), Beruf und Berufsstellung (selbständig, Arbeiter, Angestellter usw.), Geburtstag, Geburtsort und Kreis, Staatsangehörigkeit, Wohnort und Kreis, Wohnung, Straße und Hausnummer. Es ist der Polizei auf Verlangen jederzeit vorzulegen.

Personen, die, ohne einen Wohnsitz oder dauernden Aufenthalt zu haben, von Ort zu Ort ziehen, ohne entgeltlich in Gasthäusern, Pensionen oder Zimmern Wohnung zu nehmen, sind verpflichtet, sich bei der Meldebehörde des Orts, in dem sie länger als 2 Tage verweilen, persönlich zu melden und mündlich genaue, dem Inhalt des sogenannten „großen Meldescheins“ entsprechende Personalangaben zu machen. Bei einer Mehrzahl gemeinsam umherziehender Personen (Zigeunerbanden) genügt Meldung durch einen Beauftragten (§ 11).

Der Meldepflicht unterliegen nicht: Ausländer, die das Recht der Exterritorialität besitzen (vgl. Art. Exterritorialität, HdR. II, 370), die nicht reichsangehörigen Vorsteher und Beamten der konsularischen Vertreter fremder Staaten sowie ihre mit ihnen in häuslicher Gemeinschaft lebenden Familienangehörigen, die Mitglieder von Delegationen und Kommissionen fremder Regierungen oder des Völkerbundes, die im Einverständnis mit der Reichs- oder preußischen Staatsregierung eingereist sind; die unverheirateten Angehörigen der Reichswehr und der Reichsmarine, solange sie in einer Kaserne wohnen (§ 12). Verheiratete Militärpersonen dagegen sind, auch wenn sie kaserniert sind, ebenso meldepflichtig wie ihre Familienangehörigen.

Wenn besondere Umstände die persönliche Vernehmung der Meldepflichtigen dringend notwendig machen, ist die Meldebehörde berechtigt, das persönliche Erscheinen anzuordnen. Diese haben dann über ihre und ihrer Angehörigen persönlichen Verhältnisse Auskunft zu geben und die erforderlichen Ausweise beizubringen (§ 13).

Zuwiderhandlungen gegen diese Bestimmungen werden mit Geldstrafe bis zu 150 RM., im Unvermögensfalle mit entsprechender Haft bestraft.

Über die Meldepflicht bei Erkrankung an gewissen Krankheiten s. d. Art. Sozialgesundheitsrecht HdR. V, 542.

II. Sozialversicherung. a) Die Mitgliedschaft Versicherungsberechtigter an den Krankenkassen beginnt nach § 310 RVO. vom 19. VII. 1911 i. d. F. vom 15. XII. 1924 (RGBl. 1924, I, 779) und vom 9. I. 1926 (RGBl. I, 9) mit dem Tage ihres Beitritts zur Kasse. Der Beitritt vollzieht sich durch schriftliche oder mündliche Anmeldung beim Vorstand oder der Meldestelle. Hier — bei der Anmeldung Versicherungsberechtigter — hat also die Anmeldung konstitutive Wirkung, im Gegensatz zu der Anmeldung der Versicherungspflichtigen durch den Arbeitgeber bewirkt sie den Erwerb der Mitgliedschaft.

Nach den §§ 317—319 RVO. haben die Arbeitgeber jeden von ihnen ständig Beschäftigten, der zur Mitgliedschaft bei einer Orts-, Land- oder Innungskrankenkasse verpflichtet ist, bei der Meldestelle binnen drei Tagen nach Beginn der Beschäftigung anzumelden und nach Ende derselben abzumelden. Die Satzung kann die Meldepflicht über den dritten Tag hinaus bis zum letzten Werktag der Kalenderwoche erstrecken. Bei Unterbrechung der Arbeit für kürzere Zeit als eine Woche kann bei Fortzahlung der Beiträge die Meldung unterbleiben (§ 317 RVO.). In der Anmeldung müssen auch die Angaben gemacht werden, welche die Satzung zur Berechnung der Beiträge fordert. Änderungen in diesen Verhältnissen sind binnen der Meldefrist anzuzeigen (§ 318 RVO.) Die Meldung der Kranken — und ihre Überwachung — regelt der Ausschuß durch eine Krankenordnung (§ 347 RVO.).

Bei unständiger Beschäftigung — d. h. einer solchen, die entweder durch die Natur der Sache oder vertraglich auf weniger als eine Woche beschränkt ist (§ 441 RVO.) — soll sich der Versicherungspflichtige selber zur Eintragung anmelden (§ 444 RVO.). Eine diese Vorschrift sichernde Strafbestimmung fehlt, die §§ 530, 531 RVO. gelten nicht. Außerdem aber haben das Versicherungsamt, die Gemeinde- und Polizeibehörde, die Ausgabestelle für Quittungskarten sowie alle Organe und Angestellten der Versicherungsträger der zuständigen Kasse jeden Versicherungspflichtigen zu melden, der unständig beschäftigt und nicht schon Mitglied einer Krankenkasse ist. Die oberste Verwaltungsbehörde kann diese Pflicht näher regeln (§ 441 Abs. 2 u. 3 RVO.). Tritt ein bisher unständig Beschäftigter in ein ständiges Beschäftigungsverhältnis ein, so liegt seinem Arbeitgeber, der ihn bisher unständig beschäftigte, naturgemäß nach § 317 RVO. die Anmeldepflicht ob. Die Anmeldung wird in dem Mitgliederverzeichnis der betr. Kasse vermerkt. Die Mitgliedschaft auf Grund dieser Anmeldung setzt die frühere Mitgliedschaft ohne weiteres fort (§ 449 RVO.), die Wartezeiten der §§ 207 u. 208 RVO. gelten nicht, bei Anwendung des § 199 RVO. wird die frühere Zeit angerechnet. Nach Abmeldung durch den Arbeitgeber muß der Vermerk in dem Verzeichnis gelöscht werden (§ 449 Abs. 3 RVO.).

Die freiwillige Weiterversicherung bisheriger Versicherungspflichtiger hat nach § 313 RVO. Anzeige bei der Kasse binnen drei Wochen nach seinem Ausscheiden oder im Fall des § 311 RVO. nach Beendigung der Kassenleistungen zur Voraussetzung.

Die Meldestelle wird bei Orts-, Land- und Innungskrankenkassen von der Satzung bestimmt (§ 322 RVO.). Bei Betriebs- und Innungskrankenkassen beschließt der Ausschuß über die Errichtung von Meldestellen (§ 345 RVO.). Die Krankenkassen haben nicht das Recht, die Obliegenheiten einer Meldestelle einer Behörde zu übertragen. Hierzu können vielmehr, abgesehen von Vorstandsmitgliedern, nur solche Stellen oder Personen bestimmt werden, die sich bereit erklären, die mit diesem Amt verbundenen Pflichten zu übernehmen. Die Meldestellen sind Organe der Krankenkassen (Erlaß vom 29. IV. 1904, HMBl. 119). Gemäß § 345 Abs. 2 Nr. 5 RVO. kann der Ausschuß eigene Meldestellen einrichten. Macht jedoch das Versicherungsamt von der ihm im § 319 RVO. eingeräumten Befugnis Gebrauch, in seinem Bezirke für alle oder mehrere Orts-, Land- und Innungskrankenkassen gemeinsame Meldestellen zu errichten oder deren Geschäfte mit Genehmigung der Gemeindeaufsichtsbehörde den Ortsbehörden zu übertragen, so ist die Errichtung besonderer Meldestellen durch den Ausschuß unzulässig. Erfolgt trotzdem die Errichtung einer solchen besonderen Meldestelle, so sind die Anmeldungen bei ihr unwirksam, alle Meldungen müssen vielmehr bei der gemeinschaftlichen Meldestelle erfolgen.

Die im Wandergewerbe von Ort zu Ort mitgeführten Beschäftigten hat der Arbeitgeber ihrer Zahl nach bei der Landkrankenkasse des Ortes, bei dessen Polizeibehörde er die Ausstellung des Wandergewerbescheins beantragt, als Mitglieder anzumelden (§ 459 Abs. 1 RVO.). Beschäftigte, für die er über die angemeldete Zahl hinaus die Erlaubnis gemäß § 62 GewO. erst nach Empfang des Scheines nachsucht, muß er durch Vermittlung der für diese Erlaubnis zuständigen Behörde — in Preußen Bezirksausschuß, im Landespolizeibezirk Berlin der Polizeipräsident, ZG. §§ 117, 118, 161 — anmelden (hierzu AusfAnw. z. GewO. vom 1. V. 1904, HMinBl. 123ff., Nr. 63, Abs. 4 i. d. F. des Erl. vom 13. XII. 1913, HMinBl. 635).

Die Ersatzkrankenkasse hat beim Ausscheiden eines versicherungspflichtigen Mitgliedes dessen Arbeitgeber binnen einer Woche hiervon zu benachrichtigen. Der Arbeitgeber hat alsdann gemäß § 317 RVO. den Versicherten bei der zuständigen Orts-, Land- oder Innungskrankenkasse anzumelden. Unterläßt oder verzögert die Ersatzkasse die Benachrichtigung des Arbeitgebers oder dieser die Meldung, so haftet die Ersatzkasse der Krankenkasse für Leistungen bis zur ordnungsmäßigen Meldung des Versicherten bei der letzteren. Der Arbeitgeber wiederum haftet der Ersatzkasse für den Schaden, den er ihr durch schuldhafte Unterlassung oder Verzögerung der Anmeldung verursacht (§521 RVO.). Dieser letztere Ersatzanspruch kann nur durch Klage im ordentlichen Rechtsweg geltend gemacht werden.

Zuwiderhandlungen gegen die An- und Abmeldepflicht sowie die Benachrichtigungspflichten des § 521 ahndet das Versicherungsamt durch Ordnungsstrafen in Geld (nach der VO. über Vermögensstrafen und Bußen vom 6. II. 1924, RGBl. I, 44, in Höhe von 1—1000 RM.). Sie fließen nach § 146 in die Kasse der Krankenkasse und werden gemäß §§ 146, 28 RVO. wie Gemeindeabgaben beigetrieben. Nach § 147 RVO. verjähren die Zuwiderhandlungen in einem Jahre. Gegen den Beschluß des Versicherungsamts steht dem Bestraften binnen einem Monat die Beschwerde beim Oberversicherungsamt zu. Dieses entscheidet endgültig (§§ 530, 128, 129 RVO.).

Nach § 653 RVO. hat jeder gewerbliche, d. h. nichtlandwirtschaftliche Unternehmer, der mit seinem Betriebe Mitglied einer Berufsgenossenschaft wird, binnen einer Woche dem Versicherungsamt, in dessen Bezirk der Betrieb seinen Sitz hat, in duplo Anzeige zu erstatten über den Gegenstand und die Art seines Betriebes, die Zahl der Versicherten, die Genossenschaft, der sein Betrieb angehört, den Eröffnungstag und den Tag des Beginns der Versicherungspflicht. Ist die Anzeige versäumt oder unvollständig, so kann das Versicherungsamt den Unternehmer durch Zwangsstrafen in Geld anhalten, binnen einer gesetzten Frist Auskunft zu erteilen. Auf Beschwerde entscheidet das Oberversicherungsamt endgültig (§ 656 RVO.). Gehört der angemeldete Betrieb nach Ansicht des Versicherungsamts einer anderen als der vom Unternehmer angegebenen Genossenschaft an, so benachrichtigt es den Unternehmer wie auch den Vorstand dieser Genossenschaft und sendet die Anzeige (Anmeldung) dem Vorstand der anderen (zutreffenden) Genossenschaft ein (§ 655 RVO.). Jeder Unternehmer hat ferner Änderungen in der Person des Inhabers, für dessen Rechnung der Betrieb geht, in der durch die Satzung bestimmten Frist dem Genossenschaftsvorstand zur Eintragung in das Betriebsverzeichnis anzumelden (§ 664 RVO.) und ebenso alle Änderungen seines Betriebes, die für die Zugehörigkeit zu einer Genossenschaft wichtig sind (§ 665 RVO.).

Jeden neu eröffneten landwirtschaftlichen Betrieb hat (§ 967 RVO.) durch Vermittlung des Versicherungsamts die Gemeindebehörde dem Genossenschaftsvorstand anzumelden. Im übrigen trifft den landwirtschaftlichen Unternehmer bei einem Wechsel des Inhabers und Änderung des Betriebs, soweit diese für die Zugehörigkeit zu einer Genossenschaft wichtig ist, die gleiche Anmeldepflicht wie den gewerblichen Unternehmer (§§ 968—970 RVO.).

Die Eröffnung eines der Seeunfallversicherung unterliegenden Betriebes muß der Unternehmer unverzüglich dem Genossenschaftsvorstand anmelden. Sollen Fahrzeuge unter deutscher Flagge in Dienst gestellt werden, so muß sie der Eigentümer bereits nach ihrem Erwerb — also noch vor Beginn des Betriebs — dem Genossenschaftsvorstand anmelden (§ 1132 RVO.). Für die nach § 1046 RVO. versicherten Fahrzeuge, die nicht im Schiffsregister eingetragen sind, haben nach § 1136 RVO. die Reeder, Reedereileiter und Bevollmächtigten in der durch die Satzung bestimmten Frist Verlust, Änderungen des Heimathafens, des Namens, der Gattung und Größe des Fahrzeugs, Wechsel der Person und der Staatsangehörigkeit der Reeder oder Mitreeder dem Genossenschaftsvorstand anzuzeigen. Die Unternehmer von schwimmenden Docks, Lotsenbetrieben und anderen im § 1046 Nr. 3 bezeichneten Betrieben haben ferner jeden Wechsel der Person, für deren Rechnung der Betrieb geht, und alle für die Zugehörigkeit des Betriebs zur Genossenschaft wesentliche Betriebsänderungen in der durch die Satzung bestimmten Frist dem Genossenschaftsvorstand anzumelden.

Nach § 1503 RVO. hat die Krankenkasse jede Krankheit eines gegen Unfall Versicherten dem Träger der Unfallversicherung unverzüglich anzuzeigen, sobald Anhalt dafür vorliegt, daß die Krankheit durch einen Unfall herbeigeführt ist, den die Unfallversicherung umfaßt. Die gleiche Verpflichtung betrifft die Krankenkasse, wenn sie auf Grund des § 559 g mit Leistungen an Krankenpflege beginnt. Zu Anzeige (Anmeldung) ist, falls nicht der Vorstand einen anderen damit beauftragt, der geschäftsleitende Angestellte der Kasse verpflichtet.

Der Anspruch auf Unfallentschädigung ist — falls diese nicht von Amts wegen festgestellt ist — zur Vermeidung des Ausschlusses spätestens zwei Jahre nach dem Unfall bei dem Versicherungsträger anzumelden (§ 1546 Abs. 1 RVO.). Führt der Unfall den Tod des Verletzten herbei, so müssen die Hinterbliebenen ihren Anspruch auf Entschädigung — es sei denn, daß diese von Amts wegen festgestellt ist — zur Vermeidung des Ausschlusses spätestens 2 Jahre nach dem Tode bei dem Versicherungsträger anmelden (§ 1548 RVO.). Rechtzeitige Anmeldung bei einer nicht zuständigen Berufsgenossenschaft oder bei einem Versicherungsamt wahrt die Frist. Die Anmeldung ist solchenfalls unverzüglich an die zuständige Stelle abzugeben und der Beteiligte zu benachrichtigen. Die Anmeldung der Ansprüche aus der Invalidenversicherung geschieht in der Weise, daß die Anträge auf Leistungen nach § 1613 RVO. unter Beifügung der Beweisstücke an das Versicherungsamt oder an die Versicherungsanstalt zu richten sind.

Bei Seeunfällen, durch die ein Versicherter entweder getötet oder derartig schwer verletzt wird, daß er voraussichtlich nach acht Wochen nicht wieder voll erwerbsfähig ist, haben die Gerichte, Hafenbehörden, Strandbehörden, Seemannsämter und Schiffsregisterbehörden, die hiervon Kenntnis erlangen, unverzüglich Anzeige an den Vorstand der Seeunfallberufsgenossenschaft zu erstatten (§§ 1763ff. RVO.). Daneben bleibt die Pflicht, Seeunfälle (jeder Art) einem Seeamt anzuzeigen, bestehen.

b) Meldungen zur Arbeitslosenversicherung: Soweit Kranken- und Arbeitslosenversicherung zusammenfallen, gelten nach § 84 des G. über Arbeitsvermittlung und Arbeitslosenversicherung i. n. F. vom 12. X. 1929 (RGBl. I, 162 ff.) die Meldungen zur Krankenversicherung gleichzeitig als Meldungen zur Arbeitslosenversicherung. Wird der krankenversicherungspflichtige Beschäftigte später auch arbeitslosenversicherungspflichtig, so ist nach § 84 Abs. 3 eine Meldung erforderlich. Nach Abs. 2 muß bei der Anmeldung von der Krankenversicherung angezeigt werden, ob die Beschäftigung der Arbeitslosenversicherung unterlag oder nicht. Für die nicht krankenversicherungspflichtigen Angestellten bestimmt § 85, daß ihr Arbeitgeber sie unverzüglich bei der Krankenkasse anzumelden hat, bei der sie versichert wären, wenn ihr regelmäßiger Jahresarbeitsverdienst nicht die Grenze der Krankenversicherungspflicht überstiege. Knappschaftlich Versicherte sind der Reichsknappschaft zu melden (§ 145 Abs. 1 Nr. 2). Ist eine Beschäftigung, die der Pflicht zur Krankenversicherung oder zur Angestelltenversicherung unterliegt, von der Pflicht zur Arbeitslosenversicherung frei, so hat der Arbeitgeber das schriftlich der Stelle anzuzeigen, die ohne die Versicherungsfreiheit Einzugsstelle wäre (Befreiungsanzeige). Unterliegt die Beschäftigung von Anfang an zwar der Krankenversicherung, aber nicht der Arbeitslosenversicherung, so ist die Anzeige mit der Anmeldung zur Krankenversicherung zu verbinden. Wird ein ursprünglich der Pflicht zur Arbeitslosenversicherung unterliegender Beschäftigter später versicherungsfrei, so muß der Arbeitgeber binnen drei Tagen nach Eintritt des Befreiungsgrundes die Anzeige erstatten. Die Anzeige (Anmeldung) muß angeben, für welches Beschäftigungsverhältnis, für welche Dauer und aus welchem Grunde die Versicherungsfreiheit eintreten soll (§ 85a). Versicherungsfrei ist die Beschäftigung von Lehrlingen auf mindestens zwei Jahre beim Abschluß eines schriftlichen Lehrvertrags auf diese Dauer oder bei einem der Handwerkskammer nach § 126b Abs. 3 RGewO. i. d. F. d. G. vom 30. V. 1908 (RGBl. 356) anzuzeigenden Lehrverhältnis zwischen Eltern und Kindern.

Der Empfänger von Arbeitslosenunterstützung hat sich (vgl. § 173) regelmäßig bei dem Arbeitsamt zu melden, um Arbeit zu erlangen, desgleichen der Arbeitslose, gegen den gemäß § 93 eine Sperrfrist verhängt worden ist. Die Meldung arbeitsloser Facharbeiter darf nach Ablauf von 9 Wochen seit Beginn der Unterstützung nicht auf die Fachabteilung, der sie beruflich angehören, beschränkt bleiben. Alles Nähere über den Umfang der Meldepflicht bestimmt der Verwaltungsausschuß des Landesarbeitsamts. Er ordnet insbesondere an, wie oft sich der Arbeitslose zu melden hat und für welche Zeitabschnitte die Meldungen gelten sollen. Er soll aber regelmäßig mindestens 3 Meldungen für die Woche vorschreiben und Ausnahmen nur zulassen, soweit der Zweck der Meldung nicht darunter leidet.

Unternehmer (Arbeitgeber), die ihren — oben dargelegten — Meldepflichten oder ihrer Anzeigepflicht nicht nachkommen, kann der Beschlußausschuß des Versicherungsamts mit Ordnungsstrafen in Geld (von 1—1000 RM.) bestrafen. Auf Beschwerde entscheidet das Oberversicherungsamt endgültig (§ 261).

c) Auf dem Gebiet der Stellenvermittlung und der Arbeitsvermittlung: Nach § 56 des RG. über Arbeitsvermittlung und

Arbeitslosenversicherung i. d. F. der Notverordnung vom 26. VII. 1930 (RGBl. 311) kann der Verwaltungsrat der Reichsanstalt allgemeine Bestimmungen über die Pflicht der gewerbsmäßigen Stellenvermittler zur Anmeldung ihres Betriebes bei der Reichsanstalt erlassen. Nach § 63 des Gesetzes sind die Arbeitgeber verpflichtet und die wirtschaftlichen Vereinigungen der Arbeitnehmer berechtigt, bei Ausbruch und Beendigung eines Ausstandes sowie einer Aussperrung den Arbeitsämtern schriftliche Anzeige zu erstatten. Der Vorstand der Reichsanstalt erläßt die näheren Bestimmungen über die hierbei einzuhaltenden Fristen und Formen. Der Reichsarbeitsminister kann nach Anhörung des Verwaltungsrats der Reichsanstalt anordnen, daß Arbeitgeber die bei ihnen vorhandenen offenen Arbeitsstellen bei dem zuständigen Arbeitsamte anzumelden haben. Eine solche Anmeldepflicht darf sich aber nur auf kranken- und angestelltenversicherungspflichtige Stellen erstrecken und überhaupt nicht auf Arbeitsplätze in der Landwirtschaft und Hauswirtschaft sowie Betriebe mit weniger als fünf Arbeitnehmern. Sie kann auf bestimmte Bezirke und Berufe beschränkt werden und sie besteht überhaupt nicht für Arbeitsplätze, die durch Ausstand oder Aussperrung frei werden (§ 65).

Gewerbsmäßige Stellenvermittler, die den Vorschriften über Anmeldung ihres Betriebs zuwiderhandeln, unterliegen nach § 255 des Gesetzes einer Geldstrafe bis zu 150 RM. oder Haft. Arbeitgeber, die schuldhaft ihren Verpflichtungen aus §§ 63 oder 65 nicht nachkommen, werden auf Antrag des Arbeitsamts, demgegenüber ihre Verpflichtung besteht, mit Geldstrafe bis zu 150 RM. bestraft.

III. Zur Sicherung des regelmäßigen Besuchs der gewerblichen Fortbildungsschule kann gemäß § 120 Abs. 3 RGewO. den Eltern, Vormündern und Arbeitgebern der Schulpflichtigen eine Anmeldepflicht durch statutarische Bestimmungen auferlegt werden. Solche sind fast allenthalben erlassen worden. Voraussetzung der Strafbarkeit der Nichtanmeldung ist aber, daß die Lehrlinge und jugendlichen Arbeiter selbst strafbar sind, wenn sie die Fortbildungsschule nicht besuchen (KG. [1. Strafs.] vom 23. V. 1910 [GewArch. 10, 143]).

IV. Nach § 4 des Preuß. G. betr. die Besteuerung des Gewerbebetriebs im Umherziehen und einige Abänderungen des G. wegen Entrichtung der Gewerbesteuern vom 30. V. 1820 vom 3. VII. 1876 (Pr. GS. 247) muß jeder Gewerbebetrieb im Umherziehen von dessen Inhaber bei der Kommunalbehörde seines Wohnsitzes oder in Ermangelung eines solchen bei der Kommunalbehörde seines Ortes, wo er begonnen werden soll, angemeldet werden. Der Inhaber eines solchen ambulanten Gewerbebetriebes ist ferner nach § 6 dieses Gesetzes im steuerlichen Interesse verpflichtet, ihn für jedes Jahr, in dem er stattfinden soll, neu anzumelden und sich einen Gewerbeschein zu lösen.

Vor Beginn eines stehenden Gewerbes hat der Inhaber der nach den Landesbehörden zuständigen Behörde — in Preußen der Gemeindebehörde — Anzeige zu erstatten, ihn anzumelden (§ 14 RGewO.). Die gleiche Verpflichtung trifft Versicherungsagenten. Buch- und Steindrucker, Buch- und Kunsthändler, Leihbibliothekare, Verkäufer von Druckschriften, Zeitungen und Bildern haben ferner bei Eröffnung ihres Gewerbebetriebs ihr Lokal sowie jeden späteren Wechsel desselben spätestens am Tage seines Eintritts der zuständigen Behörde anzugeben (§ 14 Abs. 2 RGewO.). Innerhalb dreier Tage stellt die Behörde einen Anmeldeschein aus (§ 15 RGewO.).

V. Auch die zahlreichen gesetzlichen Vorschriften über die Anmeldungen zum Vereins-, Handels- und Genossenschaftsregister beruhen auf Erwägungen der Verkehrssicherheit und der möglichsten Offenlegung bestimmter für die Allgemeinheit wichtiger Vorkommnisse. a) Im bürgerlichen Recht. Nach §§ 59—61 BGB. hat der Vorstand den Verein zur Eintragung im Vereinsregister anzumelden. Vertretung durch Bevollmächtigte ist zulässig. Die Anmeldungen müssen — entsprechend ihrer erheblichen Bedeutung — in öffentlich beglaubigter Form erfolgen. Als öffentliche Beglaubigung gilt nach den §§ 159 und 128 FGG. auch die zu Protokoll des Urkundsbeamten der Geschäftsstelle des Registergerichts abgegebene Erklärung. Der die Beglaubigung bewirkende Notar gilt nach den §§ 159 und 129 FGG. als ermächtigt, die Eintragung zu beantragen. Nach § 76 BGB. haben die sämtlichen Vorstandsmitglieder die Liquidatoren zur Eintragung in das Vereinsregister anzumelden. — b) Im Handelsrecht besteht für jeden Vollkaufmann eine Anmeldungspflicht. Er hat seine Firma und den Ort der Handelsniederlassung bei dem Amtsgericht, in dessen Bezirk sich die Niederlassung befindet, zur Eintragung in das Handelsregister anzumelden (und seine Firma zur Aufbewahrung dort zu zeichnen) (§ 29 HGB.). Bei Begründung einer zum Bezirke eines anderen Amtsgerichts gehörigen Zweigniederlassung hat er die Anmeldung und Zeichnung auch bei diesem Gericht vorzunehmen (§ 13 HGB.). Bei der offenen Handelsgesellschaft und Kommanditgesellschaft sind die sämtlichen Gesellschafter einschließlich der Kommanditisten (§§ 108 Abs. 1, 161 Abs. 2), bei der Aktiengesellschaft sämtliche Gründer, ferner die Mitglieder des Vorstands und Aufsichtsrats (§ 195 Abs. 1), bei der Aktienkommanditgesellschaft die Gründer, Komplementäre und Aufsichtsratsmitglieder (§ 320 Abs. 3, 195 Abs. 1 HGB.), bei der GmbH. die Geschäftsführer (§ 78 GmbHG.) zur Anmeldung verpflichtet. Die Anmeldung einer eingetragenen Genossenschaft zum Genossenschaftsregister hat der Vorstand zu erledigen (§ 11 Abs. 1 GenG.). Eine juristische Person, deren Eintragung in das Handelsregister mit Rücksicht auf den Gegenstand (§ 1 Abs. 2 HGB.) oder auf die Art und den Umfang ihres Gewerbebetriebs (§ 2 HGB.) zu erfolgen hat, haben die sämtlichen Mitglieder des Vorstandes unter Beifügung der Satzung und der Urkunden über die Vorstandsbestellung in Urschrift oder öffentlich beglaubigter Abschrift anzumelden. Ebenso wie die Begründung ist auch jede Änderung der Firma oder ihrer Inhaber, jede Verlegung der Niederlassung an einen anderen Ort und das Erlöschen der Firma zur Eintragung in das Handelsregister anzumelden (§ 31 Abs. 1 und 2 S. 1 HGB.). Notfalls hat das Registergericht die Anmeldung durch Ordnungsstrafen gemäß § 14 HGB. zu erzwingen. Keine Anmeldungspflicht trifft den Geschäftsinhaber im Fall der Eröffnung, Einstellung und Aufhebung des Konkurses. Sie hat der Urkundsbeamte der Geschäftsstelle des Konkursgerichts von Amts wegen zum Handelsregister anzuzeigen und sie sind dann von Amts wegen in das Handelsregister einzutragen (§ 32 S. 1 und 2 HGB.). Anzumelden sind weiter zur Eintragung jede Erhöhung und Herabsetzung des Grundkapitals der Aktiengesellschaft (§§ 284, 289 Abs. 1 HGB.), und zwar von sämtlichen Mitgliedern des Vorstands und Aufsichtsrats sowie jede Satzungsänderung; in diesem letzten Falle genügt Anmeldung durch den Vorstand (§ 277 HGB.). Ähnlich sind auch bei den eingetragenen Genossenschaften (§ 16 GenG.) und bei den GmbH. alle Satzungsänderungen, insbesondere Erhöhungen der Leistungspflicht bzw. Erhöhung und Herabsetzung des Stammkapitals durch sämtliche Vorstandsmitglieder bzw. Geschäftsführer (§ 58 GmbHG.) zum Genossenschafts- bzw. Handelsregister anzumelden.

C. Anmeldung zwecks Wahrung von Rechten.

I. Im bürgerlichen Recht gehören hierher folgende Tatbestände: a) Melden die Nachlaßgläubiger im Aufgebotsverfahren ihre Forderungen nicht rechtzeitig an, so treffen sie erhebliche Nachteile (§§ 1970—1974 BGB. und Art. Aufgebotsverfahren IIe HdR. I S. 360). — b) Nach § 2061 BGB. kann jeder Miterbe die Nachlaßgläubiger öffentlich auffordern, ihre Forderungen binnen 6 Monaten bei ihm oder bei dem Nachlaßgericht anzumelden. Durch dieses im Deutschen Reichsanzeiger und in dem für die Bekanntmachungen des Nachlaßgerichts bestimmten Blatt zu veröffentlichende Privataufgebot sichert der Miterbe sich selbst und zugleich den übrigen Miterben die Teilhaftung. — c) Vor Ausstellung eines Erbscheins kann das Nachlaßgericht eine öffentliche Aufforderung zur Anmeldung der anderen Personen zustehenden Erbrechte erlassen (§ 2358 BGB.). — d) Der Feststellung des Erbrechts des Fiskus muß unter Bestimmung einer Anmeldungsfrist eine öffentliche Aufforderung zur Anmeldung der Erbrechte vorausgehen. Die Anmeldefrist muß mindestens sechs Wochen betragen (§ 1965 Abs. 1 BGB. und § 950 ZPO.). Ein Erbrecht bleibt unberücksichtigt, wenn nicht dem Nachlaßgericht binnen 3 Monaten nach dem Ablauf der Anmeldefrist sein Bestehen nachgewiesen wird oder wenn es nicht klagweise gegen den Fiskus geltend gemacht ist (§ 1965 Abs. 2 S. 1 BGB.). — e) Die Anmeldung eines Anspruchs im Konkurs bewirkt nach den §§ 209 und 214 BGB. eine Unterbrechung der Verjährung.

II. Die Geltendmachung von Ansprüchen herbeizuführen bezweckt das Aufgebotsverfahren (9. Buch der ZPO. §§ 946ff.). In allen den zahlreichen Einzelfällen desselben (vgl. Art. Aufgebotsverfahren HdR. I S. 356) hat die Unterlassung der rechtzeitigen Anmeldung einen Rechtsnachteil, entweder gänzlichen Rechtsverlust oder eine bloße Erschwerung der Rechtsverfolgung zur Folge. Die Anmeldung ist die dem Gericht gegenüber abgegebene Erklärung, dem Anmeldenden stehe ein Anspruch oder ein Recht zu, das durch das Aufgebot ausgeschlossen werden könnte (Stein-Jonas, Komm. z. ZPO., Anm. zu § 951). Eine Begründung ist nicht erforderlich, die Anmeldung bezweckt nicht die Verwirklichung, sondern nur die ungeschmälerte Erhaltung des Rechts. Eine ursprünglich mangelhafte Begründung kann daher später verbessert werden (OLG. Karlsruhe in OLGRspr. 42, 22). Die Anmeldung kann vor dem Termin schriftlich oder zu Protokoll des Urkundsbeamten der Geschäftsstelle des Amtsgerichts sowie auch noch im Aufgebotstermin selber erklärt werden, alsdann ist sie im Sitzungsprotokoll aufzunehmen. Selbst nach Schluß des Aufgebotstermins kann die Anmeldung noch rechtzeitig erfolgen, nur darf das Ausschlußurteil noch nicht verkündet sein. Erfolgt rechtzeitig eine Anmeldung im engeren und eigentlichen Sinne, d. h. eine solche, die das materielle Recht des Antragstellers bestreitet, z. B. es meldet sich beim Aufgebot eines Grundstücks (§ 977 ZPO.) der angebliche Eigentümer oder bei einem Hypothekenaufgebot (§§ 982ff.) der angebliche Gläubiger, so darf das Aufgebotsverfahren nicht über das materielle Recht des Anmeldenden entscheiden. Das Gericht hat vielmehr nach Lage des Falles zu bestimmen, ob das angemeldete Recht (Anspruch) unter Erlaß eines Ausschlußurteils gegen alle übrigen Beteiligten vorzubehalten oder ob das Verfahren bis zur Entscheidung über das angemeldete Recht auszusetzen sei (§ 953 ZPO.). Ist ein angemeldetes Recht (Anspruch) trotz rechtzeitiger Anmeldung in dem Ausschlußurteil nicht dem Gesetz entsprechend berücksichtigt, so kann der unberücksichtigt gebliebene Anmelder das Ausschlußurteil durch eine gegen den Antragsteller zu erhebende Klage anfechten (§ 957 Abs. 2 Z. 5 ZPO.).

III. Im Konkurse können die Konkursgläubiger gemäß § 12 KO. ihre Forderungen auf Sicherstellung oder Befriedigung aus der Konkursmasse nur durch schriftliche oder auch zu Protokoll des Urkundsbeamten der Geschäftsstelle angebrachte Anmeldung geltend machen (§§ 138ff. KO.). Wegen der Einzelheiten vgl. Art. Konkursrecht III 4, HdR. III, 682ff.

Rudolf Bovensiepen.

Annahme an Kindesstatt s. Kindesstatt, Annahme an (in diesem Erg.-Bd.).

Anzeige, Anzeigepflicht.

(HdR. I, 245.)

Zu Nr. 8: Eine Anzeigepflicht nach dem Vorbilde § 139 StGB. besteht jetzt auch nach dem G. vom 25. III. 1930 zum Schutze der Republik (RGBl. I, 91) § 2. Im Falle § 1 (3) macht die Anzeige straffrei.

Vgl. auch Art. „Anmeldung" oben S. 41ff.

Karl Friedrichs.

Anzeigenrecht s. Reklamerecht (in diesem Erg.-Bd.).

Arbeiterversicherung.

(HdR. I, 263.)

Zu I. Auf dem durch die RVO. geregelten Gebiet der Arbeiterversicherung ist der Kreis der versicherungspflichtigen Personen in der Krankenversicherung und in der Unfallversicherung durch neuere Gesetze erweitert worden. In der KV. ist durch das 3. G. über Änderung des 2. Buches der RVO. vom 15. VII. 1927 (RGBl. I, 219) die Versicherungsgrenze für Angestellte und Hausgewerbtreibende sowie für Schiffer auf Fahrzeugen der Binnenschiffahrt auf 3600 RM. erhöht worden. Durch das 3. G. über Änderungen in der UV. vom 20. XII. 1928 (RGBl. I, 405) ist die UV. nicht nur auf weitere Betriebe, sondern auch auf Tätigkeiten, die nicht wirtschaftlicher Natur sind, erstreckt worden. Der Betrieb der Feuerwehren und Betriebe zur Hilfeleistung bei Unglücksfällen, die Tätigkeiten bei einer Lebensrettung, ferner Krankenhäuser, Heil- und Pflegeanstalten, Entbindungsheime u. dgl., Einrichtungen und Tätigkeiten in der öffentlichen und freien Wohlfahrtspflege und im Gesundheitsdienste, ferner Laboratorien, endlich der Betrieb der Schauspielunternehmungen, Schaustellungen, Musikaufführungen usw. sowie der Lichtspiele und die Rundfunksendebetriebe unterliegen jetzt der Versicherung. Auch der kaufmännische und verwaltende Teil eines Betriebs, sofern er den Zwecken des versicherten technischen Betriebs dient, ist unter gewissen weiteren Voraussetzungen in die Versicherung einbezogen worden.

Zu II. Die Versicherungsleistungen in der KV. sind auf dem Gebiete der Wochenhilfe und des Schutzes der Schwangeren durch das 2. G. über Abänderung des 2. Buches der RVO. vom 9. VII. 1926 (RGBl. I, 407) sowie durch das G. über Wochenhilfe vom 18. V. 1929 (RGBl. I, 98) erweitert worden. Bemerkenswert ist die Vorschrift, wonach die Schwangere für die Zeit vor der Entbindung ein Wochengeld in Höhe von drei Viertel des Grundlohns erhält, solange sie keine Beschäftigung gegen Entgelt ausübt. Durch das G. über die KV. der Seeleute vom 16. XII. 1927 (RGBl. I, 337) ist die Krankenfürsorge für die Seeleute neu geregelt worden. Der Seemann hatte bisher nur für sich einen seerechtlichen Anspruch auf Krankenfürsorge durch den Reeder. Jetzt erhält er außer dem Anspruch auf Reederfürsorge noch den versicherungsrechtlichen Anspruch für sich und seine Angehörigen auf Kassenleistungen, insbesondere auch auf Familienhilfe, somit auf Kassenfürsorge. Durch die 2. V. über Ausdehnung der UV. auf Berufskrankheiten vom 11. II. 1929 (RGBl. I, 27) sind nunmehr 22 gewerbliche Berufskrankheiten in die UV. einbezogen. In der UV. und in der InvV. sind die Vorschriften über Kinderzulagen und Kinderzuschüsse einander einheitlich angepaßt worden (G. zur Änderung der RVO. und des AVG. vom 25. VI. 1926 — RGBl. I, 311). Kinderzulagen und Kinderzuschüsse werden für jedes Kind in der Regel bis zum vollendeten 15. Lebensjahre und im Falle von Schul- und Berufsausbildung darüber hinaus bis zum vollendeten 21. Lebensjahre und für gebrechliche Kinder für die Dauer der Gebrechlichkeit gewährt. Weitere erhebliche Veränderungen sind durch die VO. vom 26. VII. 1930 eingetreten, über die unter dem Stichwort „Krankenversicherung" gehandelt wird.

Zu III. Versicherungsträger für die KV. der Seeleute in Großbetrieben der Seeschiffahrt ist die neu — als Abteilung der Seekasse — errichtete Seekrankenkasse, während die Seeleute in den Kleinbetrieben der Seeschiffahrt den sonstigen Krankenkassen angehören.

Zu V. Auf dem Gebiete des Verfahrens werden gewisse Streitigkeiten zwischen Berufsgenossenschaften und Versicherungsgenossenschaften untereinander oder mit Unternehmern, z. B. bei Auseinandersetzungen über das Vermögen, über die Zuweisung oder Zugehörigkeit eines Betriebs usw. nicht mehr durch die Versicherungsbehörden, sondern durch berufsgenossenschaftliche Schiedsstellen entschieden (3. G. über Änderungen in der UV. vom 20. XII. 1928 — RGBl. I, 405). Zurzeit bestehen 2 solche Schiedsstellen, die eine beim Verband der Deutschen Berufsgenossenschaften, die andere beim Verband der deutschen landwirtschaftlichen Berufsgenossenschaften. Durch die 2. V. über Ausdehnung der UV. auf Berufskrankheiten vom 11. XII. 1929 (RGBl. I, 27) ist für gewisse Übergangsfälle beim Reichsversicherungsamt ein Senat für Berufskrankheiten gegründet worden, dem auch ein Arzt als Mitglied angehört.

VI. An Stelle der die Sozialversicherung ergänzenden Erwerbslosenfürsorge ist die Arbeitslosenversicherung getreten (G. über Arbeitsvermittlung und Arbeitslosenversicherung in der Fassung vom 12. X. 1929, RGBl. I, 153). Unter sie fällt in erster Linie, wer der Krankenversicherungspflicht unterliegt, und dann aber auch, wer nur wegen Überschreitens der Verdienstgrenze aus der KV. herausfällt, aber angestelltenversicherungspflichtig ist, endlich noch die Angestellten in höherer oder leitender Stellung, die auf Grund des AVG. zwangsversichert sind. Gewisse Beschäftigungen sind versicherungsfrei, z. B. in der Land- und Forstwirtschaft, in der Binnen- und Küstenfischerei usw. Eine freiwillige Versicherung gibt es nur als Weiterversicherung für Angestellte, die wegen Überschreitens der Versicherungsgrenze aus der AV. ausscheiden.

Die Leistungen der Arbeitslosenversicherung zerfallen in versicherungsmäßige Leistungen und in Leistungen der Krisenfürsorge. Zu den ersteren gehören die Arbeitslosenunterstützung, die Krankenversicherung, die Invaliden-, Angestellten- und knappschaftliche Pensionsversicherung Arbeitsloser durch das Arbeitsamt sowie die Kurzarbeiterunterstützung. Arbeitslosenunterstützung erhält, wer arbeitsfähig, arbeitswillig, aber unfreiwillig arbeitslos ist, die Anwartschaft erfüllt und den Anspruch auf Arbeitslosenunterstützung noch nicht erschöpft hat. Die Krisenunterstützung kann gewährt werden im Falle einer andauernd besonders ungünstigen Arbeitsmarktlage, wenn der Arbeitslose den Anspruch auf Arbeitslosenunterstützung erschöpft hat oder die Anwartschaftszeit nicht erfüllt hat, aber wenigstens 13 Wochen in einer versicherungspflichtigen Beschäftigung gestanden hat und bedürftig ist. Für die Höhe der Arbeitslosenunterstützung — und ähnlich für die der Krisenunterstützung — ist die Zugehörigkeit des Versicherten zu einer der 11 Klassen maßgebend, die das Gesetz nach der Höhe des zuletzt bezogenen Entgelts gebildet hat.

In Verbindung mit der Arbeitslosenversicherung besteht die Arbeitslosenvermittlung und die Beschaffung zusätzlicher Arbeitsgelegenheit durch die wertschaffende Arbeitslosenfürsorge.

Die Aufbringung der Mittel für die Arbeitslosenversicherung geschieht durch Beiträge, welche die Versicherten und ihre Arbeitgeber je zur Hälfte zu leisten haben. Die freiwillig Weiterversicherten haben ihre Beiträge allein zu zahlen. Der Aufwand für die Krisenunterstützung fällt zu vier Fünfteln dem Reich, zu einem Fünftel den zuständigen Gemeinden zur Last.

Versicherungsträger ist die unter Aufsicht des RAM. stehende Reichsanstalt für Arbeitsvermittlung und Arbeitslosenversicherung in Berlin. Das Verfahren in der Arbeitslosenversicherung zerfällt in das Unterstützungsverfahren und in das Verfahren in sonstigen Angelegenheiten. Der Arbeitslose hat den Antrag auf Unterstützung persönlich bei dem Arbeitsamt zu stellen. Über Gewährung oder über Entziehung der Unterstützung entscheidet der Vorsitzende des Arbeitsamtes. Gegen seine Entscheidung kann Einspruch beim Spruchausschusse des Arbeitsamtes und gegen dessen Entscheidung unter gewissen Voraussetzungen Berufung, und zwar sowohl vom Arbeitslosen wie auch vom Vorsitzenden und von jedem Beisitzer des Spruchausschusses, beim OVA. — Spruchkammer für Arbeitslosenversicherung — eingelegt werden. Die Spruchkammer entscheidet endgültig, sofern nicht die Auslegung einer Gesetzesvorschrift von grundsätzlicher Bedeutung oder die Abweichung einer vom RVA. getroffenen und veröffentlichten grundsätzlichen Entscheidung in Frage steht. In diesen Fällen entscheidet der beim RVA. gebildete Spruchsenat für Arbeitslosenversicherung.

Für das Verfahren in sonstigen Angelegenheiten kommen als Instanzen die Vorsitzenden des Arbeitsamtes oder Landesarbeitsamtes, die Verwaltungsausschüsse dieser Behörden sowie der Präsident, der Vorstand und der Verwaltungsrat der Reichsanstalt in Betracht. Außerdem gibt es noch ein Beschlußverfahren, das sich nach den Regeln des Beschlußverfahrens in der KV. vollzieht, und ein Befreiungsverfahren.

Vgl. des Näheren den Einzelartikel „Arbeitslosenversicherung".

Schrifttum:

A. Systematische Darstellungen: Leitfaden der Deutschen Sozialversicherung, bearbeitet von Mitgliedern des Reichsversicherungsamts (Neubearbeitung 1930), Berlin 1930. — Schulz, Die Deutsche Sozialversicherung, 3. Aufl., Berlin 1929.

B. Kommentare, Handbücher, Textausgaben mit Anmerkungen: Reichsversicherungsordnung mit Anm., herausgegeben von Mitgliedern des Reichsversicherungsamts, 4 Bde., 2., neu bearbeitete Aufl., Berlin 1930. — Stier-Somlo, RVO., Handkommentar, 4. Aufl., München 1929. — Lippmann, Die RVO., Textausgabe mit Anm., 2. und 3. Erg.-Bd., Berlin und Leipzig 1928, 1929. — Hahn-Kühne, Handbuch der Krankenversicherung, Berlin 1929. — Hoffmann, 9. Aufl., Berlin 1930.

C. Entscheidungssammlungen: Amtliche Nachrichten für Reichsversicherung (neue Folge der Amtl. Nachr. d. RVA.), als Teil IV des Reichsarbeitsblatts, Berlin 1928ff.

D. Zeitschriften: Die Reichsversicherung, München 1927ff. — Zentralblatt für Reichsversicherung und Reichsversorgung, Stuttgart und Berlin 1930. — „Arbeiterversorgung" Berlin.

Karl Lippmann.

Arbeitslosenversicherung.

Vorbemerkung. In dem ersten Erscheinungsjahr des HdR. gab es noch keine ArblV. Es ist deshalb erst nach ihrer Einführung unter dem Titel „Sozialversicherung, insbesondere ArblV." in Bd. V S. 555 in einem alle Arten der Sozialversicherung überblickenden Artikel eine ganz knappe Andeutung von der ArblV. gegeben worden. Nachdem inzwischen die Gesetzgebung zu sehr erheblichen Änderungen und Erweiterungen gelangt ist, findet hier eine zusammenfassende Darstellung statt.

I. Geschichtliche Entwicklung und Grundproblem.

1. Die Erwerbslosenfürsorge (s. Art. hierüber in HdR. Bd. II S. 346—362) hat sich auf die Dauer nicht bewährt. Im Jahre 1926 stellte die gesetzliche Regelung eine Mittelstufe dar zwischen Fürsorge und Versicherung. Sie hatte aber den Personenkreis, den sie für beitragspflichtig erklärte, bereits nach Gesichtspunkten abgegrenzt, die auch für eine künftige ArblV. maßgebend sind. Sie ging von dem Umfang der Krankenversicherungspflicht aus. Sie wich von ihm nur ab, wo es unerläßlich geboten erschien. So schränkte sie ihn ein, wenn die Arbeitsverhältnisse als ungewöhnlich beständig gelten konnten (Lehrlinge, Deputanten) oder der Arbeitsmarkt einer Berufsart hervorragend günstig lag (Hausgehilfen, ländliches Gesinde) oder der Lebensunterhalt anderweitig gesichert erschien (landwirtschaftliche Kleinbesitzer). Andererseits dehnte die Arbeitslosenfürsorge den Personenkreis über den Umfang der KV. noch auf Seeleute aus, die zwar nicht krankenversicherungspflichtig, aber hilfsbedürftig für den Fall der Arbeitslosigkeit waren, und sie erfaßte seit dem 1. I. 1926 auch die Angestellten, die nicht mehr der KV., aber noch der AV. unterliegen. Beitragspflicht und Unterstützung standen in der Erwerbslosenfürsorge noch unverbunden nebeneinander. Sie beschränkte zwar die Arbeitslosenunterstützung grundsätzlich auf solche Personen, die in den letzten 12 Monaten während dreier Monate krankenversicherungspflichtig waren. Da mit dem Beitrag zur KV. regelmäßig auch der Beitrag zur Erwerbslosenfürsorge entrichtet wurde, war der Unterstützungsempfänger im allgemeinen auch an der Aufbringung der Mittel für die Erwerbslosenfürsorge beteiligt. Abweichungen von dieser Übereinstimmung waren aber nicht ausgeschlossen. So sind landwirtschaftliche Arbeitnehmer zum großen Teil von der Beitragspflicht zur Erwerbslosenfürsorge befreit gewesen, konnten aber, falls sie arbeitslos wurden, in den Genuß der Unterstützung gelangen; andererseits sind alle Jugendlichen, auch die unter 18 Jahren, beitragspflichtig gewesen, die Unterstützung wurde ihnen jedoch nicht durchweg gewährt. Maßgebend war für die Unterstützung das Prinzip der Fürsorge. Ein Rechtsanspruch auf sie bestand nicht. Diese wurde nur bei Bedürftigkeit gewährt. Die Unterstützung trat erst dann und nur insoweit ein, als die Einnahmen des Arbeitslosen und seiner im gleichen Haushalt lebenden Familienangehörigen nicht ausreichten, um den notwendigen Lebensunterhalt zu bestreiten. Diese Bedürftigkeitsprüfung wurde von den beitragspflichtigen Arbeitnehmern als drückend und ungerechtfertigt abgelehnt. Eine weitere Unzulänglichkeit der Erwerbslosenfürsorge lag darin, daß sie keine klare Begriffsbestimmung des Schadensfalls enthielt, nämlich der objektiven Arbeitslosigkeit, die nicht auf persönliche Gründe zurückzuführen war,

sondern durch Störung des Gleichgewichts zwischen Angebot und Nachfrage auf dem Arbeitsmarkte verursacht war. Sie erklärte nur diejenigen Erwerbslosen für unterstützungsfähig, die arbeitswillig waren und deren Arbeitslosigkeit als Kriegsfolge erkennbar war. Innerhalb dieser Grenzen war die Entscheidung der Praxis überlassen. Schließlich nahm die Erwerbslosenfürsorge schon die Organe in Anspruch, auf denen später weitergebaut werden mußte, nämlich die Träger der KV. für das Beitragsverfahren und die öffentlichen Arbeitsnachweise.

2. Bei Einführung der ArblV. waren zwei Grundfragen zu lösen, einmal ob eine Arbeitslosenfürsorge oder eine ArblV. entstehen soll und ferner ob Genter System oder Zwangsversicherung zur Einführung zu gelangen habe. Beide Fragen sind in dem Sinne der zweiten Alternative beantwortet worden. So schließt das G. über Arbeitsvermittlung und ArblV. vom 16. VII. 1927 — AVAVG. — (RGBl. I S. 187), soweit die ArblV. in Betracht kommt, eine Entwicklung ab, die durch Bemühungen gekennzeichnet ist, die Arbeitslosigkeit durch staatliche Maßnahmen zu erfassen, zu mildern und möglichst unschädlich zu machen. Das AVAVG. ist geändert worden

a) durch Art. 4 des G. über die KV. der Seeleute vom 18. XII. 1927 (RGBl. I S. 337), bedingt durch die Ausdehnung der KV. auf Seeleute. Dabei wurden die §§ 69, 77, 78, 85, 113, 123, 145, 147, 148, 150, 158, 164, 165 AVAVG. geändert, die §§ 76, 166 gestrichen. Es handelte sich im wesentlichen um Einzelheiten des Beitragsverfahrens;

b) durch G. über die Weitergeltung von Übergangsbestimmungen in der ArblV. und in der Krisenunterstützung vom 23. III. 1928 (RGBl. I S. 109), mit einer Änderung des § 240 AVAVG.; diese Übergangsvorschrift hat heute keine Bedeutung mehr;

c) durch G. über eine Sonderfürsorge bei berufsüblicher Arbeitslosigkeit vom 24. XII. 1928 (RGBl. 1929 I S. 1). Die §§ 141 und 181 wurden geändert, die §§ 101a und 167a eingefügt. Es handelt sich hier um eine Neuregelung der Arbeitslosenunterstützung bei berufsüblicher Arbeitslosigkeit. Aber diese Novelle, deren Geltung von vornherein befristet war, ist am 30. IX. 1929 auch formell wieder außer Kraft getreten;

d) durch das G. zur Änderung des AVAVG. vom 12. X. 1929 (RGBl. I S. 153). Es waren Schwierigkeiten entstanden, die in der Eigenart des einzelnen Versicherungsfalls und in der Besonderheit des finanziellen Risikos lagen, das die Arbeitslosigkeit als Gesamterscheinung darstellt. Es wurden drei Ziele verfolgt: Bekämpfung von Mißbräuchen und Mißständen in der ArblV., Verstärkung ihres finanziellen Aufbaues, Vereinfachung und Verbilligung von Verfahren und Verwaltung ohne grundsätzliche Veränderungen. Was den ersten Punkt angeht, so hat die Regelung der Arbeitslosenunterstützung der in Saisonbetrieben Beschäftigten im Vordergrund gestanden, man hat auch sonst wichtige Neuerungen eingeführt; so sind Verfahrens- und Verwaltungsvorschriften verbessert. Das finanzielle Problem aber wurde nicht bewältigt. Es war und blieb von grundsätzlicher Bedeutung (vgl. Begr. zum G. vom 12. X. 1929 S. 2f.):

Man hat schon immer darauf hingewiesen, daß das Risiko der Arbeitslosigkeit sehr viel stärkeren Schwankungen unterworfen ist als das Risiko irgendeiner anderen Sozialversicherung und daß die Möglichkeit einer zuverlässigen Prognose sehr viel geringer ist. Beides sind Tatsachen, die eine zuverlässige finanzielle Gestaltung der ArblV. außerordentlich erschweren. Das G. vom 16. VII. 1927 hat den Schwankungen im Umfang des Risikos vor allem dadurch Rechnung zu tragen gesucht, daß es die Arbeitslosigkeit nicht in ihrem vollen Umfang versichert hat, sondern nur dann, wenn ihr eine Beschäftigung von bestimmter Dauer vorausgegangen ist (§ 95) und auch nur, solange die Arbeitslosigkeit eine bestimmte Dauer nicht überschreitet (§ 99). Soweit dem sozialen Bedürfnis damit nicht genügt ist, soll die Krisenfürsorge und in letzter Linie die öffentliche Fürsorge ergänzend eintreten. Eine Prognose für die künftige Entwicklung des Arbeitsmarkts hat der Gesetzgeber nicht unternommen. Die Begr. zum G. vom 16. VII. 1927 versuchte vielmehr nur zu berechnen, wie sich die Einnahmen und die Ausgaben der Versicherung voraussichtlich gestalten würden. Dabei schätzte sie das monatliche Beitragsaufkommen bei dem Höchstbeitrage von 3% des Arbeitsentgelts auf 49,2 Mill. RM., den Gesamtaufwand auf den Kopf des unterstützten Arbeitslosen auf 70,76 RM. im Monat. Sie kam auf Grund dieser Schätzungen zu dem Ergebnis, daß aus dem Höchstbeitrage von 3% die laufende Unterstützung von etwa 700000 Arbeitslosen getragen werden könne (Reichstagsdrucksache Nr. 2885 S. 49ff., insbesondere S. 70). Die Wirklichkeit ist über die Schätzungen des Entwurfs sowohl auf der Einnahme- wie auf der Ausgabeseite hinausgegangen. Das Beitragsaufkommen der Reichsanstalt belief sich bei dem Höchstbeitrage von 3% nicht auf 49,2 Mill., sondern schon im Durchschnitt des Kalenderjahrs 1928 auf etwa 68,6 Mill. RM. Die Einnahmen hatten steigende Tendenz und konnten Ende September 1929 auf

70 Mill. RM. im Monatsdurchschnitt veranschlagt werden. Auf der anderen Seite sind allerdings auch die Ausgaben auf den Kopf des Unterstützten höher geworden, als es der Entw. angenommen hatte. Nach den Ergebnissen des Kalenderjahrs 1928 betrug der reine Unterstützungsaufwand in diesem Jahre auf den Kopf des unterstützten Arbeitslosen rund 68 RM. und der Gesamtaufwand, bei dem zu dem reinen Unterstützungsaufwande noch die KV., die wertschaffende Arbeitslosenfürsorge und die anderen Maßnahmen zur Verhütung und Beendigung der Arbeitslosigkeit treten, sowie die Kosten der Arbeitsvermittlung, Berufsberatung und der Verwaltung, 85,50 RM. im Monat. Trotzdem ist das Ergebnis aus Einnahmen und Ausgaben der Reichsanstalt, daß die Höchstzahl der Arbeitslosen, die aus den laufenden Beiträgen unterstützt werden können, sich nicht unwesentlich erhöht. Aus den Einnahmen des Kalenderjahres 1928 konnten 803000 Arbeitslose laufend unterstützt werden, statt der 700000, mit denen der Entwurf gerechnet hatte. Dennoch bot die finanzielle Entwicklung der ArblV. in den 22 Monaten seit ihrem Beginne kein günstiges Bild. Schon ihr erstes Lebensjahr, die Zeit vom 1. X. 1927 bis zum 30. IX. 1928, hat mit einem Defizit von 14 Mill. RM. abgeschlossen, wenn man nur die laufenden Einnahmen und die laufenden Ausgaben miteinander vergleicht. Dieses Defizit ist damals nicht in Erscheinung getreten, weil die ArblV. die Morgengabe des Reichs in Höhe von 50 Mill. RM. bekommen und außerdem von der Erwerbslosenfürsorge das übernommen hatte, was in dem günstigen Jahre 1927 an Beitragsüberschüssen angesammelt war. Das Ergebnis war, daß dieses Defizit von 14 Mill. RM. gedeckt werden konnte und daß das neue Lebensjahr der Versicherung, also der 1. X. 1928, mit einem Vermögensstande von 89 Mill. RM. erreicht wurde.

Dieser Vermögensstand ist bis in den November 1928 hinein auf 109 Mill. RM. weitergewachsen. Diese 109 Mill. RM. waren der Rückhalt, mit dem die Versicherung in den Winter 1928/29 eingetreten ist. Sie waren bis zum Januar verzehrt. Dann kam der außerordentliche Anstieg der Ausgaben; zugleich erfuhren die Einnahmen eine Senkung, wie sie natürlich immer mit einer ungünstigen Lage des Arbeitsmarkts verbunden ist. Das Ergebnis war, daß die Anstalt neben den 109 Mill. RM. ihres eigenen Vermögens Reichsdarlehen beanspruchen mußte, die sich bis n den Juni 1929 hinein fortlaufend erhöhten und sich nach den neuesten Berechnungen auf insgesamt rund 265 Mill. RM. beliefen. Das macht mit den 109 Mill. RM. insgesamt 374 Mill. RM. aus, um die die laufenden Ausgaben der ArblV. die laufenden Einnahmen überstiegen haben. Der Betrag vermindert sich seit dem Juli durch Überschüsse, aber nur sehr langsam und nur sehr begrenzt, weil die Zahl der Arbeitslosen durch die politische und wirtschaftliche Entwicklung im Jahre 1929 wesentlich höher gehalten wurde als im vorigen. Sie hat aber 710000 nicht unterschritten.

Daneben stand die Sonderfürsorge des Reichs für die berufsübliche Arbeitslosigkeit nach dem G. vom 24. XII. 1928 (RGBl. 1929 I S. 1). Der Aufwand des Reichs für diese Sonderfürsorge hat nach den neuesten Feststellungen rund 105 Mill. RM. erreicht. Zählt man auch diesen Betrag hinzu und sieht man von den Rückflüssen ab, deren Umfang sich noch nicht übersehen läßt, so haben die Ausgaben in dem zweiten Haushaltsjahre der ArblV. ihre Einnahmen um 479 Mill. RM. überschritten. Dabei sind die Aufwendungen des Reichs und der Reichsanstalt für die Sonderfürsorge mit eingerechnet.

Die starke Beanspruchung von Reichsmitteln — 265 Mill. RM. in der Versicherung, 105 Mill. RM. in der Sonderfürsorge, zusammen rund 370 Mill. RM. — hat wesentlich dazu beigetragen, die ohnehin schwierige Kassenlage des Reichs in den Winter- und Frühjahrsmonaten des Jahres 1929/30 zu verschärfen. Es muß auch mehr als zweifelhaft erscheinen, ob das Reich in absehbarer Zeit in der Lage sein wird, in dem Umfang Darlehen an die Reichsanstalt zu geben, wie man das bei der Verabschiedung des Gesetzes noch für möglich halten durfte. Der deutsche Kapitalmarkt hat sich in den letzten Jahren nur langsam ausgeweitet. Seine Ergiebigkeit ist sehr begrenzt. Es ist gewiß theoretisch richtig, daß gerade in Zeiten wirtschaftlicher Krise die Volkswirtschaft Kapital, das sie sonst gebunden hält, freigibt. Aber für die besonderen Verhältnisse, unter denen der deutsche Kapitalmarkt noch für Jahre stehen wird, reicht das praktisch nicht aus, um der ArblV. den nötigen Rückhalt zu geben. Die Darlehenshilfe des Reichs kann nur für Fälle ernster Notlage oder zur Befriedigung vorübergehender Geldbedürfnisse in Anspruch genommen werden.

Man hatte vorgeschlagen, den Beitrag zur ArblV. um ½% zu erhöhen. Die Bedenken wirtschaftlicher und sozialer Art, die gegen jede Erhöhung der Versicherungsbeiträge sprechen, sind dabei gewürdigt worden. Es sollte nur eine befristete Erhöhung des Beitiags in Frage kommen.

Durch das G. vom 27. XII. 1929 (RGBl. I 244) ist bestimmt worden, daß der

Beitrag zur Reichsanstalt einheitlich 3½% des maßgebenden Arbeitsentgelts beträgt. Das G. war bis zum 30. VI. 1930 befristet.

Die Erhöhung des Beitrags um ½% bringt, so rechnete man, 140 Mill. im Jahre. Nimmt man diesen Betrag mit den 163 Mill. zusammen, die nach den Vorschlägen einer Sachverständigenkommission gespart werden sollen, so verwandelt sich der Fehlbetrag nach der Auffassung der Begründung in einen Überschuß von 24 Mill. RM. Dieser Überschuß sollte dazu dienen, die Rücklagen der ArblV. zu verstärken (vgl. über die finanziellen Fragen auch den Bericht des 9. Aussch. f. Soziale Angelegenheiten RTDr. Nr. 1355, RT. IV. Wahlperiode 1928 S. 12ff.).

Die Finanzen der Reichsanstalt hatten aber eine bedenkliche Entwicklung genommen. Mindestens seit dem Winter 1929 waren die Finanzen höchst beunruhigend. An und für sich hatten sich zwar die Beitragseinnahmen der Reichsanstalt durchaus günstig, ja über das erwartete Maß hinaus, gestaltet, und gestatteten die laufende Unterstützung von rund 800000 Arbeitslosen. Die Zahl derer aber, die tatsächlich unterstützt werden mußten, bevor die Novelle vom 12. X. 1929 eingebracht wurde, also von Mitte November 1928 bis Ende Mai 1929, war durchweg höher, und zwar während der längsten Zeit wesentlich höher. Der Notstock, von dem noch zu sprechen sein wird, den das AVAVG. vorgesehen hatte und der im Sommer 1928 noch in Höhe von 109 Mill. RM. angesammelt werden konnte, war im Januar 1929 bereits verbraucht. Infolgedessen mußte die Reichsanstalt in einem für das Reich sehr ungünstigen Augenblicke die Darlehenshilfe des Reichs nach § 163 in Anspruch nehmen. Diese Darlehen mußten unter dem doppelten Druck der sinkenden Konjunktur und des harten und langen Winters bis in den Juni hinein gewährt werden und erreichten schließlich die Höhe von 265 Mill. RM., obwohl die Reichsanstalt während dieser Zeit durch die Sonderfürsorge bei berufsüblicher Arbeitslosigkeit nach dem G. vom 24. XII. 1928 um mehr als 100 Mill. RM. entlastet wurde, die das Reich als Zuschuß beizusteuern hatte. Die Sommer- und Herbstmonate des Jahres 1929, während deren die Zahl der unterstützten Arbeitslosen nicht unter 700000 heruntergiging, schufen keinen genügenden Ausgleich. Die Abnahme, die die Schulden der Reichsanstalt während dieser Zeit erfahren hat, wurde auf 30 Mill. RM. geschätzt, und zwar viel zu gering geschätzt.

Die Zahl der Änderungen durch das G. vom 12. X. 1929 war in 74 Nummern zusammengefaßt; 55 Paragraphen des AVAVG. wurden geändert, 32 Paragraphen hinzugefügt und 5 beseitigt. Diese Novelle vom 12. X. 1929 kann den Anspruch erheben, eine Reform großen Stils darzustellen.

Entsprechend der Regelung des oben erwähnten Gesetzes vom 27. XII. 1929 war auch die Ordnung bezüglich des Beitragswesens unter der Zugrundelegung von 3½% des maßgebenden Arbeitsentgelts erfolgt.

e) Die Reform jedoch konnte nicht befriedigen und auf alle Fälle mußte für den 1. VII. 1930 eine neue Regelung Platz greifen. Sie geschah durch das G. zur Vorbereitung der Finanzreform vom 28. IV. 1930, welches bestimmt, daß der Beitrag zur Reichsanstalt bis auf weiteres für das Reichsgebiet einheitlich 3½% des maßgebenden Arbeitsentgelts beträgt. Die zeitliche Begrenzung des 30. VI. 1930 fällt weg, immerhin ist durch die Worte „bis auf weiteres" eine baldigst kommende Reform angedeutet. Die Lösung, die vorläufig gefunden worden ist, brachte Abs. I § 2 des G. vom 28. IV. 1930. Kann der Bedarf der Reichsanstalt für Arbeitsvermittlung und ArblV. aus den Beiträgen und aus dem Notstock nicht völlig gedeckt werden, obwohl der Beitrag rechtzeitig einheitlich für das Reichsgebiet festgesetzt ist, so gewährt das Reich Zuschüsse, deren Höhe alljährlich im Reichshaushalt festgesetzt wird. Für das Rechnungsjahr 1930 beträgt der Reichszuschuß 150 Mill. RM. Die bisherige Regelung war folgende. Die Träger der Kosten waren im Jahre 1926, als der Entwurf des AVAVG. an den Reichstag gebracht wurde, mit anderen Augen angesehen worden, als später und heute. Der Entwurf und auch das Gesetz waren bestrebt, die Träger der Versicherung finanziell selbständig zu machen. Sie sollten aus ihren Einnahmen ihre Ausgaben bestreiten. Nun ist das Risiko der Arbeitslosigkeit so unregelmäßig, daß es nötig ist, in Notzeiten außerordentliche Mittel aus anderen Quellen bereitzustellen. Das geschieht, soweit die reine Versicherung in Frage kommt, in der Form von Darlehen, so daß die Versicherungsträger von der finanziellen Verantwortung letzten Endes doch nicht entlastet sind. So weit liegt ihnen die Pflicht ob, für das Gleichgewicht von Einnahmen und Ausgaben zu sorgen. Diese finanzielle Selbständigkeit hat sich als eine der wichtigsten Grundsätze für eine gesunde Finanzwirtschaft aus den Erfahrungen der Sozialversicherung ergeben. Nach dem Gesetz werden nun grundsätzlich die Mittel der AV. durch Beiträge der Arbeitgeber und Arbeitnehmer aufgebracht (§ 142). Es geschieht dies aber unbeschadet der Kosten der Krisenversicherung, denn von dem notwendigen Aufwand, der durch die Krisenunterstützung entsteht, trägt vier Fünftel das

Reich. Den Rest des Aufwandes tragen die Gemeinden, in denen die örtliche Zuständigkeit zur Krisenunterstützung begründet ist. Aber die Aufbringung der Mittel der Versicherung geschieht durch die Arbeitgeber und Arbeitnehmer auch vorbehaltlich der Tatsache, daß der Aufwand für die Krankenversicherung der Arbeitslosen, für die Erhaltung der Anwartschaft in der Invaliden-, Angestellten- und knappschaftlichen Pensionsversicherung und für Maßnahmen zur Verhütung und Beendigung der Arbeitslosigkeit ebenso zu tragen ist wie die Krisenunterstützung, soweit es sich um Empfänger von Krisenunterstützung handelt. Die Gemeinde muß sogar Beträge der hier bezeichneten Art, die sie zu erstatten hat, der Reichsanstalt bis zum Ablaufe des Monats überweisen, der auf den Monat folgt, in dem die Anforderung der Reichsanstalt der Gemeinde zugeht. Wird die Frist nicht eingehalten, so ist der Betrag in Höhe von 2% über dem Reichsbankdiskontsatze zu verzinsen. Das Land ist sogar in diesem Falle berechtigt und auf Ersuchen des RAM. sogar verpflichtet, die rückständigen Beträge zwangsweise in den Haushalt der Gemeinde einzusetzen und für Abführung an die Reichsanstalt zu sorgen. Der Reichshaushalt setzt fest, wie hoch die Zuschüsse sind. Vor die Darlehen des Reichs sind Reichszuschüsse eingeschoben; dabei ist aber zu beachten, daß auf diese ein Rechtsanspruch der Reichsanstalt (wie er auf die Darlehen besteht), im Endergebnis deshalb nicht gegeben ist, weil die Höhe der Zuschüsse von Jahr zu Jahr im Reichshaushalt festgesetzt werden soll. Immerhin wird es nun von dem zukünftigen Gesetzgeber abhängen, wie er sich im einzelnen dazu stellt.

In bezug auf die Reformfrage enthält das G. vom 28. IV. 1930 zwei Forderungen, die sich an den Vorstand der Reichsanstalt und an die Reichsregierung richten.

§ 3 erklärt, um den Ausgleich zwischen Einnahmen und Ausgaben der Reichsanstalt zu erleichtern, soll der Vorstand der Reichsanstalt die erforderlichen Maßnahmen auf dem Wege der Verwaltung treffen. Gemeint sind dabei alle diejenigen Maßnahmen, zu denen es einer Änderung des Gesetzes nicht bedarf. Nach dieser Richtung soll der Vorstand „zum gleichen Zwecke der Reichsregierung Vorschläge zur Reform des Gesetzes unterbreiten". Man hat die Frage aufgeworfen, ob man aus diesem § 3 etwa folgern könnte, daß dem Vorstand dadurch Machtbefugnisse eingeräumt werden, die er nach dem AVAVG. nicht hat, daß er also etwa in irgendeiner Beziehung an die Stelle des Verwaltungsrats träte. Ich glaube, daß diese Frage zu verneinen ist. Gedacht hat man wahrscheinlich bei den Verwaltungsmaßnahmen an weitere Möglichkeiten der Beseitigung von mißbräuchlicher Inanspruchnahme der Leistungen, an Verbesserung des Einzugsverfahrens, an Ermäßigung der Verwaltungskosten und manches andere Ähnliche.

Das G. vom 28. IV. 1930 bestimmt im § 4 Folgendes: Übersteigt der tatsächliche Bedarf der Reichsanstalt sowohl die eigenen Mittel der Reichsanstalt wie auch die Reichszuschüsse, so hat das Reich der Reichsanstalt Darlehen zu gewähren, jedoch mit der Maßgabe, daß die Reichsregierung nach Prüfung weiterer Ersparnismöglichkeiten auf dem Wege der Gesetzgebung alsbald eine Gesetzesvorlage einzubringen hat, die entweder durch Erhöhung des Beitrages die Rückzahlung der Darlehen ermöglicht oder durch eine Reform des AVAVG. den Ausgleich zwischen Einnahmen und Ausgaben herstellt oder zur Deckung der für die Darlehen aufzuwendenden Beträge dem Reich die notwendigen Mittel zuführt. Hier handelt es sich um eine Forderung an die Reichsregierung. Voraussetzung soll sein, daß der tatsächliche Bedarf der Reichsanstalt sowohl ihre eigenen Mittel — unter Anrechnung des Notstocks, dem § 5 des G. 50 Mill. RM. zuführt — als auch die Reichszuschüsse, die nach § 2 II des G., wie wir gesehen haben, 150 Mill. für das Rechnungsjahr 1930 betragen, übersteigt. Man nimmt im allgemeinen zu optimistisch an, daß diese Voraussetzung für das Rechnungsjahr 1930 dann nicht zutrifft, wenn die Gesamtzahl der Hauptunterstützungsempfänger 1,2 Mill. nicht übersteigt; da aber mit dieser Möglichkeit immerhin zu rechnen ist, so haben der sozialpolitische Ausschuß und der Reichstag als Ergänzung die folgende Entschließung angenommen: Wenn die Entwicklung des Arbeitsmarktes bis zum 1. VI. 1930 die Besorgnis begründet, daß die Durchschnittszahl der Hauptunterstützungsempfänger im Haushaltsjahr 1930 höher sein wird als 1,2 Mill., so hat die Reichsregierung das im § 4 vorgesehene Gesetz zur Sicherung des Ausgleichs zwischen Einnahmen und Ausgaben der ArblV. so rechtzeitig vorzulegen, daß spätestens vom 1. VII. 1930 ab dieser Ausgleich gesichert ist.

Der § 5 des G. vom 28. IV. 1930 lautet: Dem Notstock der Reichsanstalt sind durch den Reichshaushalt für das Rechnungsjahr 1930 50 Mill. RM. aus der Industrieaufbringungsumlage, sowie das 1425 Mill. RM. übersteigende Lohnsteueraufkommen bis zum Höchstbetrage von 30 Mill. zuzuführen. Diese letztere Beziehung zwischen Lohnsteuer und ArblV. durfte nicht unerwähnt bleiben. Endlich bestimmt der § 6, daß die Verpflichtungen der Reichsanstalt aus den bis zum 31. III. 1930 ihr vom Reiche gewährten Darlehen bei der Beurteilung des Ausgleichs der Einnahmen und Ausgaben, wie dieser Ausgleich für die Zukunft geplant ist, nicht in Betracht kommen; d. h. diese Darlehen bleiben außerhalb der Berechnung.

Die Darstellung des heute geltenden Rechts der ArblV. erfolgt hier unter Berücksichtigung und Einarbeitung der sämtlichen hier erwähnten Novellen.

II. Geltendes Recht (vgl. auch I, 2 zu e).

1. Versicherungspflicht und Versicherungsfreiheit. Für den Fall der Arbeitslosigkeit ist versichert

A. wer auf Grund der RVO. oder des Reichsknappschaftsgesetzes für den Fall der Krankheit pflichtversichert ist;

B. wer auf Grund des AVG. pflichtversichert ist und der Pflicht zur KV. nur deshalb nicht unterliegt, weil er die Verdienstgrenze der KV. überschritten hat;

C. wer als Angestellter in höherer oder leitender Stellung auf Grund des AVG. versichert ist, mit gewissen noch zu erwähnenden Ausnahmen.

Arbeitslos ist und hat daher Anspruch auf Arbeitslosenunterstützung, wer

a) arbeitsfähig, arbeitswillig oder unfreiwillig arbeitslos ist;

b) die Anwartschaftszeit erfüllt hat;

c) den Anspruch auf Arbeitslosenunterstützung noch nicht erschöpft hat.

Was diese einzelnen Merkmale angeht, so ist arbeitsfähig, wer imstande ist, durch eine Tätigkeit, die seinen Kräften und Fähigkeiten entspricht und ihm unter billiger Berücksichtigung seiner Ausbildung und seines bisherigen Berufs zugemutet werden kann, wenigstens ein Drittel dessen zu erwerben, was geistig und körperlich gesunde Personen derselben Art mit ähnlicher Ausbildung in derselben Gegend durch Arbeit zu verdienen pflegen. Es ist hier im Anschluß an den Begriff der Invalidität der der Arbeitsfähigkeit festgelegt (§§ 69, 87, 88 I). Im übrigen ist außerdem noch für arbeitslos erklärt, wer berufsmäßig überwiegend als Arbeitnehmer tätig zu sein pflegt, aber vorübergehend nicht in einem Beschäftigungsverhältnis steht und auch nicht den erforderlichen Lebensunterhalt durch selbständige Arbeit, insbesondere als Landwirt oder Gewerbetreibender, erwirbt oder durch Fortführung eines vorhandenen Betriebs erwerben kann oder im Betriebe des Ehegatten, der Eltern oder Voreltern, von Abkömmlingen oder Geschwistern den gemeinsamen Lebensunterhalt miterwirbt oder miterwerben kann, falls dies den Beteiligten nach Lage der Verhältnisse billigerweise zugemutet werden kann; das ist insbesondere anzunehmen, wenn die Beteiligten in häuslicher Gemeinschaft miteinander leben. Für die Frage, ob Arbeitslosigkeit vorliegt, bleiben gewisse vorübergehende Dienstleistungen außer Betracht. Die Arbeitswilligkeit ist zwar im wesentlichen Tatfrage, aber das Gesetz hat die Fälle der Weigerung ohne berechtigten Grund trotz Belehrung, eine Arbeit anzunehmen, und auch das Vorliegen oder Nichtvorliegen jenes Grundes besonders geregelt. Ein berechtigter Grund liegt nur vor, wenn für die Arbeit nicht der tarifliche oder, soweit ein solcher nicht besteht, der im Beruf ortsübliche Lohn gezahlt wird oder die Arbeit dem Arbeitslosen nach seiner Vorbildung oder früherer Tätigkeit oder seinem körperlichen Zustand oder mit Rücksicht auf sein späteres Fortkommen nicht zugemutet werden kann, oder die Arbeit durch Ausstand oder Aussperrung frei geworden ist, für die Dauer des Ausstandes und der Aussperrung, oder die Unterkunft gesundheitlich oder sittlich bedenklich ist oder endlich die Versorgung der Angehörigen nicht hinreichend gesichert ist. Unfreiwillige Arbeitslosigkeit erfordert eine Sonderprüfung sowohl der Arbeitslosigkeit, als ihrer Unfreiwilligkeit. Eine freiwillige ist möglich; deren rechtliche Folgen sind im Gesetz vorgesehen (§§ 89a, 90, 92—94).

Von der Versicherungspflicht sind ausgenommen gewisse land- und forstwirtschaftliche Beschäftigungen und solche in der Binnen- und Küstenfischerei; ländliches Gesinde, sogenannte Partenfischerei, Lehrlingsbeschäftigung mit gewissen Ausnahmen, Volksschulpflicht und solche Beschäftigung in der Seeschiffahrt, bei der der regelmäßige Jahresarbeitsverdienst die Grenzen der Angestelltenversicherungspflicht übersteigt. Auch geringfügige Beschäftigungen, deren Begriff das G. besonders umschrieben hat, und Zwischenmeister sind versicherungsfrei (§§ 70—75c). Auf Antrag des Arbeitgebers wird ferner eine Beschäftigung von der ArblV.-Pflicht befreit, wenn der Arbeitgeber seit mindestens einem Jahre vor dem Inkrafttreten des AVAVG. eine finanziell gesicherte Einrichtung zur Versorgung seiner Arbeitnehmer für den Fall der Arbeitslosigkeit unterhält und dem Arbeitnehmer hieraus bei Arbeitslosigkeit Rechtsansprüche auf Leistungen zustehen, die über die der ArblV. nach dem AVAVG. hinausgehen. Die Krisenunterstützung ist keine Leistung der ArblV. im Sinne dieser Bestimmung. Endlich ist Versicherungsfreiheit bei Beschäftigungen beim Grenzverkehr und bei gewissen ausländischen landwirtschaftlichen Wanderarbeitern vorgesehen.

2. Eine freiwillige Versicherung ist nur vorgesehen für Angestellte, die wegen Überschreitung der angestelltenversicherungspflichtigen Gehaltsgrenze aus der Versicherungspflicht ausscheiden. Sie sind zur Weiterversicherung berechtigt, müssen, wenn sie hiervon Gebrauch machen wollen, der zuständigen Krankenkasse binnen 3 Wochen nach dem Ausscheiden aus der versicherungspflichtigen Beschäftigung Anzeige machen (§ 86).

3. Die Versicherungsleistungen.

A. Arbeitslosenunterstützung. Sie setzt als Rechtsanspruch unfreiwillige Arbeitslosigkeit (§ 87 Ziff. 1, § 89a) mit folgenden Besonderheiten voraus. Wer seine Arbeitsstelle ohne wichtigen oder ohne berechtigten Grund aufgegeben oder durch ein Verhalten verloren hat, das zur fristlosen Entlassung berechtigt, erhält für 4 Wochen keine Arbeitslosenunterstützung. Diese Sperrfrist kann unter Umständen auf 2 Wochen abgekürzt werden (§§ 93, 93a, 93b). Arbeitslose, deren Arbeitslosigkeit durch einen inländischen Ausstand oder eine inländische Aussperrung verursacht ist, erhalten während des Ausstandes oder der Aussperrung keine Arbeitslosenunterstützung. In Fällen, in denen die Arbeitslosigkeit durch Ausstand oder Aussperrung mittelbar verursacht ist, namentlich bei Ausstand und Aussperrung außerhalb des Betriebs, des Berufskreises oder des Arbeits- oder Wohnorts des Arbeitslosen, sind die Arbeitslosen zu unterstützen, wenn die Verweigerung der Arbeitslosenunterstützung eine unbillige Härte wäre (§ 94 I, II). Neben der unfreiwilligen Arbeitslosigkeit setzt der Rechtsanspruch noch Arbeitsfähigkeit voraus (s. oben zu 1 und §§ 87 Ziff. 1, 88), Arbeitswilligkeit (§§ 90, 91, wobei der letztere von der Pflichtarbeit für arbeitslose Minderjährige handelt), Erfüllung der Anwartschaft und Nichterschöpfung des Anspruchs auf Arbeitslosenunterstützung. Was jene angeht, so ist die Anwartschaftszeit, falls die Unterstützung erstmalig nach Inkrafttreten des AVAVG. beantragt wird, erfüllt, wenn der Arbeitslose in den letzten 2 Jahren wenigstens 52 Wochen in einer versicherungspflichtigen Beschäftigung gestanden hat. Die 2 Jahre müssen dem Tage unmittelbar vorausgehen, an dem sich der Arbeitslose als solcher bei dem zuständigen Arbeitsamt erstmalig meldet (Arbeitslosmeldung). Für spätere Unterstützungen ist die Anwartschaftszeit erfüllt, wenn der Arbeitslose in den letzten 12 Monaten vor der Arbeitslosmeldung wenigstens 26 Wochen in einer versicherungspflichtigen Beschäftigung gestanden hat (§ 95 I). Für den Erwerb der Anwartschaft werden von einer versicherungspflichtigen Beschäftigung, während der die Arbeitszeit des Arbeitnehmers weniger als 24 Stunden in der Kalenderwoche betragen hat, 2 Arbeitstage für einen gerechnet. Das Gleiche gilt, wenn das Beschäftigungsverhältnis nicht während der ganzen Kalenderwoche bestanden und die Arbeitszeit weniger als 4 Stunden am Tage betragen hat. Hat der Arbeitnehmer gleichzeitig in mehreren Beschäftigungsverhältnissen gestanden, so sind die Arbeitszeiten zusammenzuzählen (§§ 96, 97, 98a). Was das Nichterschöpfen des Anspruchs auf Arbeitslosenunterstützung angeht, so gilt, daß die Unterstützung für insgesamt 26 Wochen gewährt ist. Sie darf dann erst wieder gewährt werden, wenn die Anwartschaftszeit von neuem erfüllt ist. Der Zeitpunkt, an dem der Anspruch erschöpft ist, wird durch die zeitweilige Nichtgewährung der Arbeitslosenunterstützung in bestimmt bezeichneten Fällen nicht hinausgeschoben (§§ 99, 100).

B. Neben der vollen Arbeitslosigkeit kann in den Fällen der Kurzarbeit (§ 130), der Gelegenheitsarbeit (§ 112) und im Rahmen der Maßnahmen zur Beendigung der Arbeitslosigkeit (§ 132 II und § 136) auch Teilbeschäftigung den Anspruch begründen. Kurzarbeiterunterstützung aus Mitteln der Reichsanstalt kann von dem Verwaltungsrat der letzteren mit Zustimmung des RAM. angeordnet oder zugelassen werden für Arbeiter, die in einer versicherungspflichtigen Beschäftigung stehen, aber in einer Kalenderwoche infolge Arbeitsmangels die in ihrer Arbeitsstätte übliche Zahl von Arbeitsstunden nicht erreichen und deswegen Lohnkürzungen unterworfen sind. Die Kurzarbeiterunterstützung darf nicht höher sein als die Arbeitslosenunterstützung, die der Kurzarbeiter erhielte, wenn er arbeitslos wäre. Kurzarbeiterunterstützung und Arbeitsentgelt dürfen zusammen $^5/_6$ des vollen Arbeitsentgelts nicht übersteigen. Was der Arbeitslose durch vorübergehende Dienstleistungen, die nicht der KV.-Pflicht unterliegen, durch geringfügige Beschäftigungen, die nicht der Pflicht der ArblV. unterliegen oder durch selbständige Arbeit von entsprechendem Umfang verdient, wird auf die Arbeitslosenunterstützung nicht angerechnet, soweit der Verdienst in einer Kalenderwoche 20 % desjenigen Betrages nicht übersteigt, den der Arbeitslose bei voller Arbeitslosigkeit an Unterstützung einschließlich der Familienzuschläge für die Kalenderwoche beziehen würde. Der Mehrverdienst wird zu 50 % angerechnet. Verdienst und Arbeitslosenunterstützung dürfen zusammen 150 % dessen nicht übersteigen, was dem Arbeitslosen in der Kalenderwoche als Unterstützung zustände, wenn er keinen Verdienst hätte.

C. Krisenfürsorge. In Zeiten andauernd besonders ungünstiger Arbeitsmarktlage hat der RAM. nach Anhörung des Verwaltungsrats der RAnst. die Gewährung der Arbeitslosenunterstützung als Krisenunterstützung abweichend von den Vorschriften über die Erfüllung der Anwartschaft, Gleichstellung der freiwilligen Weiterversicherung, Verkürzung der Anwartschaft, zeitliche Begrenzung der Arbeitslosenunterstützung (§§ 95—99) zuzulassen (s. § 101). Die Zulassung kann auf bestimmte Berufe oder Bezirke beschränkt werden. Die Krisenunterstützung erhalten Arbeitslose, die arbeitsfähig, arbeitswillig, aber unfreiwillig arbeitslos und bedürftig sind (sonst ist die Bedürftigkeit keine Voraussetzung der Arbeitslosenunterstützung) und entweder die Anwartschaftszeit nicht erfüllt haben, aber wenigstens 13 Wochen in einer versicherungspflichtigen Beschäftigung gestanden haben oder den Anspruch auf Arbeitslosenunterstützung nach § 99 erschöpft haben.

D. Die Höhe der Arbeitslosenunterstützung. Sie besteht aus der Hauptunterstützung und den Familienzuschlägen für Angehörige und bestimmt sich nach dem Arbeitsentgelte. Es bestehen 11 Lohnklassen bei einem wöchentlichen Arbeitsentgelte bis 10, 14, 18, 24, 30, 36, 42, 48, 54, 60 und mehr als 60 RM. Maßgebend ist das Arbeitsentgelt, das der Arbeitslose im Durchschnitt der letzten 26 Wochen oder, wenn das Arbeitsentgelt nach Monaten bemessen war, im Durchschnitt der letzten 6 Monate seiner Arbeitnehmertätigkeit vor der ersten Arbeitslosmeldung bezogen hat, die dem Erwerbe der Anwartschaft auf die Unterstützung folgte. Soweit er in dieser Zeit infolge Arbeitsmangels die in seiner Arbeitsstätte übliche Zahl von Arbeitsstunden nicht erreicht hat und deswegen Lohnkürzungen unterworfen war, ist das Arbeitsentgelt zu Grunde zu legen, das er ohne Kürzung der Arbeitszeit bezogen hatte. Die unentgeltliche Beschäftigung eines Lehrlings begründet die Zugehörigkeit zur Lohnklasse I. In jeder Lohnklasse wird der Bemessung der Unterstützung ein Einheitslohn zu Grunde gelegt, er beträgt in Klasse I—XI 8, 12, 16, 21, 27, 33, 39, 45, 51, 57, 63 RM. Die Hauptunterstützung beträgt in den Klassen I, II, III, IV 75, 65, 55, 47%; in den Klassen V und VI 40, in der Klasse VII 37,5, in den Klassen VIII—XI 35% des Einheitslohns. Als Familienzuschlag werden für jeden zuschlagsberechtigten Angehörigen 5% des Einheitslohns gewährt. Einschließlich der Familienzuschläge darf die Arbeitslosenunterstützung jedoch in den Klassen I und II 80, in der Klasse III 75, IV 72, in den Klassen V und VI 65, in der Klasse VII 62,5, in den Klassen VIII—XI 60% des Einheitslohns in keinem Falle übersteigen. Während einer berufsüblichen Arbeitslosigkeit erhalten Arbeitslose aus Berufen und Gewerben, in denen eine regelmäßig wiederkehrende Arbeitslosigkeit berufsüblich ist, in der Lohnklasse VII die Unterstützungssätze der Klasse VI, in den Lohnklassen VIII und IX die Unterstützungssätze der Klasse VII, in den Lohnklassen X und XI die Unterstützungssätze der Klasse VIII. Saisonarbeiter werden also anders behandelt. Errechnet sich die Höhe der Hauptunterstützung und des Familienzuschlags, abgesehen von Saisonarbeitern für einen Unterstützungstag einen höheren Unterstützungsbetrag als das durchschnittliche Arbeitsentgelt für einen Arbeitstag des Zeitraums, der für die Zugehörigkeit zur Lohnklasse maßgebend ist, so ist die Arbeitslosenunterstützung auf diesen Betrag, also auf die Lohnhöhe des Orts zu beschränken. Das gilt nicht für Arbeitslose, die nur als Lehrling beschäftigt werden. Auch eine Anpassung an die Lohnverhältnisse des Unterstützungsorts ist vorgesehen. Hat nämlich ein Arbeitsloser mehr als die Hälfte der Beschäftigungszeit, die für die Zugehörigkeit zu einer Lohnklasse maßgebend ist, in einem anderen Orte verbracht, als dem Orte, in dem die Unterstützung zu gewähren ist, so darf die Unterstützung nicht höher sein als sie nach den Lohnverhältnissen des Unterstützungsorts wäre. Es handelt sich um die Anpassung der Unterstützung an die Lohnverhältnisse des Unterstützungsorts. Ob Pendelarbeiter, die auswärts arbeiten und täglich in den Ort zurückkehren, in dem sie später Arbeitslosenunterstützung beanspruchen, hierunter fallen, ist streitig, doch zu bejahen (§§ 103—107, 107a, b, c). Eine gewisse Wartezeit ist für die Arbeitslosenunterstützung vorgesehen. Die Einzelvorschriften sind durch die Nov. vom 12. X. 1929 wesentlich geändert worden (§§ 110, 110a, 110b).

E. Die Krankenversicherung Arbeitsloser. Sie sind während des Bezugs der Hauptunterstützung für den Fall der Krankheit versichert. Für die KV. gelten die Vorschriften der RVO. über Pflichtversicherte, soweit nicht abweichende Vorschriften in den §§ 118ff. enthalten sind. Soweit es sich um die Rechte und Pflichten aus der KV. handelt, tritt an die Stelle der versicherungspflichtigen Beschäftigung der Bezug der Hauptunterstützung. Nach ihnen richten sich insbesondere Beginn und Ende der Mitgliedschaft. Soweit Ansprüche auf Leistungen der KV. für Angehörige des Versicherten davon abhängen, daß dieser den Angehörigen von seinem Arbeitsverdienst unterhalten hat, steht die Arbeitslosenunterstützung dem Arbeitsverdienste gleich. Scheidet ein Arbeitsloser aus der KV. aus, weil er keine Hauptunterstützung mehr bezieht, so stehen ihm die Ansprüche aus § 214 RVO. in derselben Weise zu, wie wenn er wegen Erwerbslosigkeit ausgeschieden wäre. Für die Berechnung des Grundlohns treten an die Stelle des auf den Kalendertag entfallenden Arbeitsentgelts 10 % des wöchentlichen Einheitslohns, vorbehaltlich anderer Bestimmung des RAM. Die Arbeitslosen sind Mitglieder der Allgemeinen Ortskrankenkasse, in deren Bezirk ihr Wohnort oder Aufenthaltsort liegt, der für die Zuständigkeit zur Gewährung der Unterstützung sonst maßgebend ist. Besteht für diesen Ort keine Allgemeine Ortskrankenkasse, so sind sie Mitglieder der Landkrankenkasse. Arbeitslose, die vor Eintritt der Arbeitslosigkeit auf Grund des Knappschaftsgesetzes gegen Krankheit versichert waren, sind Mitglieder der für den Sitz des Arbeitsamts zuständigen Bezirksknappschaft. Erstreckt sich der Bezirk des Arbeitsamts auf die Bezirke mehrerer Bezirksknappschaften, so sind die Arbeitslosen Mitglieder derjenigen Bezirksknappschaft, in deren Bezirk sie ihren Wohnort haben. Arbeitslose, die vor Eintritt der Arbeitslosigkeit bei der Seekrankenkasse versichert waren, bleiben Mitglieder der Seekrankenkasse. Neben Vorschriften über Ersatz der sonst zuständigen Kasse, über Verbleib von Arbeitslosen bei ihrer bisherigen Kasse und Ablehnung kassenfremder Mitglieder ist hervorzuheben, daß die Beiträge aus Mitteln der RAnst. bestritten werden. Meldungen, die nach der RVO. vom Arbeitgeber zu erstatten wären, liegen dem zuständigen Arbeitsamte ob. Soweit einem Arbeitslosen Ansprüche auf Leistungen der KV. zustehen, hat er die Rechte auf Kassenleistungen nach § 214 RVO. nicht; also findet keine Doppelleistung statt. Für unständig beschäftigte Mitglieder gelten die hier wiedergegebenen Bestimmungen nicht (§§ 117—128).

F. Eine besondere Regelung hat die Sicherstellung der Anwartschaften der Invaliden-, Angestellten- und knappschaftlichen Pensionsversicherung Arbeitsloser erfahren (§ 129); auch die Kurzarbeiterunterstützung gehört in diesen Kreis der Versicherungsleistungen (s. oben zu B).

4. Die Aufbringung der Mittel, welche die Reichsanstalt zur Durchführung ihrer Aufgaben einschließlich ihrer Verwaltungskosten benötigt, erfolgt grundsätzlich durch Beiträge der Arbeitgeber und Arbeitnehmer, nicht aber für die Krisenfürsorge (s. oben zu C) und für die KV., die Erhaltung der Anwartschaft in der Invaliden-, Angestellten- und knappschaftlichen Pensionsversicherung, endlich für Maßnahmen zur Verhütung und Beendigung der Arbeitslosigkeit (mit Ausnahme der Arbeitsvermittlung, soweit es sich um Empfänger der Krisenunterstützung handelt). Versicherungspflichtige und ihre Arbeitgeber entrichten nach dem G. vom 28. IV. 1930 3½ % des Arbeitsentgelts; für land- und forstwirtschaftliche Arbeiter ist eine Sonderbeitragspflicht vorgesehen (§§ 40, 125 I, 132ff., 142; Ausnahmen § 222 II; s. auch §§ 153 III, 143, 143a, 143b, 144). Die Entrichtung der Beiträge erfolgt, soweit die Versicherten für den Fall der Krankheit versichert sind, als Zuschlag zu den Krankenkassenbeiträgen und mit diesen, soweit die Versicherten nicht kranken- oder angestelltenversicherungspflichtig sind, an eine Krankenkasse, für knappschaftlich versicherte Angestellte an die Reichsknappschaft, für seemännische Versicherte bestimmter Art an die Seekasse (Einzelheiten §§ 145—148; Ausnahmen § 214). Die Reichsanstalt muß einen Notstock der Versicherung aus den Mitteln der Hauptstelle der RAnst. bilden, die nicht zur Deckung von Fehlbeträgen erforderlich sind. Er soll mindestens in Höhe des Betrages gehalten werden, der zur Unterstützung von 600000 Arbeitslosen für 3 Monate erforderlich ist. Ist der Notstock erschöpft oder besteht Gefahr, daß er sich erschöpft, so hat der Verwaltungsrat der RAnst. den Beitrag einheitlich für das Reichsgebiet festzusetzen. Kann der Bedarf der Reichsanstalt aus den Beiträgen und aus dem Notstock nicht völlig gedeckt werden, so gewährt der RAM. mit Zustimmung des RFM. Darlehen (§§ 159—163, 245); siehe auch die Aufbringung von Mitteln durch Zuschüsse bei der Krisenunterstützung im Rahmen der wertschaffenden Arbeitslosenfürsorge (§§ 139 II, 167 I Satz 1 und 2 und II). Nach dem G. zur Vorbereitung der Finanzreform vom 28. IV. 1930 sind besondere Zuschüsse allgemein vorgesehen. Der durch das letzterwähnte G. für das Rechnungsjahr 1930 gesicherte Beitragssatz von 3½ % ergibt bei sorgfältiger Berechnung 1015 Mill. RM., der Reichszuschuß nach dem G. vom 28. IV. 1930 150 Mill. RM. und die Notstocksergänzung 50 Mill. RM. Die Gesamtmittel für das Rechnungsjahr 1930 sind also unter Zurechnung des Betrages von 2,384 Mill. RM., die im Voranschlag der RAnst. als „sonstige Einnahmen“ vorgesehen waren, etwas über 1,217 Mill. RM. Dem steht gegenüber, daß schon der Entwurf des Voranschlags, wie ihn der Vorstand der RAnst. aufgestellt hatte, eigene Ausgaben der RAnst. von 1254720900 RM. bei

Annahme von 1,2 Mill. Hauptunterstützungsempfängern enthielt. Schon danach ergab sich ein Fehlbetrag von 7 Mill. RM., dabei war noch nicht berücksichtigt, daß der Verwaltungsrat der RAnst. die Gesamtsumme der Ausgaben um mehr als 11 Mill. RM. erhöhte, daß der im G. vom 28. IV. 1930 zugewiesene Einnahmeposten von 30 Mill. RM. aus der Lohnsteuer ungewiß blieb, weil er eine Höchst- aber keine Mindestgrenze darstellt, und daß es noch recht zweifelhaft erscheint, ob die Schätzung von 1,2 Mill. Hauptunterstützungsempfängern nicht zu niedrig war. Die Zahl der Arbeitsuchenden, die sich bei den 361 Arbeitsämtern der RAnst. gemeldet hatten, betrug am 15. IV. 1930 rund 2937000. Von der Arbeitslosenunterstützung wurden am selben Tage 1859000 Hauptunterstützungsempfänger unterstützt, aus Mitteln der Krisenfürsorge 302000. Aus den Beitragseingängen, die bei dem Satz von 3,5 % auf 1015 Mill. RM. zu schätzen waren, konnte die RAnst. im Jahresdurchschnitt etwa 930000 Hauptunterstützungsempfänger versorgen. Der Versuch mußte daher unternommen werden, für diese erschreckend angewachsene Zahl von Arbeitslosen finanziell sichere Regelungen zu treffen.

5. Das Verfahren ist in das Unterstützungsverfahren sowie in das Verfahren in sonstigen Angelegenheiten gegliedert (§§ 168—201). Allgemeine Bestimmungen folgen über den Begriff von Gemeinde, Gemeindeverband usw., über Rechtshilfe und Mitwirkung der Gemeinden, Gleichstellung ausländischer Versicherungen, Befreiung ausländischer Landwirtschaftsarbeiter, Vergeltungsrecht, Steuerfreiheit der RA. Ferner wird festgestellt, daß die Leistungen keine Fürsorgeleistungen sind, der RAM. Ausführungsbestimmungen erlassen kann, die Zwangsvollstreckung wegen Forderungen auf Grund des G. beschränkt ist (§§ 202—219).

6. Die Übergangs- und Strafbestimmungen, von denen die letzteren in Vorschriften über Ordnungsstrafen und sonstige Strafen zu teilen sind, nehmen einen beträchtlichen Raum ein (§§ 220—275). Über die Rechtsquellen und die Organisation der ArblV. ist bereits in dem HdR. V, 558f. gehandelt worden.

7. Die Novelle vom 26. VII. 1930 (RGBl. I, 311). Die großen finanziellen Schwierigkeiten, welche im Jahre 1930 bei der Durchführung der ArblV. entstanden waren, führten zu dem Entw. eines G. zur Änderung des AVAVG. (RTDr. Nr. 2194), welcher nebst Begr. unter dem 25. VI. 1930 zunächst dem Reichsrate und dann dem Reichstage zur Beschlußfassung vorgelegt worden ist. Es kam zur Beratung in erster Lesung am 27. VI. 1930 (185. Sitzung StenBer. S. 5923 B—5968 A). Auch ist bereits eine Ausschußberatung vorgenommen worden. Bevor jedoch die endgültige Beschlußfassung hätte stattfinden können, ist der Reichstag aufgelöst worden und der Reichspräsident hat in der auf Grund des Art. 48 Abs. 2 RVerf. erlassenen VO. zur Behebung finanzieller, wirtschaftlicher und sozialer Notstände vom 26. VII. 1930 (RGBl. I, 311) im 4. Abschnitt eine Regelung auch der ArblV. vorgenommen. Die dabei hervorgetretenen Neuerungen stimmen im weiten Umfange mit dem nicht zur Erledigung gekommenen Gesetzentwurf überein, wenn auch einige in diesem letzteren enthaltenen Vorschläge nicht Gesetzeskraft erlangt haben.

Anzuknüpfen ist an das G. zur Vorbereitung der Finanzreform vom 28. IV. 1930 (RGBl. I, 145), dessen erster Artikel die „Sicherung der Arbeitslosenversicherung" betrifft. Er führte Zuschüsse des Reiches zur ArblV. ein, die unter bestimmten Voraussetzungen zu gewähren sind und deren Höhe alljährlich im Reichshaushalt festgesetzt wird und schrieb weiter im Art. I § 4 Folgendes vor: „Übersteigt der tatsächliche Bedarf der Reichsanstalt sowohl deren eigene Mittel wie auch die Reichszuschüsse, so hat das Reich der Reichsanstalt entsprechend § 163 AVAVG. Darlehen zu gewähren, jedoch mit der Maßgabe, daß die Reichsregierung nach Prüfung weiterer Ersparnismöglichkeiten auf dem Wege der Gesetzgebung alsbald eine Gesetzesvorlage einzubringen hat, die entweder durch Erhöhung des Beitrages die Zurückzahlung der Darlehen ermöglicht oder durch eine Reform des AVAVG. den Ausgleich zwischen Einnahmen und Ausgaben herstellt oder zur Deckung der für die Darlehen aufzuwendenden Beträge dem Reiche die notwendigen Mittel zuführt." Der Reichstag hat gleichzeitig mit dem Gesetz eine Entschließung angenommen, die von der Besorgnis ausgeht, daß die Durchschnittszahl der Hauptunterstützungsempfänger im Haushaltsjahr 1930 höher sein wird als 1,2 Mill., und verlangt deshalb eine rechtzeitige Vorlegung der Novelle, die dann auch, wie festgestellt, unter dem 25. VI. 1930 zunächst an den Reichsrat und dann an den Reichstag gelangte. Über den schweren finanziellen Notstand bei der ArblV. braucht hier nicht Weiteres gesagt zu werden; es genügt eine Bezugnahme auf die Begründung des Gesetzentwurfs vom 25. VI. 1930. Der Vorstand der Reichsanstalt hatte sehr wertvolle Vorschläge gemacht (Begr. S. 19—41), die sich zu dem Ergebnis verdichteten, daß eine Verminderung der Ausgaben um 91 Mill. RM. möglich wäre, daß andererseits die Erhöhung der Ausgaben um 1 Mill. RM. bei gewissen Vorschlägen sich nicht umgehen lasse, daß dagegen die Erhöhung der Einnahmen 170 Mill. RM. betragen würde bei Erhöhung des Beitragssatzes auf 4% und bei Versicherungspflicht des ländlichen Gesindes und Erstattung der Verwaltungskosten für die Krisenunterstützung. Die Vorschläge des Vorstandes führten somit zu einer Einsparung von 90 Mill. RM., zu einer Erhöhung der Einnahmen um rund 170 Mill. RM., so daß sich die Summe von 260 Mill. RM. ergibt. Bei Ausgaben für 1,5 Mill. Hauptunterstützungsempfänger pro Jahr mit rund 1550 Mill. RM. und Einnahmen aus einem Beitragssatz von 3½% mit 1215 Mill. RM. ergab sich der Fehlbetrag von 335 Mill. RM. Vermindert sich dieser Fehlbetrag um jene obenerwähnten 260 Mill. RM., so bleiben noch ungedeckt 75 Mill. RM. Die Absicht mußte nun sein, eine Deckung hierfür zu schaffen und die Maßnahmen fortzusetzen, die schon die bisherigen Gesetze hinsichtlich der Beseitigung von Mißbräuchen und Mißständen versucht haben.

Von den Neuerungen genügt es, hier die wichtigsten herauszuheben.

A. Gegenüber der bisherigen Regelung war der Begriff der geringfügigen Beschäftigungen, die zur Versicherungsfreiheit führen, genauer zu umgrenzen. Danach ist jetzt (§ 75a) geringfügig eine Beschäftigung, wenn sie auf nicht mehr als 30 Arbeitsstunden in einer Kalenderwoche entweder nach der Natur der Sache beschränkt zu sein pflegt oder im voraus durch den Arbeitsvertrag beschränkt ist oder für sie kein höheres wöchentliches Arbeitsentgelt als 10 RM. oder kein höheres monatliches Arbeitsentgelt als 45 RM. vereinbart oder ortsüblich ist. Eine Beschäftigung, die nur deswegen unter dieser Grenze bleibt, weil durch Gesetz oder behördliche Anordnung eine kürzere Arbeitszeit vorgeschrieben ist oder weil der Arbeitnehmer in einer Kalenderwoche infolge Arbeitsmangels die in seiner Arbeitsstätte übliche Zahl von Arbeitsstunden nicht erreicht (Kurzarbeit), ist nicht als geringfügig anzusehen. Diese Vorschrift gilt nicht für die Beschäftigung als Lehrling. Weiter betrifft die Versicherungsfreiheit die Beschäftigung eines Hilfsbedürftigen, die im Rahmen der Arbeitsfürsorge für einen Träger der öffentlichen Fürsorge oder auf dessen Veranlassung für einen Dritten ausgeübt wird. Dieser Satz gilt nicht, wenn die wöchentliche Arbeitszeit 32 Stunden oder, falls durch Tarifvertrag eine kürzere regelmäßige Arbeitszeit vereinbart ist, mindestens die vereinbarte Stundenzahl beträgt und dem Beschäftigten der tarifliche oder, soweit ein solcher nicht besteht, der im Beruf ortsübliche Lohn gezahlt wird. Der Träger der öffentlichen Arbeitsfürsorge ist berechtigt, im Einvernehmen mit dem zuständigen Arbeitsamte festzusetzen, welcher Tarifvertrag für die Entlohnung der Fürsorgearbeiter Anwendung finden soll (§ 75d). Diese Regelung beruht darauf, daß für die ArblV. Fürsorgebeschäftigungen um so gefährlicher sind, als es vielfach an einem ernsthaften Arbeitsziele fehlt; dem werden dann auch Arbeitszeit und Arbeitsentgelt angepaßt. Trotzdem sind aber solche Beschäftigungsverhältnisse nach bisherigem Rechte geeignet gewesen, zum Erwerb der Anwartschaft auf Arbeitslosenunterstützung zu dienen. Dieser Mißbrauch soll abgeschafft werden.

B. Der Begriff der Arbeitslosigkeit ist etwas genauer formuliert worden. Danach ist arbeitslos, wer berufsmäßig überwiegend als Arbeitnehmer tätig zu sein pflegt, aber vorübergehend nicht in einem Beschäftigungsverhältnis steht und auch nicht den erforderlichen Lebensunterhalt durch selbständige Arbeit, insbesondere als Landwirt oder Gewerbetreibender, erwirbt oder durch Fortführung eines vorhandenen Betriebes erwerben kann oder im Betriebe des Ehegatten, der Eltern oder Voreltern oder von Abkömmlingen den gemeinsamen Lebensunterhalt miterwirbt oder miterwerben kann, falls dies den Beteiligten nach Lage der Verhältnisse billigerweise zugemutet werden kann. Das ist insbesondere anzunehmen, wenn die Beteiligten in häuslicher Gemeinschaft miteinander leben (§ 89a I). Für die Frage, ob Arbeitslosigkeit vorliegt, hat die bisherige Fassung dahin gelautet, daß vorübergehende Dienstleistungen außer Betracht bleiben, geringfügige Beschäftigungen nur in Betracht kommen, soweit sie der Pflicht der ArblV. unterliegen. Jetzt ist durch einen neuen Absatz 2a zu § 89a Folgendes eingefügt: Darüber, unter welchen Voraussetzungen anzunehmen ist, daß jemand den erforderlichen Lebensunterhalt durch selbständige Arbeit erwirbt oder erwerben kann oder im Betriebe eines Angehörigen miterwirbt oder miterwerben kann, hat der Verwaltungsausschuß des Landesarbeitsamts oder mit seiner Zustimmung der Verwaltungsausschuß des Arbeitsamts Richtlinien aufzustellen. Im Beschwerdeverfahren kann der Verwaltungsausschuß des Landesarbeitsamts oder der Vorstand der Reichsanstalt die Richtlinien aufstellen.

C. Neu ist auch, daß Arbeitslose, die das 17. Lebensjahr noch nicht vollendet haben, Anspruch auf Arbeitslosenunterstützung nur haben, wenn ihnen kein familienrechtlicher

Unterhaltsanspruch zusteht (§ 87 II). Diese Bestimmung hat auch den Zweck, die Kosten der ArblV. zu vermindern.

D. § 90 hatte die Gründe zur Ablehnung der angebotenen Arbeit zum Gegenstande. Bisher konnte, wer sich ohne berechtigten Grund trotz Belehrung über die Rechtsfolgen weigerte, eine Arbeit anzunehmen oder anzutreten, auch wenn sie außerhalb seines Wohnortes zu verrichten ist, für 4 Wochen keine Arbeitslosenunterstützung mehr erhalten. Jetzt sind es 6 Wochen. Ferner war ein berechtigter Grund gegeben, wenn die Versorgung der Angehörigen nicht hinreichend gesichert ist. Jetzt heißt es: „wenn der Arbeitslose zur Verrichtung der Arbeit einen neuen Wohn- oder Aufenthaltsort nehmen muß und infolgedessen die Versorgung der Angehörigen nicht hinreichend gesichert ist“.

E. Ein unterstützter Arbeitsloser ist berechtigt, eine Arbeit zu verweigern, wenn die Versorgung der Angehörigen nicht hinreichend gesichert ist (§ 90 Abs. 2 Nr. 5). Die Rechtsprechung des RVA. hat eine wesentlich erweiterte Auslegung gegeben und ausgesprochen, daß eine Ablehnung angebotener Arbeit wegen nicht hinreichender Sicherung der Versorgung der Angehörigen nicht dadurch ausgeschlossen wird, daß die angebotene Arbeit am Wohnort des Arbeitslosen zu verrichten ist (RVA. Entsch. vom 5. XII. 1928 [RArbBl. 1929 S. IV, 182 Nr. 3413]). Die Tragweite dieser Auslegung, an die sämtliche Spruchinstanzen bis auf weiteres gebunden waren, war um so erheblicher, als das RVA. bereits früher ausgesprochen hatte, daß die Versorgung der Angehörigen begrifflich auch die Wartung und Pflege erkrankter Angehöriger umfaßt (Entsch. vom 26. VI. 1928 [RArbBl. IV, 271 Nr. 3222]). Die beiden Entscheidungen hatten die Wirkung, daß zahlreiche Personen, insbesondere verheiratete Frauen, unterstützt werden müssen, obwohl sie ihrer häuslichen Pflichten wegen für eine Arbeitsvermittlung nicht in Frage kommen. Diese Unterstützungsempfänger belasten die Versicherung erheblich und beeinträchtigen die geregelte Arbeitsvermittlung. Um dies in Zukunft zu vermeiden, ist es vorgeschrieben, daß der Arbeitslose eine Arbeit verweigern kann, wenn er zur Verrichtung der Arbeit einen neuen Wohn- oder Aufenthaltsort nehmen muß und infolgedessen die Versorgung der Angehörigen nicht hinreichend gesichert ist. — Wer sich ohne berechtigten Grund weigert, sich einer Berufsumschulung oder -fortbildung zu unterziehen, die geeignet ist, ihm die Aufnahme von Arbeiten zu erleichtern, ohne daß ihm dadurch Kosten erwachsen, erhält für die Dauer der auf die Weigerung folgenden 4 Wochen keine Arbeitslosenunterstützung (§ 92 I). Es ist nunmehr auch hier statt 4 Wochen 6 Wochen gesetzt und damit die Sperrfrist ausgedehnt worden. Man erwartet hiervon eine wesentliche Entlastung der ArblV. Entsprechend ist auch im § 93 nunmehr bestimmt, daß wer seine Arbeitsstelle ohne wichtigen oder ohne berechtigten Grund aufgegeben oder durch ein Verhalten verloren hat, das zur fristlosen Entlassung berechtigt, für 6 Wochen, nicht, wie bisher, 4 Wochen, keine Arbeitslosenunterstützung erhält. Es ist aber dann weiter noch Folgendes neu hinzugefügt worden. Hat ein Versicherter seine Arbeitsstelle freiwillig aufgegeben, um sich einem geregelten Ausbildungsgang zur beruflichen oder volkswirtschaftlichen Schulung zu unterziehen, so kann nach Beendigung der Ausbildung von der Verhängung der Sperrfrist abgesehen werden. Das Gleiche gilt, wenn ein Versicherter seine Arbeitsstelle deshalb freiwillig aufgegeben hat, weil sonst der Arbeitgeber aus einem von dem Verhalten des Versicherten unabhängigen Grunde gekündigt hätte. Das Gleiche gilt ferner, soweit in einem Berufszweige infolge seiner Eigenart die freiwillige Aufgabe der Arbeitsstelle für das weitere Fortkommen des Versicherten notwendig und diese Notwendigkeit im einzelnen Falle nachgewiesen ist. Ein § 93a läßt die Möglichkeit offen, die Sperrfrist, innerhalb der keine Arbeitslosenunterstützung gewährt wird, bis auf die Hälfte der vorgeschlagenen Dauer herabzusetzen, wenn die Lage des Falles eine mildere Beurteilung rechtfertigt. Dagegen kann in schwereren Fällen, insbesondere im Wiederholungsfalle, die Sperrfrist bis auf die doppelte Dauer verlängert werden.

F. Auch die Bestimmung über die Anwartschaft unständig Beschäftigter ist wesentlich geändert. Unter Wegfall von § 98a I und II gilt nur noch Folgendes. Arbeitstage, an denen ein Arbeitnehmer wegen zeitweiliger Arbeitsunfähigkeit nicht gearbeitet hat, obschon die versicherungspflichtige Beschäftigung fortbestanden hat, können nicht zum Erwerbe der Anwartschaft dienen. Die Vorschrift gilt nicht für die Beschäftigung als Lehrling. Auch hierdurch soll gespart werden. Was die zeitliche Begrenzung der Arbeitslosenunterstützung angeht, so hat hierüber bisher § 99 Bestimmung getroffen. Hinter diesem Paragraphen wurde nun ein § 99a eingefügt, wonach, wenn einem Arbeitslosen Krisenunterstützung gewährt worden ist, sich die Höchstdauer seiner versicherungsmäßigen Unterstützung um die Zahl der Tage mindert, für die er die Krisenunterstützung bezogen hat, sofern die Anwartschaftszeit, auf Grund deren er die Krisenunterstützung bezogen hat, für die Anwartschaft auf die versicherungsmäßige Unterstützung ganz oder teilweise benötigt wird. Der die Beziehung der Unterstützungshöhe und des Arbeitsgeldes bestimmende § 104 hat nun folgende Fassung erhalten: „Die Höhe der Arbeitslosenunterstützung bestimmt sich nach dem Arbeitsentgelt und der Dauer der versicherungspflichtigen Beschäftigung". Bisher bemaß sich die Höhe der Arbeitslosenunterstützung lediglich nach der Höhe des Arbeitsentgelts. Die Dauer der Beschäftigung, die der Arbeitslosigkeit vorausgegangen ist, spielt nur insofern eine Rolle, als die Anwartschaftszeit (§ 95) erfüllt sein muß. Ist das der Fall, so macht es keinen Unterschied, ob der Arbeitslose, der den Antrag auf Unterstützung stellt, lange Zeit hindurch als Arbeitnehmer tätig war oder gerade nur während der Mindestfrist von 26 oder — bei erstmaligem Unterstützungsbezuge — 52 Wochen. Diese unterschiedslose Behandlung der Beschäftigungszeiten rief lebhafte Kritik hervor. Es sollen nun diejenigen Personen, die durch längere ununterbrochene Beschäftigung den besonderen Beweis ihrer Verwendungsfähigkeit auf dem Arbeitsmarkte geliefert und auch schon größere Einzahlungen an die Versicherung geleistet haben, im Falle der Arbeitslosigkeit besser gestellt werden als diejenigen, bei denen die Voraussetzungen nicht zutreffen. Die hiernach erfolgte Änderung des § 104 bringt nur den grundsätzlichen Hinweis darauf, daß die Arbeitslosenunterstützung sich nicht nur nach dem Arbeitsentgelt, sondern auch nach der Dauer der versicherungspflichtigen Beschäftigung zu bemessen hat. Das Nähere ist in dem neuen § 105a gesagt worden. Arbeitslose der Lohnklasse VII—XI erhalten danach die Unterstützungssätze ihrer Klasse nur, wenn sie in den letzten 18 Monaten vor der ersten Arbeitslosmeldung, die auf den Erwerb der Anwartschaft folgt, mindestens 52 Wochen in einer versicherungspflichtigen Beschäftigung gestanden haben, ohne daß ihnen zwischen Beginn und Ende ihrer Beschäftigungszeit Arbeitslosenunterstützung gewährt worden ist. Anderenfalls erhalten sie die Hauptunterstützung statt nach den Sätzen der Klasse VII nach der Klasse VI, statt nach den Sätzen der Klasse VIII nach der Klasse VII, statt nach den Sätzen der Klasse IX und X nach der Klasse VIII, statt nach den Sätzen der Klasse XI nach der Klasse IX. Der durch die Nov. vom 12. X. 1929 eingefügte § 107c bestimmt, daß die Unterstützung solcher Arbeitsloser, die ihre Anwartschaft in Orten mit höheren Löhnen und teureren Lebensverhältnissen erworben haben und nach Abschluß der Arbeit in ihren Wohnort zurückkehren, nicht höher sein darf, als sie nach den Lohnverhältnissen des Unterstützungsortes wäre. Nach der grundsätzlichen Entsch. des RVA. vom 6. XII. 1929 (RArbBl. 1930, S. IV, 104 Nr. 3681) soll der § 107c auch auf die sogenannten Pendelarbeiter, die täglich von ihrem Wohnort zu ihrer in einem anderen Ort liegenden Arbeitsstelle fahren, Anwendung finden. Diese Auslegung erschien aus verschiedenen Gründen unerwünscht, deshalb werden jetzt die Pendelarbeiter von dieser Vorschrift ausgenommen. — Bei steigender allgemeiner Arbeitslosigkeit hat in den letzten Jahren die Erwerbsarbeit der verheirateten Frauen weiter zugenommen. Daneben hat die Aussicht auf Arbeitslosenunterstützung zahlreichen verheirateten Frauen einen Anreiz gegeben, außerhäusliche Beschäftigungen auch dann anzunehmen, wenn ihr Mitverdienst zur Bestreitung des Lebensunterhalts nicht erforderlich ist. Eine solche Ausweitung der Arbeitnehmerschaft bedeutet zugleich Vermehrung der Arbeitslosigkeit (Begr. S. 13.) Es schien geboten, eine Kürzung der Unterstützung eintreten zu lassen, wenn beide Ehegatten Unterstützungsempfänger sind (§ 107d). Was die Wartezeit für die Zahlung der Unterstützung angeht, so sind aus der bisherigen Fassung des § 110b mannigfache Unklarheiten entstanden. Jetzt ist einwandfrei festgestellt, daß die Wartezeit regelmäßig dauert: 14 Tage bei Arbeitslosen ohne zuschlagberechtigte Angehörige, 7 Tage bei Arbeitslosen mit einem, zwei oder drei zuschlagberechtigten Angehörigen und 3 Tage bei Arbeitslosen mit vier oder mehr zuschlagberechtigten Angehörigen. Die gleichen Gesichtspunkte, die für § 107d maßgebend waren, gelten auch für den Vorschlag, der jetzt in § 112b Rechtskraft gewonnen hat. Auf die Unterstützung eines verheirateten Arbeitslosen ist das Einkommen seines Ehegatten anzurechnen, soweit es 35 RM. in der Kalenderwoche übersteigt. Arbeitslosenunterstützung des Ehegatten gilt nicht als Einkommen in diesem Sinne. Die Anrechnung unterbleibt, wenn dem Arbeitslosen Familienzuschläge für zwei oder mehrere Angehörige gewährt werden.

G. Die Befugnis, rückständige Beiträge zur RAnst. beizutreiben, ebenso das Recht der Auskunfterteilung durch den Arbeitgeber gemäß § 318a RVO. steht den Ersatzkassen in dem gleichen Umfange wie den Krankenkassen nach der RVO. (§ 225) zu. So lautet jetzt § 145 III Satz 2 AVAVG.

H. In den Bestimmungen über die Art der Festsetzung und Höhe des Landesanteils (§ 150) war bestimmt, daß die Bruchteile für alle (in Abs. II genannten) Gruppen gleich hoch sind. Die VO. vom 26. VII. fügt dem § 150 III hinzu, daß abweichend hiervon (und auch von § 143 II Satz 1, wonach zur Zahlung der Beiträge die Versicherten und ihre Arbeitgeber verpflichtet sind) der Vorstand der RAnst. für Betriebe und Betriebsgruppen, für deren Angehörige die ArblV. erheblich stärker als der Durchschnitt in Anspruch genommen wird, die Arbeitgeber zu höheren Beiträgen heranziehen kann. Der RAM. kann nach Anhörung des Verwaltungsrats der Reichsanstalt Richtlinien über Voraussetzung, Höhe und Dauer der Zusatzbeiträge aufstellen. Solange dies nicht erfolgt ist, bedarf eine Anordnung der Zustimmung des RAM.

J. Bei der Regelung des Reichshöchstsatzes und Hundertsatzes des Reichsanteils ist nunmehr bestimmt, daß der Reichshöchstsatz 4½ % des für die Bemessung maßgebenden Arbeitsentgelts nicht übersteigen darf. Art. 2 d. VO. vom 26. VII. 1930. Jedoch ist diese Regelung befristet bis zum 31. III. 1931, es sei denn, daß die Reichsregierung bis zum 28. II. 1931 etwas anderes bestimmt (Art. 3 a. a. O.) Außerdem wird dem hier jetzt wiedergegebenen Art. 153 III noch folgender Satz angefügt: „Eine Ausnahme besteht nur in den Fällen, in denen der Vorstand der RAnst. Arbeitgeber mit höheren Beiträgen belastet hat“ (s. oben zu H). Die erfolgte Erhöhung des Beitrages ist natürlich auch bei § 161, wo der einheitliche Beitrag in Ersatz einiger Vorschriften geregelt ist, sowie in § 163, wo es sich um Darlehen des Reiches handelt, von Bedeutung. Neu ist aber, daß der Höchstbetrag dieser Darlehen vom 1. IV. 1931 ab im Haushaltsgesetz festgesetzt werden muß (§ 153 III S. 2). Der § 167 handelt von den Kosten der Krisenunterstützung. Es wird nun hierzu ein Abs. 2a eingefügt mit folgendem Inhalt: „Zur Abgeltung der Verwaltungskosten, die der RAnst. durch die Durchführung der Krisenfürsorge entstehen, hat das Reich von jeder Zahlung, zu der es nach Abs. I oder II verpflichtet ist, einen Zuschlag von 5 % zu entrichten. Der RAM. kann über die Verwendung der Zuschläge Anordnungen erlassen. Bisher mußte die RAnst. die Krisenfürsorge durchführen, ohne daß ihr dafür Verwaltungskosten erstattet wurden. Darin lag eine unentgeltliche Leistung der Anstalt an das Reich und die Gemeinden, die grundsätzlich die Kostenträger der Krisenfürsorge sind. Angesichts der Notlage, in der sich die RAnst. befindet, ließ es sich nicht mehr vertreten, diese Leistung weiterhin von ihr ohne Gegenleistung zu verlangen, um so weniger, als gerade die Durchführung der Krisenfürsorge wegen der Bedürftigkeitsprüfung, die hier Anwendung findet, im allgemeinen größere Arbeit und höhere Kosten verursacht als die Durchführung der ArblV.

K. Was das Unterstützungsverfahren angeht, so war für den Antrag auf Arbeitslosenunterstützung aus § 168 I grundsätzlich das Arbeitsamt zuständig, in dessen Bezirk der Arbeitslose bei der Arbeitslosmeldung seinen Wohnsitz hat, in Ausnahmefällen das Arbeitsamt, in dessen Bezirk er sich bei der Arbeitslosmeldung aufhält. Infolgedessen hatte es der Arbeitslose ziemlich weitgehend in der Hand, die Zuständigkeit eines bestimmten Arbeitsamtes herbeizuführen. Er konnte insbesondere durch Aufnahme einer vorübergehenden Beschäftigung in dem von ihm gewünschten Orte die Zuständigkeit des dortigen Arbeitsamtes für seine Unterstützung erlangen; es genügte sogar, wenn er nach Eintritt der Arbeitslosigkeit an diesen Ort übersiedelte, vorausgesetzt, daß er dies nicht erst nach der Arbeitslosmeldung tat. Diese Regelung bot einen Anreiz zum Zuzug bei bestimmten Orten, in denen sich ein Teil der Arbeitslosen den längeren Genuß der Unterstützung und anschließend, mitunter auch vorher, Leistungen aus einer besser ausgebauten öffentlichen Fürsorge versprach. Hierunter hatten namentlich Großstädte mit ausgedehntem landwirtschaftlichen Hinterland zu leiden. Die jetzige Regelung ist nun folgende (§ 168 IIa): Der Vorstand der Reichsanstalt kann mit Zustimmung des RAM. Vorschriften über die Zuständigkeit erlassen, die von denen dieser Regelung abweicht. Es wird sich hier um eine Verschärfung der Zuständigkeitsvorschriften handeln. — In § 176 sind bestimmte Tatbestände aufgezählt, die regelmäßig die Entziehung oder Kürzung der Arbeitslosenunterstützung zur Folge haben und aus diesem Grunde von den Unterstützungsempfängern ohne Aufforderung dem Arbeitsamte angezeigt werden müssen. Der Kreis dieser Tatbestände hat sich durch die Nov. vom 12. X. 1929 erweitert, insbesondere durch die Einfügung des § 89a: er ist aber durch die jetzt neu hinzugekommene Bestimmung des § 176 Nr. 5 und 6 abermals erweitert und zwar hauptsächlich durch die Anrechnungsvorschrift bei der Unterstützung eines Ehepaares, die nach § 112b hinzugekommen ist (s. oben S. 63). Es wird also die Anzeige der Arbeitslosenunterstützung auch vorgeschrieben, wenn der Arbeitslose oder einer der im § 89a I aufgeführten Angehörigen selbständige Arbeit übernimmt oder wenn sein Ehegatte Einkommen bezieht, das 35 RM. in der Kalenderwoche übersteigt.

L. Nachdem § 181 über die Begrenzung der Berufung Bestimmung getroffen hatte, fügte jetzt die VO. einen neuen § 181a ein. Danach kann in den Fällen der §§ 180 und 181 der Vorsitzende der Spruchkammer ohne mündliche Verhandlung eine Vorentscheidung treffen. Gegen die Vorentscheidung kann binnen 2 Wochen nach ihrer Bekanntgabe der Antrag auf mündliche Verhandlung gestellt werden: antragsberechtigt ist, wer zur Berufung berechtigt war oder ist. Die Vorentscheidung muß hierauf unter Angabe der Frist hinweisen. Ist der Antrag auf mündliche Verhandlung verspätet gestellt, so wird er als unzulässig verworfen. Diese Einfügung hatte den Grund, daß, während für das Spruchverfahren nach der RVO. deren § 1657 bestimmt, daß der Vorsitzende in allen Sachen ohne mündliche Verhandlung eine Vorentscheidung treffen kann, diese Vorschrift in das AVAVG. nicht übergegangen war. Im Interesse einer Beschleunigung und Vereinfachung des Verfahrens wird aber die Anwendung auch hier zweckmäßig sein. In bezug auf den Grenzverkehr endlich hatte § 208 die Bestimmung getroffen, daß der RAM. über den Erwerb der Anwartschaft durch Beschäftigungen, die im Ausland ausgeübt werden, Bestimmungen erlassen kann, die von denen des § 95 (Erfüllung der Anwartschaft, Arbeitslosmeldung) abweichen. Jetzt wird noch durch die VO. hinzugefügt, daß der RAM. für solche Fälle auch die Höchstdauer der Arbeitslosenunterstützung abweichend von den §§ 99, 99a (zeitliche Begrenzung der Arbeitslosenunterstützung) regeln kann.

Damit ist Art. 1 des ersten Teiles des vierten Abschnittes der VO. des Reichspräsidenten vom 26. VII. 1930 (S. 311) erschöpft. Der Art. 2 bestimmt, daß abweichend von § 153 III (s. oben S. 64) und § 245 AVAVG. (vorläufige Forterhebung des einheitlichen Beitrages) der Beitrag zur Reichsanstalt für das Reichsgebiet einheitlich 4½ % des maßgebenden Arbeitsentgeltes beträgt (s. oben a. a. O.). Art. 3 bestimmt, daß abweichend von Art. I 1 des Gesetzes zur Vorbereitung der Finanzreform für das Rechnungsjahr 1930 der Zuschuß des Reiches an die RAnst. 184 Mill. RM. beträgt. Die Darlehenshilfe des Reiches wird, so meinte die Begr. S. 17, nach Durchführung der Reform voraussichtlich noch in Höhe von rund 105 Mill. RM. in Anspruch genommen werden müssen. „Die Reichsregierung muß Wert darauf legen, daß der Darlehenscharakter dieses Betrages nicht verwischt wird. Es darf angenommen werden, daß in den Jahren 1931 und 1932 der Arbeitsmarkt sich wieder soweit gebessert haben wird, daß die RAnst. in der Lage ist, in jedem dieser Jahre wenigstens 50 Mill. RM. zurückzuzahlen, wozu sie durch Art. 3 verpflichtet wird“. Es ist endlich im Art. 4 vorgesehen: Übersteigt der Bedarf der Reichsanstalt ihre eigenen Mittel und ergibt sich, daß die für die Reichsanstalt im Plan zur Haushaltführung 1930 vorgesehenen Zuschüsse und Darlehen zur Deckung des Bedarfs nicht ausreichen werden, so gewährt das Reich für dieses Haushaltjahr die Hälfte des Mehrbedarfs als Zuschuß. Der Rest ist durch Erhöhung und Abstufung der Beiträge oder durch die Verbindung beider Maßnahmen zu decken. Die Reichsregierung wird ermächtigt, die hierzu erforderlichen Abänderungen der geltenden Vorschriften im Benehmen mit dem Vorstande der RAnst. festzusetzen.

Schrifttum:

Textausgaben: Böhm-Eichelsberger, Taschenausgabe, 3. Aufl., 1930. — Fischer, 3. und 4. Aufl. 1928, 5. Aufl. 1930. — Erläuterungswerke: Fischer-Biensfeldt u. a. 1928, Herrenstadt, Hoffmann, Spliedt-Bröcker, Mußfeld, Weigert mit Ehlert, Syrup u. a., sämtlich 1927/28, dazu Ausführungsvorschriften als Neue Vorschriften über Arbeitsvermittlung und Arbeitslosenversicherung 1928, 1930. — Schmeisser, im Druck. — Jäger-Neuburger-Adam, Bd. I 1928, Bd. II 1929, Bd. III 1930. — Stier-Somlo, Handkommentar zum Gesetz über Arbeitslosenvermittlung und Arbeitslosenversicherung, 2. Aufl., 1930. — Kühne u. Rawitz, Handbuch der Novelle vom 12. X. 1929 zum Gesetz über Arbeitsvermittlung und Arbeitslosenversicherung, Berlin 1930. — Fischer, Die Beschlüsse des Reichstags vom 12. und 14. IV. 1930, in Zeitschrift „Die Arbeitslosenversicherung“, 1930, Sp. 25ff.; Syrup, Möglichkeiten und Grenzen einer Reform der Arbeitslosenunterstützung, daselbst S. 49f. — Adam, Grundsätzliches zum versicherungsrechtlichen Teile der Reformvorschläge, Sp. 97—103; Fischer, Die Gemeinden und die ArblVReform, Sp. 103—107; Adam, Der neueste Regierungsentwurf, versicherungsrechtliche Neuerungen, Sp. 122—127; Fischer, Die Gemeinden und der Regierungsentwurf, Sp. 128—134; Die arbeitsmarktpolitischen Grundlagen des Regierungsentwurfes, Sp. 134f.; Böhm, Gesamtwürdigung der Vorschläge des Vorstandes der Reichsanstalt, Sp. 135—141; Ankenbrank, Über die geplante Versicherungsfreiheit der geringfügigen Beschäftigung, Sp. 142ff.; Adam, Die Regierungsvorlage an den Reichstag, Sp. 154—158; Hastler, Zur

Reform des § 89a AVAVG., Sp. 158ff.; Luppe, Erhebung der Arbeitslosenversicherungsbeiträge im Markenklebeverfahren, Sp. 162f.; Fischer, Die Bedeutung des Problems und organisatorische Lösungsversuche, Sp. 177—185. — Schmidt, Bekämpfung oder Erhaltung der Arbeitslosigkeit, Zeitschrift für Betriebs wissenschaft, Jahrgang 1930 (auch als Sonderheft). — Sjöberg und H. Simon, Arbeitsvermittlung und Arbeitslosenversicherung in England. Ein Vergleich mit Deutschland. 1930. — Entwurf eines Gesetzes zur Änderung des G. über Arbeitsvermittlung und Arbeitslosenversicherung vom 25. VI. 1930, Reichstag IV. Wahlperiode 1928 Nr. 2194 und Begründung zu diesem Entwurfe. S. 1—17 und daselbst S. 19—41 Vorschläge des Vorstandes der Reichsanstalt für Arbeitsvermittlung und Arbeitslosenversicherung zum Ausgleich zwischen Einnahmen und Ausgaben der Reichsanstalt.

Fritz Stier-Somlo.

Arbeitsvermittlung.

I. Geschichtliches. Die Arbeitsvermittlung zu regeln war bisher Aufgabe des ArbeitsnachweisG. vom 22. VII. 1922 (RGBl. 657) mit den Änderungen vom 30. X. 1923 (RGBl. I, 1065). Gemäß § 1 dieses Gesetzes waren Arbeitsnachweisämter die öffentlichen Arbeitsnachweise, die Landesämter für Arbeitsvermittlung, das Reichsamt für Arbeitsvermittlung. Die Arbeitsnachweisämter standen im Gegensatz zu anderen nicht gewerbsmäßigen Arbeitsnachweisen und zu der gewerbsmäßigen Stellenvermittlung (§§ 44ff., 48). Das Reichsamt für Arbeitsvermittlung war eine dem Reichsarbeitsminister unterstellte Reichsmittelstelle (VO. vom 30. IX. 1922, RGBl. I, 759). An die Stelle der Regelung der Arbeitsvermittlung durch das Arbeitsnachweisgesetz sind die Bestimmungen des Gesetzes über Arbeitsvermittlung und Arbeitslosenversicherung vom 16. VII. 1927 (RGBl. I, 187) sowohl hinsichtlich der Organisation als auch des materiellen Rechts getreten. (Siehe Art. „Arbeitslosenversicherung".)

II. Geltendes Recht. Träger nicht nur der Arbeitslosenversicherung, sondern auch der öffentlichen Arbeitsvermittlung ist die Reichsanstalt für Arbeitsvermittlung und Arbeitslosenversicherung (RAnst.). Ihr liegt ob die öffentliche Arbeitsvermittlung (§§ 58ff.) im engen Zusammenhange mit der Berufsberatung, Lehrstellenvermittlung und freiwilligen Aufgaben.

A. Begriff. Öffentliche Arbeitsvermittlung ist jede Tätigkeit, die bezweckt, zwischen einem bestimmten Arbeitgeber und einem bestimmten Arbeitnehmer Beziehungen herzustellen, die zum Abschluß eines Dienstvertrags führen sollen. Eine Beschränkung dieser Tätigkeit auf soziale Stellung und Stand findet nicht statt. Öffentliche Arbeitsvermittlung bedeutet immer nur Vermittlung, nicht Abschluß von Dienstverträgen, doch kann der Arbeitsvermittler (AVAVG. § 36) ausnahmsweise einen Auftrag privatrechtlicher Art zum Dienstvertragsabschluß übernehmen (BGB. § 662). Immer kommt nur Arbeitsvermittlung für unselbständige Arbeit in Frage. § 68 AVAVG. erklärt, Arbeitsvermittlung im Sinne dieses Gesetzes ist nur die Vermittlung Arbeitsuchender in Arbeitnehmerstellen einschließlich der Vermittlung in Lehrstellen. Lehrstellenvermittlung ist die Vermittlung von Verträgen, bei denen die Gegenleistung für eine zu leistende Arbeit (wenigstens grundsätzlich und in erster Linie) nicht in Barlohn oder sonstigem Entgelt, sondern in der Ausbildung für einen Beruf besteht. Dagegen ist die Vermittlung von offenen Stellen für ungelernte Arbeiter nicht Lehrstellenvermittlung, sondern Arbeitsvermittlung.

B. Organisation. Die Reichsanstalt gliedert sich in die Hauptstellen, die Landesarbeitsämter, und die Arbeitsämter. Organe der RAnst. (deren Sitz Berlin ist) sind: die Verwaltungsausschüsse der Arbeits- und der Landesarbeitsämter, der Verwaltungsrat und der Vorstand der RAnst. Ihre Aufgaben, auch hinsichtlich der öffentlichen Arbeitsvermittlung, führt die RAnst. in dieser ihrer Organisation aus.

C. Zweck der Arbeitsvermittlung ist, dahin zu wirken, daß freie Stellen durch möglichst geeignete Arbeitskräfte besetzt werden. Dabei sind einerseits die besonderen Verhältnisse der freien Arbeitsplätze, andererseits die berufliche und körperliche Eignung, sowie die persönlichen und Familienverhältnisse, sowie die Dauer der Arbeitslosigkeit des Bewerbers zu berücksichtigen, soweit die Lage des Arbeitsmarktes es gestattet (§ 58 I). Es ist damit der Grundsatz der individuellen Vermittlung oder der Vermittlung nach wirtschaftlichen Gesichtspunkten maßgebend. Unter besonderen Verhältnissen der freien Arbeitsplätze kommen in Frage: Art der geforderten Arbeit, Höhe des Lohnes, Lage der Betriebsstätte usw. Auswärtige Arbeitsstellen werden sich häufig nur für ledige Arbeitskräfte eignen. In der Großstadt kommt die Entfernung der Wohnung der Zuzuweisenden von der Arbeitsstelle in Betracht. Einen Arbeiter, der besonderen Wert auf Dauerstellung legt, wird man nur im Notfall einem Arbeitgeber zuweisen, von dem man weiß, daß er mit seinen Arbeitskräften sehr häufig zu wechseln pflegt. Unter den persönlichen Verhältnissen kommen in Frage berufliche und körperliche Eignung, Familie, Dauer der Arbeitslosigkeit und auch diese nur, soweit die Lage des Arbeitsmarktes es gestattet, d. h. soweit die Zahl der vorhandenen Bewerber eine Auswahl nach sozialen Rücksichten ermöglicht.

D. Art und Begrenzung der Arbeitsvermittlung. Sie ist unparteiisch, insbesondere ohne Rücksicht auf die Zugehörigkeit zu einer Vereinigung, auszuüben. Es dürfen danach weder Arbeitgeber vor Arbeitnehmern noch einzelne Arbeitgeber oder Arbeitnehmer oder Gruppen von ihnen vor den anderen aus unsachlichen Gesichtspunkten bevorzugt werden. Die Zugehörigkeit zu einer Vereinigung, d. h. zu einem Zusammenschluß wirtschaftlicher, konfessioneller, weltanschaulicher Art, darf ebensowenig für die Arbeitsvermittlung maßgebend sein, wie die Frage, ob der Arbeitgeber oder Arbeitnehmer überhaupt einer Vereinigung angehört. Auch politische Parteien sind „Vereinigungen". Von der Regel gibt es Ausnahmen. Die Frage nach der Zugehörigkeit zu einer Vereinigung ist zulässig bei sogenannten Tendenzbetrieben. Es sind das solche Betriebe, die politischen, gewerkschaftlichen, militärischen, konfessionellen, wirtschaftlichen, künstlerischen und ähnlichen Bestrebungen dienen. Sodann ist die Frage nach jener Zugehörigkeit zulässig, wenn die Arbeitsvermittlung von einem Arbeitsnachweis ausgeübt wird, der von einer wirtschaftlichen Vereinigung von Arbeitnehmern errichtet ist und satzungsgemäß nur an deren Mitglieder Arbeit vermittelt. Den Arbeitsnachweisen (Arbeitsämtern) ist es untersagt, einen Arbeitnehmer zum Zwecke der Nichteinstellung ungünstig zu kennzeichnen oder sonst an einer Maßregelung von Arbeitnehmern oder an einer entsprechenden Maßnahme gegen Arbeitgeber mitzuwirken. In Frage kommen sogenannte „Schwarze Listen", Sperren, Boykott usw. Die Arbeitsämter dürfen solche Kampfmaßnahmen nicht unterstützen (§§ 59 AVAVG., 66 Ziff. 1 u. 2, 67 BetriebsräteG., GewO. §§ 111 III, 113 III). Die RAnst. übt die Arbeitsvermittlung unentgeltlich aus. Nicht gewerbsmäßige Einrichtungen zur Arbeitsvermittlung, die außerhalb der RAnst. stehen, dürfen Gebühren zur Deckung der Unkosten erheben. Die Arbeitsvermittlung für Frauen ist in der Regel durch Frauen auszuüben. Es sind dafür nach Möglichkeit besondere Abteilungen für Frauen unter weiblicher Leitung zu errichten (§§ 60, 61 AVAVG.). Von großer Bedeutung ist die Berücksichtigung der Tarifverträge. Tarifvertrag ist ein schriftlicher Vertrag zwischen Vereinigungen von Arbeitgebern, der die Bedingungen für den Abschluß von Arbeitsverträgen regelt. Soweit ein solcher Tarifvertrag besteht, darf die Vermittlung beteiligter Arbeitnehmer an beteiligte Arbeitgeber, sofern dem Arbeitsvermittler die Beteiligung bekannt ist, nur erfolgen zu tariflich zulässigen Bedingungen. Das sind alle, die für das Arbeitsverhältnis von Bedeutung und nicht ungünstiger sind als die im Tarifvertrag enthaltenen. Insbesondere wird es auf den Lohn und die sonstigen Arbeitsverhältnisse im Sinne des § 78 Ziff. 2 Betriebsrätegesetzes ankommen (Festsetzung der Akkord- und Stücklohnsätze oder der für ihre Festsetzung maßgebenden Grundsätze, Einführung neuer Lohnmethoden, Festsetzung der Arbeitszeit, insbesondere bei Verlängerungen und Verkürzungen der regelmäßigen Arbeitszeit, Regelung des Urlaubs der Arbeitnehmer). Soweit der Abschluß eines Arbeitsvertrags gegen die im Beruf ortsüblichen Mindestlohnsätze verstoßen würde, hat der Arbeitsvermittler eine Vermittlung abzulehnen; hieran kann der Tarifvertrag nichts ändern. Im übrigen hat sich der Vermittler einer Einwirkung auf die Lohnhöhe zu enthalten. Einwirkung ist jeder Versuch, eine Erhöhung oder Ermäßigung der Löhne herbeizuführen. Sie kann in der Verweigerung der Vermittlung oder auch in einer bloßen Beanstandung der gebotenen oder geforderten Löhne bestehen. Auskunfterteilung über die ortsüblichen Lohnsätze gilt nicht als Einwirkung (§ 62 AVAVG.). Das Verhalten bei Aussperrungen und Ausständen ist besonders geregelt. Die Frage, ob es dem Grundsatz der Nichteinmischung der Arbeitsnachweise in wirtschaftliche Kämpfe mehr entspricht, wenn er in solchen Fällen seine Vermittlungstätigkeit einstellt oder wenn er sie fortsetzt, aber die Arbeitsuchenden auf die Tatsache des Ausstandes oder der Aussperrung und die Arbeitgeber auf den Umstand hinweist, daß es sich um einen ausständigen oder ausgesperrten Arbeiter handelt, wird vom AVAVG. § 63 in letzterem Sinne beantwortet. Die Arbeitgeber sind verpflichtet, die wirtschaftlichen Vereinigungen der Arbeitnehmer sind berechtigt, bei Ausbruch und Beendigung eines Ausstandes, sowie bei Vornahme oder Beendigung einer Aussperrung den Arbeitgebern schriftliche Anzeige zu machen. Ob der Ausstand organisiert ist, d. h. von den wirtschaftlichen Vereinigungen der Arbeitnehmer geleitet, ob eine Arbeitsstreitigkeit die unmittelbare Ursache bildet, ob es ein „wilder" Streik ist, ist für den Begriff des Ausstandes nicht maßgebend; es kann sich auch um einen politischen Ausstand handeln. Ausbruch des Ausstandes bedeutet Arbeitniederlegung, Beendigung bedeutet Einigung der Parteien oder tatsächliche Wiederaufnahme der Arbeit. Passive Resistenz ist nicht Streik. Während letzterer eine gemeinsame und planmäßige Arbeitseinstellung einer Anzahl oder Gruppe von Arbeitnehmern oder denen eines Betriebs oder Berufs oder auch einer größeren Anzahl von Betrieben und Berufen ist, die zur Erreichung eines bestimmten Zweckes als Kampfmaßnahme erfolgt, ist Aussperrung die planmäßige, gemeinsameEntlassung einer größeren Zahl von Arbeitnehmern, einer Gruppe oder eines Teils oder der Gesamtheit der Arbeitnehmerschaft eines Betriebs oder Berufes, die sich als Kampfmaßnahme der Arbeitgeber darstellt. Ist die schriftliche Anzeige erstattet, so hat der Arbeitsvermittler die Arbeitsuchenden, die für einen vom Ausstand oder Aussperrung betroffenen Betrieb in Frage kommen, von der Tatsache des Ausstandes oder der Aussperrung unter Mitteilung des ganzen Inhalts der Anzeige Kenntnis zu geben und die Vermittlung nur dann vorzunehmen, wenn sie trotzdem verlangt wird. Ebenso dürfen ausständige und ausgesperrte Arbeitnehmer nur vermittelt werden, wenn die Tatsache des Ausstandes oder der Aussperrung dem Arbeitgeber vorher bekannt gegeben war (§ 63 AVAVG.).

E. Der Arbeitsvermittler ist berechtigt und auf Verlangen verpflichtet, Auskunft über Besonderheiten einer offenen Stelle, die für den Arbeitsuchenden von Bedeutung sein können, sowie über besondere Eigenschaften eines Arbeitsuchenden, die für seine Eignung für die Stelle wichtig sein können, zu geben, wenn ihm diese Besonderheiten oder besondere Eigenschaften amtlich bekannt geworden sind und wenn es besondere Umstände, namentlich die Aufnahme in die Hausgemeinschaft, rechtfertigen. Solche Besonderheiten sind z. B., wenn der Arbeitgeber mit einer abschreckenden oder ansteckenden Krankheit behaftet ist oder zu unsittlichen Angriffen auf weibliche Hausangestellte neigt. Auf besondere körperliche, geistige, sittliche, berufliche Eigenschaften eines Arbeitsuchenden bezieht sich ebenfalls die Auskunft, z. B. Unzuverlässigkeit in Geldsachen, Trunksucht (§ 64 a. a. O.). Nach Anhörung des Verwaltungsrats der RAnst. kann der RAM. anordnen, daß Arbeitgeber die bei ihnen vorhandenen offenen Arbeitsplätze dem zuständigen Arbeitsamt anzumelden haben (fakultativer Meldezwang). Er kann unter derselben Voraussetzung anordnen, daß Arbeitgeber die Arbeitsplätze, die sie mit einem Arbeitnehmer besetzen, dem zuständigen Arbeitsamt anzeigen. Diese Anordnung kann auf bestimmte Bezirke und Berufe beschränkt werden. Tatsächlich ist von den Arbeitgebern nur wenig von der Möglichkeit der Anmeldung der offenen Stellen Gebrauch gemacht worden und der Hundertsatz der durch die Arbeitsämter besetzten Stellen ist sehr gering. Endlich kann in diesem Zusammenhang noch der RAM. anordnen, daß die Anwerbung und Vermittlung von Arbeitnehmern aus dem Bezirk eines Landesarbeitsamts in den Bezirk eines anderen Landesarbeitsamts von der Zustimmung des Vorsitzenden desjenigen Landesarbeitsamts abhängig ist, aus dem die Anwerbung oder Vermittlung erfolgt. Besondere Bestimmungen betreffen die Anwerbung und Vermittlung von Arbeitnehmern nach dem Auslande (§§ 65, 65a, 66, 67).

F. Den richtigen Grundsatz, daß Arbeitslosigkeit in erster Linie durch Vermittlung von Arbeit verhütet und beendigt wird, stellt das AVAVG. an die Spitze der in den §§ 131 bis 141 AVAVG. behandelten „Maßnahmen zur Verhütung und Beendigung der Arbeitslosigkeit“. Sodann werden eine Reihe von Einrichtungen in die Gesetzessphäre erhoben, zunächst Reisekosten nach dem Arbeitsort. Weisen Empfänger von Arbeitslosenunterstützung nach, daß sie außerhalb ihres bisherigen Aufenthaltsortes Arbeit im Inland angenommen haben (also nicht wenn eine Arbeit nur in Aussicht gestellt ist oder sie ihre Zusage erhoffen und nicht wenn es sich um Arbeit im Auslande handelt), so kann der Vorsitzende des zuständigen Arbeitsamts die Kosten der Reise nach dem Arbeitsorte aus den Mitteln der RAnst. ganz oder teilweise bestreiten, soweit es nicht üblich ist oder angemessen erscheint, daß der Arbeitgeber die Kosten übernimmt und Arbeit in größerer Nähe nicht vorhanden ist. Auch die Familienmitglieder des Arbeitslosen sollen an den „Maßnahmen“ beteiligt werden. So kann der Vorsitzende des Arbeitsamts für Familienmitglieder, die zur häuslichen Gemeinschaft des Arbeitslosen gehören, ebenfalls die Reisekosten aus Mitteln der RAnst. ganz oder teilweise bestreiten, vorausgesetzt, daß diese Familienmitglieder zur Fortsetzung der häuslichen Gemeinschaft an den Arbeitsort mitreisen oder folgen und ihre Unterkunft (Wohnung) dort gesichert ist. Ob bei Arbeit außerhalb des Reichsgebiets Reisekosten zu übernehmen sind, bedarf der besonderen Prüfung. Es bestimmt der Verwaltungsrat der RAnst. nach pflichtgemäßem Ermessen, ob und wieweit bei Annahme einer Arbeit in benachbarten Staaten, d. h. in solchen, die eine gemeinsame Grenze mit Deutschland haben, sowie in Ländern, die in einer engeren wirtschaftlichen und räumlichen Beziehung zu Deutschland stehen, ohne geradezu anzugrenzen (z. B. Italien), die Kosten der Reise aus Mitteln der RAnst. bestritten werden dürfen. Solange im Falle der Gewährung von Reisekosten die Übersiedlung solcher Angehöriger, die Familienzuschläge bei der Arbeitslosenversicherung erhalten, nicht möglich ist, kann der Vorsitzende des Arbeitsamts die Familienzuschläge während der Dauer des Arbeitsverhältnisses ganz oder teilweise fortgewähren. In diesen Rahmen gehört auch, daß ein sachkundiger Führer für Gruppen von Arbeitslosen-Unterstützungsempfängern beigegeben werden kann, ebenfalls auf Kosten der RAnst. (AVAVG. §§ 132—134). Eine weitere Maßnahme ist die Arbeitsausrüstung, die gewährt werden kann, wenn Empfänger von Arbeitslosenunterstützung eben durch den Mangel jener Arbeitsausrüstung verhindert sind, eine Arbeit von längerer Dauer aufzunehmen. Auch der Anlernezuschuß zum Arbeitsentgelt hat den Zweck, den Empfängern von Arbeitslosenunterstützung zu dienen, wenn sie eine Arbeitsstelle angenommen haben, in der sie vollen Verdienst erst erreichen können, wenn sie die erforderliche Fertigkeit erlangt haben. Veranstaltungen zur beruflichen Fortbildung und Umschulung können eingerichtet werden, auch kann die Schulgeldzahlung übernommen werden, insofern diese Maßnahmen geeignet sind, Empfänger der Arbeitslosenunterstützung der Arbeitslosigkeit zu entziehen (§§ 135—137 AVAVG.).

G. Von großer Bedeutung ist die sogenannte wertschaffende Arbeitslosenfürsorge. Zur Förderung von Maßnahmen, die geeignet sind, die Arbeitslosigkeit zu verringern, insbesondere zur Beschaffung zusätzlicher Arbeitsgelegenheit für die Arbeitslosen, kann der Verwaltungsausschuß des Landesarbeitsamts Mittel der RAnst. in Form von Darlehen oder Zuschüssen insoweit zur Verfügung stellen, als die Mittel der RAnst. durch die Maßnahme entlastet werden. Es dürfen nur solche Maßnahmen gefördert werden, die für die Volkswirtschaft (also im Gegensatz zur Privatwirtschaft) von produktivem Werte sind, und insbesondere solche, die geeignet sind, die Menge einheimischer Nahrungsmittel, Rohstoffe oder Betriebsstoffe zu vermehren. In dieser Richtung des Ausschlusses privatwirtschaftlicher Interessen liegt es, wenn die Gewährung von Darlehen und Zuschüssen an Private, auf Erwerb gerichtete Unternehmungen verboten ist. Eine obere Grenze für die Entlohnung der Notstandsarbeiten und die Festsetzung des maßgebenden Tarifvertrages kann erfolgen (AVAVG. § 139). Ausnahmsweise werden auch nichtunterstützte Arbeitslose den unterstützten, soweit die hier dargelegten Maßnahmen in Frage kommen, gleichgestellt, ebenso unter näher bestimmten Voraussetzungen die Empfänger der Krisenunterstützung (a. a. O. §§ 140, 141).

III. Außerhalb der RAnst. unterstellt das G. noch nichtgewerbsmäßige Einrichtungen der Aufsicht der RAnst., bzw. der Landesarbeitsämter und der Arbeitsämter. Der RAM. kann nach Benehmen mit dem Verwaltungsrate der RAnst. Vorschriften über die Geschäftsführung solcher Einrichtungen und die Ausübung der Aufsicht durch die RAnst. erlassen. Nichtgewerbsmäßige Einrichtungen, deren Träger eine politische Partei oder parteipolitische Organisation ist, sind unzulässig. Wohl aber sind zulässig politische Verbände und Gruppen. Nichtgewerbsmäßige Arbeitsnachweise haben zur Aufgabe nicht nur die eigentliche vermittelnde oder nachweisende Tätigkeit, sondern auch das Bereitstellen von Einrichtungen, die das Zustandekommen von Arbeitsverträgen erleichtern sollen. Nichtgewerbsmäßige Arbeitsnachweise sind nicht bloß die charitativen, sondern auch die Interessentenarbeitsnachweise, auch die einmalige oder gelegentliche Arbeitsvermittlung ohne Absicht der Wiederholung, selbst wenn sie in der Absicht auf Gewinn geübt wird, da Gewerbsmäßigkeit fehlt. Fehlt die Absicht auf Gewinn, so steht selbst eine regelmäßig wiederholte Arbeitsvermittlung außerhalb des AVAVG., wenn sie sich nicht auf eine eigentliche Einrichtung stützt, die als Arbeitsnachweis angesprochen werden kann. Eine nichtgewerbsmäßige Einrichtung zur Arbeitsvermittlung, die außerhalb der RAnst. steht, kann in diese unter gewissen Voraussetzungen übergeführt oder auch geschlossen werden (§§ 49, 50 AVAVG.). Von der Neuerrichtung, Wiederherstellung nichtgewerbsmäßiger Einrichtungen wird besonders gehandelt (§ 51 a. a. O.). Für die Arbeitsvermittlung der Seeleute kann der RAM. nichtgewerbsmäßige Einrichtungen vorschreiben, die außerhalb der RAnst. stehen (seemännische Heuerstellen). Soweit solche bestehen, kann die RAnst. die Aufsicht über sie nur durch die Hauptstelle ausüben (§ 53). Über gewerbsmäßige Stellenvermittler und den Abbau der gewerbsmäßigen Stellenvermittlung handeln §§ 54, 55 daselbst, wobei das Wesentliche ist, daß die gewerbsmäßige Stellenvermittlung grundsätzlich vom 1. I. 1931 ab verboten ist.

Schrifttum:

Im wesentlichen ist es dasselbe wie das zu dem Art. Arbeitslosenversicherung angeführte.

Fritz Stier-Somlo.

Armenrecht
(im Zivilprozeß).

1. Ist die Rechtspflege ein Fundament eines jeden Kulturstaates und ist die völkerrechtliche Wertschätzung und Anerkennung des Staates bedingt durch die für einen jeden gewährleistete Rechtssicherheit, so bedarf es neben dem objektiven Vorhandensein einer gleichmäßigen Rechtsprechung auch der subjektiven Möglichkeit, diese ohne Ansehen der Person und des Vermögens in Anspruch nehmen zu können. Kommt hinzu, daß in vielen Fällen die Geltendmachung von Rechten — auch für den Befähigtsten — nur durch einen gewissen privilegierten Berufsstand erfolgen kann, so ist es naturgemäß Pflicht des Staates, etwaige für die Partei untragbare Lasten einer Prozeßführung auf sich zu nehmen und daneben von sich aus bei einer notwendigen Vertretung für Bestellung geeigneter Persönlichkeiten zu sorgen. Dieser Anspruch auf staatliche Fürsorge ist in §§ 113—127 ZPO., die für alle bürgerlichen Rechtsstreitigkeiten, das Entmündigungsverfahren und die Mitwirkung der Gerichte im schiedsgerichtlichen Verfahren gelten, geregelt, wozu ergänzend einige Bestimmungen der Rechtsanwaltsordnung (§§ 34f.), und seitdem die wirtschaftliche Lage für Rechtsanwälte die Nichtzumutbarkeit einer unentgeltlichen Vertretung ergeben hat, das Gesetz betreffend die Erstattung von Rechtsanwaltsgebühren in Armensachen, zuletzt vom 20. XII. 1928 (RGBl. I, 411) treten.

2. Klammert man sich an den Wortlaut des Gesetzes, so kann man das Armenrecht nur natürlichen Personen gewähren. Diese grammatische Auslegung ist jedoch zu eng. Bereits bevor die Struktur unserer heutigen Wirtschaft sich durch Krieg und Inflation und fortschreitende Industrialisierung grundlegend änderte, hatte man das starre Prinzip durchbrochen und einer Kommanditgesellschaft, einer Leibesfrucht sowie einem Nachlaßpfleger — letzterem nicht als Partei, kraft Amtes, sondern als gesetzlichem Vertreter zwar unbekannter aber doch vorhandener Personen — das Armenrecht bewilligt. Heute ist auch das Reichsgericht bereits einen Schritt weitergegangen. Auch dem Testamentsvollstrecker gewährt es heute das Armenrecht, nachdem ein anderer Senat erklärt hatte, seine bisher grundlegende Entscheidung (RGZ. 81, 292) nicht mehr aufrechthalten zu wollen (Beschl. vom 13. I. 1930, JW. 1930, S. 1487). Aber auch hier ist noch die spezielle Begründung aus Furcht vor dem Gesetzeswortlaut auf das persönliche Moment abgestellt und lediglich aus der Erwägung heraus, daß der Testamentsvollstrecker trotz seiner Amtsstellung tatsächlich an Stelle der Erben stehe, das Armenrecht bewilligt worden. Allgemein — und hierdurch dürfte freie Bahn für die notwendige folgerichtige weitere Entwicklung geschaffen sein — sagt aber das Reichsgericht: „Sinn und Vorschrift des § 114 ZPO. verlangen eine weite Auslegung. Sie gehen dahin, daß derjenige, dessen Rechte geltend gemacht werden oder gegen den sich der Klageanspruch tatsächlich richtet, in jedem Falle einen Anspruch auf kostenlose Prozeßführung hat, wenn er die Mittel dazu nicht besitzt, mag er den Rechtsstreit nun selbst oder durch einen Vertreter führen oder mag für ihn eine besonders kraft Amtes bestellte Persönlichkeit im Prozeß auftreten, die nach außen selbständig handelt und formell selbst Prozeßpartei ist.“ Bemerkenswert ist, daß das Reichsgericht die geforderte „Beeinträchtigung des Unterhalts“ nicht prüft. Und mit Recht, da dieser Passus richtiger Ansicht nach wohl nur als negierendes Moment für die Frage, wann eine materielle, d. h. pekuniäre Notwendigkeit der Bewilligung vorliegt, zu bewerten ist, nicht etwa als Auslegungsmittel für die Frage, was unter dem „Wer“ zu verstehen ist. So betrachtet, hindert nichts, auch juristischen Personen das Armenrecht zu gewähren, wie es auch das Kammergericht (ZZP. XIII, 369) getan hat mit dem richtigen Hinweis, daß anderenfalls z. B. bei unvermögenden Kirchen, Schulen und ähnlichen Instituten eine Versagung auf eine Rechtsverweigerung hinauslaufen würde. Gleiches ist aber auch bei juristischen Personen des Zivilrechts der Fall.

3. Die Rechtsverfolgung oder Rechtsverteidigung darf nicht mutwillig oder aussichtslos (man denke an den Schikaneparagraph 226 des BGB.) sein. Die Prüfung hat bei Einreichung des Gesuches zu erfolgen, auch kann der Gegner schriftlich oder zu Protokoll des Urkundsbeamten gehört werden. Unzulässig ist es jedoch, die Ermittlung einer Aussichtslosigkeit so weit zu treiben, daß hierdurch die Prozeßführung vorweggenommen wird, da nach herrschender, u. E. jedoch infolge der hierdurch hervortretenden Härten nicht zu billigender Anschauung das Wort „beabsichtigte“ Rechtsverfolgung eine nachträgliche Bewilligung nach Beendigung der Instanz unzulässig macht. Ein Beispiel aus der Praxis möge dies erläutern: Der Beklagte, auf Zahlung (Schulden aus einem Spielklubunternehmen) verklagt, erhob den Einwand des Spiels. Das Gericht zögerte trotz mehrfacher Verhandlung mit der Ent-

scheidung über das Armenrechtsgesuch. Es wünschte immer erneute nähere Darlegung des Sachverhalts und Gegenäußerungen des Klägers, lediglich um die Frage einer etwaigen Aussichtslosigkeit zu prüfen. Zufälligerweise lief gleichzeitig unter den Parteien bei einem anderen Gericht ein weiterer Prozeß. In diesem kam es zu einem Vergleich, der zugleich eine Regelung des ersten Prozesses enthielt. Damit war auch dieser erledigt und bewiesen, daß die Rechtsverteidigung des Beklagten nicht aussichtslos war. Im Einklang mit der herrschenden Meinung wurde nunmehr auf erneutes Drängen um Entscheidung über das Armenrecht dieses abgelehnt, nicht weil die Rechtsverteidigung aussichtslos sei, sondern weil nach Beendigung der Instanz für die Bewilligung mangels Fehlens der „beabsichtigten" Rechtsverfolgung kein Raum mehr sei. — Jedwede Prüfung der Aussichtslosigkeit oder Mutwilligkeit hat in der höheren Instanz zu unterbleiben, falls das Rechtsmittel vom Gegner eingelegt ist, da hier ja das Obsiegen in erster Instanz die Frage vorweg beantwortet hat.

4. Die wesentlichste Voraussetzung ist aber die Armut der Partei. Das Gesetz setzt voraus, daß die Prozeßführung auf eigene Kosten den notwendigen — nicht den standesgemäßen — Unterhalt der Partei oder ihrer Familie beeinflussen würde, und verlangt ein diesbezügliches Zeugnis über die Vermögens-, Familien- und Einkommensverhältnisse der Partei. Dies dient als Unterlage für die freie Entscheidung des Gerichts. Vermutet wird die Armut bei Unterhaltsklagen unehelicher Kinder gegen ihren Erzeuger. Es bedarf keines Armenattestes, doch ist selbstverständlich der Gegenbeweis zulässig. Frage des Einzelfalls ist es, inwieweit der Partei Veräußerung von Vermögenswerten oder Aufnahme eines Kredites zugemutet werden kann. Auch eine teilweise Bewilligung ist in vermögensrechtlichen Streitigkeiten — warum nur in solchen, erscheint unerfindlich — zulässig. Leider wird von diesem Recht zu selten Gebrauch gemacht. Mag die heutige Wirtschaftslage auch eine großzügige Bewilligung des Armenrechts erfordern und die Bewilligung in Landgerichtssachen (d. h. bei Objekten über 500 RM.) bis zu einem Einkommen von 250—300 RM. gerechtfertigt erscheinen, so könnte doch wohl einem jeden zugemutet werden, einen geringen Teil der üblichen Kosten zu übernehmen. Sicherlich würde diese Maßregel leichtfertige Prozesse verhüten, da bei der weitverbreiteten Meinung, das Armenrecht befreie im Falle des Unterliegens auch von den Kosten des Gegners, schon oft erst bei Eintreibung der Kosten durch den Gegner der unterlegenen armen Partei zu Bewußtsein gekommen sein mag, welches Risiko trotz der Prozeßführung im Armenrecht sie auf sich genommen hat. Gerade eine — wenn auch noch so geringe Zahlung durch die arme Partei — dürfte Mutwilligkeit und Aussichtslosigkeit, besser als jedwede Prüfung, ausschließen.

5. Unzulässig ist nach herrschender Ansicht die Gewährung des Armenrechts an Staatenlose. Dieser Meinung tritt mit guten Gründen das Kammergericht in seinem Beschluß vom 9. II. 1928 (JW. 1240) entgegen. Es dürfte richtig sein, wenn dort unter Auseinandersetzung mit dem Schrifttum ausgeführt wird, daß begrifflich § 114 nicht hindernd im Wege steht, da dieser einen Ausnahmezustand nur für Ausländer schafft und mangels der Unmöglichkeit der dort geforderten Gegenseitigkeit bei Staatenlosen eben diesen — genau wie ihnen in Deutschland Gerichtshilfe gewährt wird — das allgemein gegebene Armenrecht gleichfalls zuteil werden müsse. Mag die Frage früher wenig praktisch gewesen sein, heute wird diese — keineswegs gekünstelte — Konstruktion unter Berücksichtigung der vielen von Haus und Hof vertriebenen Emigranten zumindest der Billigkeit gerecht werden. — Ausländer dagegen haben Anspruch in gleichem Maße wie Deutsche, sofern nur — was hinsichtlich der meisten Kulturstaaten der Fall ist — rechtlich oder tatsächlich Gegenseitigkeit verbürgt ist.

6. Die Bewilligung des Armenrechts umfaßt: 1. die einstweilige Befreiung von der Berichtigung der rückständigen und künftig erwachsenden Gerichtskosten, einschließlich der Gebühren der Beamten, der den Zeugen und den Sachverständigen zu gewährenden Vergütung und der sonstigen baren Auslagen sowie der Stempelsteuer; 2. die Befreiung von der Sicherheitsleistung für die Prozeßkosten; 3. das Recht, daß der Partei zur vorläufig unentgeltlichen Bewirkung von Zustellungen und von Vollstreckungshandlungen ein Gerichtsvollzieher, und insoweit eine Vertretung durch Anwälte geboten ist, zur vorläufig unentgeltlichen Wahrnehmung ihrer Rechte ein Rechtsanwalt beigeordnet werde.

Ausnahmsweise kann jedoch, falls eine Vertretung durch Anwälte nicht geboten ist, der nicht im Bezirk des Prozeßgerichts wohnenden Partei ein nichtrichterlicher Justizbeamter oder ein Rechtskundiger, der die erste juristische Prüfung bestanden hat (also auch ein ehemaliger Referendar, jedoch niemals ein Rechtskonsulent) zur Wahrnehmung ihrer Rechte in der mündlichen

Verhandlung beigeordnet werden. Der Betreffende ist Termins-, nicht jedoch Prozeßvertreter, so daß ihm lediglich die Kosten der Terminswahrnehmung, nicht die einer etwaigen sonstigen Prozeßführung aus der Staatskasse vergütet werden. Der zum Armenanwalt bestellte Rechtsanwalt, dessen Wahl von Amtswegen — in Berlin nach der Reihenfolge der bei Gericht eingetragenen Anwälte — oder außer der Reihe gemäß Vorschlag der Partei erfolgt, ist nicht gesetzlicher Vertreter der Partei, sondern an deren Weisungen gebunden, bedarf insbesondere in Ehesachen auch noch einer besonderen schriftlichen Bevollmächtigung.

Die Bewilligung erfolgt auf Grund eines schriftlichen Gesuchs oder einer Erklärung zu Protokoll des Urkundsbeamten der Geschäftsstelle, unterliegt somit niemals dem Anwaltszwang und erfolgt für eine jede Instanz besonders, für die erste einschließlich der Zwangsvollstreckung. Wird das Gesuch, über das, wie überhaupt im Armenrechtsverfahren, ohne mündliche Verhandlung entschieden wird, abgelehnt, so ist einfache Beschwerde gegeben; dagegen steht dem Gegner im Falle der Bewilligung kein Rechtsmittel zu. Es bleibt jedoch für ihn der jederzeit zulässige Antrag auf Entziehung des Armenrechts mangels der gesetzlichen Voraussetzungen (nachträglich sich ergebende Mutwilligkeit, unrichtige Angaben des Armenattestes usw.). Mit der Bewilligung des Armenrechts für den angreifenden Teil tritt zugleich für den Gegner in gleichem Maße die einstweilige Befreiung von Gerichtskosten, Zeugen- und Sachverständigengebühren ein, deren Einziehung erst erfolgt, falls er in die Prozeßkosten verurteilt oder der Rechtsstreit ohne Urteil über die Kosten beendet ist.

7. Das Armenrecht erlischt mit dem Tode der Partei oder durch — mit Beschwerde anfechtbarer — Entziehung, die von Amtswegen zu erfolgen hat, sobald die Voraussetzungen der Bewilligung nicht mehr vorhanden sind oder es sich ergibt, daß sie niemals vorhanden waren. Es sind jedoch in diesem Falle lediglich die neu entstehenden Kosten von der bisher armen Partei zu zahlen. Eine Nachzahlung dagegen setzt einen gemäß § 125 vorgesehenen diesbezüglichen, gleichfalls mit Beschwerde anfechtbaren Beschluß voraus, der eine Nachzahlung der Beträge, von deren Berichtigung die Partei einstweilen befreit war, anordnen kann, sobald sie ohne Beeinträchtigung des für sie und ihre Familie notwendigen Unterhalts hierzu imstande ist. Auch Ratenzahlungen können angeordnet werden.

8. Der zum Armenanwalt bestellte Rechtsanwalt erhält heute aus der Staatskasse Gebühren und Auslagen nach Maßgabe der Gebührenordnung für Rechtsanwälte (G. vom 20. XII. 1928), jedoch sind die Gebührensätze stark beschränkt und werden nur bis zu einem Streitwert von 400 RM. voll vergütet. Im übrigen tritt eine besondere Staffelung ein, die bei Objekten über 2000 RM. mit 60 RM. ihren Höchstsatz erreicht, jedoch sind Vorschüsse und Zahlungen, die der Rechtsanwalt von seinem Auftraggeber oder einem Dritten vor oder nach der Beiordnung erhalten hat, zunächst auf diejenigen Vergütungen anzurechnen, für die ein Ersatzanspruch gegen die Staatskasse nicht besteht. Mit der Erstattung durch die Staatskasse geht ein etwaiger Anspruch gegen die Partei oder einen ersatzpflichtigen Gegner auf diese über, jedoch ist der Anwalt nicht gehindert, im Falle des Obsiegens, an Stelle Erstattung aus der Staatskasse zu fordern, seine grundsätzlichen Gebühren auf seinen eigenen Namen festsetzen zu lassen und vom Gegner beizutreiben, ohne daß diesem Einreden aus der Person der armen Partei — es sei denn auf Grund der Kostenentscheidung selbst — gegeben sind. Im einzelnen sind zur Frage der Armenrechtsgebühren unzählige z. T. sich stark widersprechende Entscheidungen ergangen, hinsichtlich derer nur auf diese selbst sowie auf Aufsätze der Fachzeitschriften verwiesen werden muß (vgl. insbesondere die Zusammenstellung von Rechtsanwalt Max Friedlaender-München in JW. 1930, S. 2026ff.).

Schrifttum:

Lehrbücher und Kommentare zur Zivilprozeßordnung.

Hugo Hoormann.

Artistenrecht.

Der Begriff des Artisten ist — wie Treitel-Berol-Konorah S. 20 bereits richtig ausführen — ein Sammelbegriff. Man hat darunter diejenigen Personen zu verstehen, die in Varietés, Tingeltangeln, Zirkussen, Meß- und Jahrmarktbuden auftreten, sowie diejenigen, die an Straßen oder Plätzen ihre Kunststücke zeigen und ihren Lebensunterhalt durch Einsammeln bei den Umstehenden zu verdienen hoffen. Notwendig erscheint es, daß die an den bezeichneten Stellen auftretenden Personen dort eine Kunst oder wenigstens ein Kunststück vorführen. So gehören reine Instrumental-Musikvorführungen ohne besondere Kunstfertigkeiten nicht zu den artistischen Leistungen. Ferner gehören die sogenannten Abnormitäten, also

Menschen, die mit irgendwelchen körperlichen Merkwürdigkeiten behaftet sind, wie auch Treitel-Berol-Konorah a. a. O. sagen, nicht zu den Artisten. Dies hindert aber nicht, daß zahlreiche Vorschriften des Artistenrechts auch auf die Rechtsverhältnisse dieser Personen Anwendung finden. Schließlich sind zu den Artisten nicht diejenigen Personen zu rechnen, die einem Artisten in untergeordneter Stellung bei der Ausführung seiner „Nummer" dienen, so z. B. die Handlanger, Tierwärter, Diener usw. Sie stehen nur zu dem Artisten in einem Dienstvertragsverhältnis, haben aber mit dem „Artistenrecht" nichts zu tun.

Die Rechtsnormen, welche sich mit dem Artistenrecht befassen, sind öffentlich- und privatrechtlicher Natur.

I. Die privatrechtlichen Rechtsverhältnisse sind in die Rechtsbeziehungen zwischen dem Artisten und dem Unternehmer, dem Impresario, dem Manager, dem Agenten, dem Publikum und zu anderen Artisten zu scheiden.

1. Die Natur des Rechtsverhältnisses zwischen dem Artisten und dem Unternehmer wird in Schrifttum und Rechtsprechung verschieden beurteilt. Es wird einerseits die Ansicht aufgestellt, daß der Artistenvertrag ein Dienstvertrag im Sinne der §§ 611ff. BGB. sei (vgl. z. B. Landgericht München in SeuffBl. 05, 490). Andererseits sieht man aber auch ebenso häufig in dem Artistenvertrag einen Werkvertrag im Sinne der §§ 632ff. BGB. (vgl. z. B. ObLG. in SeuffBl. 01, 335). Richtigerweise hat man an der von Elster (in HdR. VI, 15) für den sogenannten Bühnenengagementsvertrag aufgestellten Ansicht festzuhalten, daß der Artistenvertrag ein pactum sui generis im Sinne des § 305 BGB. sei, der sowohl dienstvertragliche als auch werkvertragliche Bestandteile in sich trägt. Inwieweit im einzelnen Falle bei einem Artistenvertrag die werkvertraglichen oder dienstvertraglichen Momente vorherrschen, läßt sich im allgemeinen nicht beantworten; es kommt auf den Einzelfall an. Wenn z. B. ein großer Jongleur wie Rastelli oder ein großer Zauberkünstler wie Bellachini einen Vertrag abschließen, so liegt ein Vertrag vor, der fast ganz als Werkvertrag anzusprechen ist, da Gegenstand dieses Vertrages das Produkt der Arbeit dieser Künstler, ihre „Nummer", ist. Sie arbeiten völlig selbständig, ihnen hat der Unternehmer bezüglich ihrer Darbietungen nicht die geringsten Anweisungen zu geben. Ganz anders liegen die Verhältnisse bei den jetzt üblichen sogenannten „Girls", die meist zur Füllung des Programms aufzutreten haben. Bei ihnen liegt ein reiner Dienstvertrag vor, da Gegenstand ihres Vertragsverhältnisses ihre Arbeit, nicht das Produkt ihrer Arbeit, ist.

Es kann daher im allgemeinen bezüglich der Rechtsnatur des Vertragsverhältnisses zu dem Unternehmer eine einheitliche Ansicht nicht aufgestellt werden, sondern dies muß der Beurteilung des Einzelfalles überlassen bleiben.

Bestritten schließlich ist, ob der Artistenvertrag unter das Arbeitsgerichtsgesetz fällt. Dies ist im allgemeinen zu bejahen, da auch die in einem Varieté usw. auftretenden Artisten in der Regel als „arbeitnehmerähnliche Personen" im Sinne des § 5 ArbGerG. anzusehen sind. Hiernach unterliegen Rechtstreitigkeiten zwischen den Varieté- usw. Unternehmern und den Artisten nur der ausschließlichen Gerichtsbarkeit der Arbeitsgerichte (vgl. RG. in ArbR. 14, 797; Dersch-Volkmar, Kommentar zum ArbGerG., Treitel in ArbR. 14, 797).

2. Der Impresario ist eine Persönlichkeit, die sich oft zwischen den Unternehmer des Varietés, Zirkusses usw. und den auftretenden Artisten einschiebt. In vielen „Nummern" ist die Ausstattung derart teuer, daß der einzelne Artist zu ihrer Beschaffung nicht in der Lage ist, so z. B. bei Nummern mit teueren Raubtieren oder kostspieligen Gewändern oder Beleuchtungsapparaten. Hier ist oft ein kapitalkräftiger Unternehmer der Eigentümer der gezähmten Raubtiere oder der anderen Ausstattungen. Er stellt dann einerseits die auftretenden Artisten zur Benutzung dieser Ausstattungen an und schließt andererseits die Verträge mit den Varietéunternehmern usw. ab.

Bei den von dem Impresario mit dem Unternehmer abgeschlossenen Verträgen wird es sich meist um Werkverträge handeln, da Objekt dieser Verträge in der Regel ausschließlich „die Nummer" ist (vgl. ObLG. SeuffArch. 56 Nr. 221; OLG. Hamburg in SeuffArch. 56 Nr. 222 = OLGR. 3, 227; Stadelmann, S. 35; Dalberg, JW. 1911, S. 140; Fischer, Kommentar zum StellenVG., Anm. 5 zu § 1 S. 61). Dagegen sind die Rechtsbeziehungen zwischen den auftretenden Artisten und dem Inpressario reine gewerbliche Dienstverträge im Sinne von §§ 611ff. BGB. (vgl. OLG. Hamburg a. a. O.). Die auftretenden Artisten haben je nach Anweisung des Impresario ihre Leistungen, die Dienste, vorzunehmen. Wenn der Artist trotz Abschluß des Impresario nicht auftritt, so haftet dieser dem Unternehmer gemäß §§ 278, 631 BGB., kann aber den Artisten gemäß § 611 BGB. in Regreß nehmen. Auch die Rechtsverhältnisse zwischen den Impresarios und ihren Artisten unterliegen der Gerichtsbarkeit der Arbeitsgerichte.

3. Etwas ganz anderes als die eben besprochenen Impresarios sind die sogenannten Manager. Der Manager, der oft auch fälschlicherweise als „Impresario" bezeichnet wird, ist nur ein Gehilfe des Artisten bei Abschluß seiner Verträge.

Der Manager ist nicht Eigentümer der „Nummer". Er betreibt bei den Abschlüssen mit den Direktoren der Varietés usw. keine eigenen Geschäfte auf eigene Rechnung, sondern er schließt nur im Namen des Artisten für dessen Rechnung und als dessen Bevollmächtigter ab, was natürlich nicht ausschließt, daß die Entlohnung des Agenten in einem Prozentsatz der Gage des Artisten bestehen kann. Schließt der Manager Verträge mit dem Unternehmer ab, so wird der Artist dadurch ohne weiteres verpflichtet. Das Rechtsverhältnis des Managers zu dem Artisten ist wohl auch nur als ein pactum sui generis im Sinne von § 305 BGB. anzusprechen, wenn auch hervorzuheben ist, daß es sich um ein dienstvertragähnliches Verhältnis (§§ 611ff. BGB.) handelt. In der Regel wird der Artist sich dem Manager gegenüber verpflichtet haben, nur durch diesen Verträge über seine Nummer abzuschließen. Dann kann der Manager für alle Verträge, auch wenn er sie nicht abgeschlossen hat, Entlohnung verlangen.

4. Die Agenten schließlich sind reine Stellenvermittler für die Artisten. Von den Managern unterscheiden sich die Agenten dadurch, daß jene nur für einzelne oder höchstens eine beschränkte fest bestimmte Anzahl von Artisten tätig werden, wogegen die Agenten ganz unbeschränkt ihre Tätigkeit ausüben. Die Agenten fallen unter das StellenVG. vom 8. VI. 1910 (vgl. Reger 32, 374; GoltdArch. 12, 197) und die Vorschriften des Handelsministers vom 17. VIII. 1910 (HMinBl. 465) und 28. IX. 1910 (HMinBl. 509). Das G. über Arbeitsvermittlung und Arbeitslosenversicherung vom 16. VII. 1927 (RGBl. I, 187) enthält im § 55 vom 1. I. 1931 ab ein endgültiges Verbot der gewerbsmäßigen Stellenvermittlung. Die internationale Artistenloge bemüht sich seit Jahren, eine nichtgewerbliche Stellenvermittlung für die Artisten zu übernehmen. Auf das Rechtsverhältnis zwischen den freiarbeitenden Agenten und den Artisten finden die §§ 652 bis 655 BGB. Anwendung.

5. Zu dem Publikum unmittelbar tritt der Artist in der Regel in kein vertragliches Verhältnis. Nur wenn der Artist, wie dies z. B. bei den Jahrmarktsbuden der Fall ist, persönlich an das Publikum herantritt und das Publikum ihm das Eintrittsgeld zahlt, tritt er mit dem Publikum in ein Vertragsverhältnis. Dieses Vertragsverhältnis ist ein Werkvertrag (§§ 631ff. BGB.). Über die eventuell dabei gelöste Eintrittskarte und Garderobenmarke vgl. den Art. Theaterrecht, (HdR. VI, 14).

Wenn der im Varieté oder dem Zirkus auftretende Artist auch mit dem Publikum in kein Vertragsverhältnis tritt, so haftet er dem Publikum doch aus unerlaubter Handlung, wenn infolge seiner Fahrlässigkeit eine Person durch die Vorführung verletzt wird (§ 823 BGB.). Zu betonen ist aber, daß neben dem fahrlässig verletzenden Artisten auch der Unternehmer des Zirkus oder Varietés haftet. Der Unternehmer haftet dem Publikum aus dem zwischen ihm und dem Publikum geschlossenen Werkvertrage nach §§ 631, 278 BGB., da der Artist als Erfüllungsgehilfe des Unternehmers nach § 278 BGB. anzusehen ist (so RGZ. 59, 22; Fromherz in DJZ. 1906, S. 539; a. A. Bodenheim in DJZ. 1905, S. 1003, der nur eine Haftung aus §§ 823, 831 BGB. zulassen will). Der Unternehmer kann sich also nicht nach Maßgabe des § 831 BGB. exkulpieren.

6. Bei den Rechtsverhältnissen der Artisten untereinander ist zu unterscheiden, ob die Artisten in einer Truppe arbeiten oder ob dies nicht der Fall ist.

a) Bei den Artisten, die in einer Truppe arbeiten, können zwei Arten von Rechtsverhältnissen vorliegen.

α) Einmal können die Rechtsverhältnisse der in einer Truppe an einer „Nummer" arbeitenden Artisten derart sein, daß der eine oder mehrere von diesen die Führer dieser Truppen sind. Ist dies der Fall, so schließen der oder die Truppenchefs die oben (I, 1) besprochenen Artistenverträge mit den Unternehmern allein ab. Die übrigen Artisten treten zu den Unternehmern in kein Vertragsverhältnis, sie sind nur Erfüllungsgehilfen ihrer Truppenchefs, die also für deren Verschulden gegenüber den Unternehmern gemäß § 278 BGB. einzustehen haben. Zwischen den Truppenchefs und den Truppenmitgliedern besteht ein Dienstvertrag im Sinne der §§ 611ff. BGB.

β) Die Verhältnisse bei den in Truppen arbeitenden Artisten können andererseits derart sein, daß die einzelnen Mitglieder der Truppe juristisch gleich berechtigt nebeneinander arbeiten. In diesem Falle schließen alle Truppenmitglieder mit den Unternehmern den Artistenvertrag ab. Allerdings ist nicht notwendig, daß alle Truppenmitglieder mit dem Unternehmer verhandeln oder abschließen. Es können einzelne Mitglieder von den übrigen mit Geschäftsführung bevollmächtigt sein (§ 709 BGB.). Die einzelnen Mitglieder der Truppe haften dem Unternehmer als Gesamtschuldner. Untereinander besteht zwischen den einzelnen Gesellschaftern ein Gesellschaftsvertrag (§§ 705ff. BGB.).

b) Arbeiten die Artisten nicht in einer Truppe zusammen, so besteht zwischen ihnen kein Vertragsverhältnis. Trotzdem können sich zwischen ihnen zahlreiche Rechtsbeziehungen durch Rechtsverletzungen ergeben. Diese können in den vorliegenden Ausführungen nur andeutungsweise behandelt werden, im übrigen sei auf die diesbezüglichen Artt. wie Urheberrecht, Wettbewerbsrecht, Namenrecht usw. verwiesen.

Zahlreichen Artisten können z. B. Urheberrechte zustehen, die durch andere Artisten nicht verletzt werden dürfen. So machen sich zahlreiche Vortragskünstler ihre Gedichte, z. T. mit den dazu gehörigen Kompositionen, allein. Sie besitzen an diesen Werken das Urheberrecht. Sind diese Werke nicht erschienen, so dürfen sie von anderen Artisten nicht vorgetragen werden (§ 11 LitUrhG.). Ebenso stehen Pantomimen und choreographische Werke unter Urheberrechtsschutz und dürfen ohne Erlaubnis der Berechtigten nicht ausgeführt werden (§ 1 II LitUrhG.). Sonst stehen den Artisten an ihren Werken im allgemeinen keine Urheber- oder gewerblichen Schutzrechte zu, insonderheit erscheint es nicht richtig, aus § 2 II LitUrhG. ein Urheberrecht des reproduzierenden Künstlers herleiten zu wollen. Nur bei Vorliegen ganz besonderer Umstände kann ein Artist gegen denjenigen, der seine „Nummer" nachahmt, auf Grund der §§ 1 UWG. und 826 BGB. vorgehen. Da es im allgemeinen keinen gesetzlichen Schutz gegen das Kopieren einer „Nummer" gibt, versuchen die Vereinigungen der Artisten, sich im Wege des Boykotts dagegen zu schützen.

Schließlich sei hervorgehoben, daß das Pseudonym nach § 12 BGB. geschützt ist.

II. Öffentliches Recht. Die Rechtsnormen öffentlichen Rechts, die sich mit der Ausübung artistischer Tätigkeit beschäftigen, sind dreifacher Art.

1. Gewerberechtlich steht die Ausübung des Artistenberufes unter Konzessionszwang.

a) Einmal muß nach § 33a RGewO. der Inhaber eines Lokals, der gewerbsmäßig artistische Vorstellungen öffentlich veranstaltet, eine Erlaubnis nachsuchen. Diese Erlaubnis muß auch nachgesucht werden, wenn etwa eine Erlaubnis zu einem Theaterbetriebe erteilt ist. Hiernach sind die Varietéunternehmer usw. einem Konzessionszwang unterworfen. Die Erlaubnis kann aus Gründen versagt werden, die in der Person des Nachsuchenden, in der Art des Lokals liegen oder, wenn der den Verhältnissen des Gemeindebezirks entsprechenden Anzahl von Personen die Erlaubnis bereits erteilt ist. Die einmal erteilte Erlaubnis kann nur zurückgenommen werden, wenn gegen den Konzessionsinhaber Tatsachen vorliegen, die die Annahme rechtfertigen, daß die Veranstaltungen den Gesetzen oder den guten Sitten zuwiderlaufen. Deshalb sind die Polizeibehörden in Preußen angewiesen, die Betriebe sorgfältig zu überwachen (Erl. vom 13. I. 1895 [MinBl. 19]).

b) Wer artistische Leistungen im Umherziehen darbietet, bedarf nach § 33b der vorgängigen Erlaubnis der Ortspolizeibehörde. Während nach § 33a der Lokalinhaber die Erlaubnis besitzen muß, ist nach § 33b der Darbieter, d. h. derjenige, für dessen Rechnung der Betrieb veranstaltet wird — das ist in der Regel der Menagerie- oder Schaubudenbesitzer, möglicherweise aber auch ein Impresario —, konzessionspflichtig. Die Erteilung oder Versagung ist hier vollständig in das Ermessen der Polizei gestellt. Sie kann jederzeit widerruflich erteilt werden, dagegen ist ein willkürlicher Widerruf in Preußen unzulässig (OVG. 55, 459; GoltdArch. 10, 56; DJZ. 10, 599).

Ob die einzelnen Länder auf Grund des § 33b die Ausübung des Artistengewerbes im Umherziehen an weitere gesetzliche Voraussetzungen knüpfen dürfen, ist streitig. Nach bayrischer Ansicht ist dies möglich (OLG. München in Reger 15, 11); in Preußen dagegen nimmt man an, daß dies gegen die in § 1 RGewO. reichsrechtlich statuierte Gewerbefreiheit verstoße (GoltdArch. 4, 401).

2. Baurechtlich unterstehen die Varietégebäude, Zirkusgebäude denselben Bestimmungen wie die Theatergebäude; dafür sei auf die Ausführungen von Elster (HdR. VI, Seite 13) verwiesen.

3. Ob die Artisten unter die gewerblichen Arbeiter der RGewO. fallen, ist bestritten. Die Entscheidung hängt davon ab, ob ein höheres Kunstinteresse vorliegt. Das wird in der Regel zu verneinen sein und deshalb werden die Artisten im allgemeinen als gewerbliche Arbeiter im Sinne der RGewO. anzusprechen sein (so v. Landmann II, S. 176; Reger 28, 46; GKG. 13, 55; 19, 296; 23, 135; a. A. Treitel, GKG. 23, 112; vgl. auch Weigert in RArbBl. 1923, S. 372, 393). Trotzdem finden aber die Vorschriften der §§ 105b—g und 133g bis 139e RGewO. auf sie keine Anwendung (§§ 105i und 154 I Ziff. 3 RGewO.).

Die Beschäftigung von Kindern unter 13 Jahren ist im Artistengewerbe nach dem sogenannten KinderschutzG. (§§ 6, 15) vom 30. III. 1903 (RGBl. S. 113ff.) untersagt.

Schrifttum:

Die allgemeinen Lehrbücher und Kommentare zum bürgerlichen, Urheber- und Wettbewerbsrecht sowie Treitel-Berol-Konorah, Artistenrecht, Berlin 1905; Stadelmann, Der Impresariovertrag, Berlin 1911.

Karl-August Crisolli.

Arzt.

(HdR. I, 335.)

A. Strafrechtliche Fragen.

Zu 2. Der Entwurf eines Allgemeinen Deutschen Strafgesetzbuchs von 1925 hatte, wie schon früher bemerkt wurde, das ärztliche Operationsrecht ebenso wie die Unterbrechung der Schwangerschaft und die Perforation, soweit sie aus medizinischer Indikation vorgenommen werden, in der Weise geregelt, daß der Arzt, mochte er mit, ohne oder gegen den Willen des Kranken oder seines gesetzlichen Vertreters handeln, nicht wegen Körperverletzung, Abtreibung oder Tötung bestraft wird, sondern nur, wenn er gegen den Willen handelt, wegen eigenmächtiger Heilbehandlung. Der Reichstagsausschuß hat diese Regelung gebilligt, aber zum Ausdruck gebracht, daß die Eingriffe lediglich zu Heilzwecken erfolgen müßten und daß Eingriffe zu Experimentierzwecken nicht unter die Bestimmung fallen.

Hinsichtlich der aus medizinischer Indikation vorgenommenen Unterbrechung der Schwangerschaft hat ein Urteil des 1. Strafsenats des Reichsgerichts vom 11. III. 1927 die Lage der Ärzte schon jetzt verbessert, indem es, ausgehend vom Standpunkt der Güterabwägung, annimmt, der Arzt, der in Fällen des Notstandes der Schwangeren das weniger wertvolle Leben der Frucht mit Einwilligung der Mutter opfert, um das wertvollere der Mutter zu erhalten, handle nicht rechtswidrig.

Zu 3. In der Frage der Wahrung des ärztlichen Berufsgeheimnisses soll nach den Beschlüssen des Reichstagsausschusses eine Änderung des geltenden Rechts insofern eintreten, als in Zukunft auch alle nicht approbierten Heilbehörden und außerdem die nicht gewerbsmäßigen, sondern nur gelegentlichen Gehilfen des zum Schweigen Verpflichteten der Schweigepflicht unterworfen werden.

Die Bestimmung des § 278 StGB. — Ausstellen unrichtiger falscher Zeugnisse — wird im Strafgesetzentwurf dahin erweitert, daß nicht nur Zeugnisse getroffen werden, die zum Gebrauch bei einer Behörde oder bei einer Behörde oder bei einer Versicherungsanstalt bestimmt sind, sondern jedes Zeugnis, das zum Gebrauch im Rechtsverkehr bestimmt ist. Die Bestimmung wurde bei der deutsch-österreichischen Strafrechtskonferenz auf Betreiben der Österreicher gestrichen, in der 2. Lesung aber vom deutschen Ausschuß wieder ins Gesetz aufgenommen. —

Zu 4. Das G. zur Bekämpfung der Geschlechtskrankheiten vom 18. II. 1927 verpflichtet in § 9 den Arzt, der eine an einer ansteckenden Geschlechtskrankheit leidende Person behandelt, der Gesundheitsbehörde Anzeige zu erstatten, wenn der Kranke sich der ärztlichen Behandlung oder Beobachtung entzieht oder wenn er andere infolge seines Berufs oder seiner persönlichen Verhältnisse besonders gefährdet.

Schrifttum:

Ebermayer, Der Arzt im Recht, Leipzig 1930.

Ludwig Ebermayer.

B. Zivilrechtliche Fragen.

1. Ob die Tätigkeit des Arztes für gewöhnlich nach den Regeln des Werkvertrags oder des Dienstvertrags zu beurteilen ist, ist zivilrechtlich von grundlegender Wichtigkeit. Die Ansicht (Ebermayer, Der Arzt im Recht, S. 72, und RG. in RGZ. 128, 123, wo vom „Dienstvertragsberechtigten" gesprochen wird), daß es sich stets um Dienstvertrag, nicht um Werkvertrag handle, bedarf der Nachprüfung; das Argument, daß ja andernfalls eine Vergütung nur für die Heilung, nicht für die Behandlung gefordert werden könne, weil ein Werkvertrag den Eintritt eines „Erfolges" zum Gegenstand hat, schlägt nicht durch, weil der Inhalt dieses Werkvertrages nicht die Herbeiführung der Heilung, sondern nur die sachgemäße Behandlung ist und sein kann (näher ausgeführt im Art. Dienstvertrag, HdR. II, 54). Es gibt ärztliche Dienstverträge, aber das sind solche, bei denen der Arzt in einem Dauerverhältnis zu einem Auftraggeber steht (Kassenarzt, Krankenhausarzt, Hausarzt); dort hat er außer der einzelnen Behandlung, zu der er gerufen wird, Verpflichtungen zusammenfassender und dauernder Art. Hält man daran fest, daß Inhalt dieses Werkvertrages nur die sachgemäße Behandlung ist, so entfallen auch Bedenken wegen der Mängelrüge; zweifellos kann der „Besteller" (Patient oder dessen Haushaltungsvorstand) Beseitigung des Mangels verlangen, wenn durch fehlerhafte Behandlung ein solcher „Mangel" eingetreten und feststellbar ist, und er kann ebenso, wenn dies nicht zum Ziele führt, Wandlung verlangen, d. h. den Vertrag rückgängig machen,

oder Minderung der Vergütung eintreten lassen bzw. von Honorar ganz absehen nach den Regeln des § 634 BGB. Für die erforderliche sofortige Kündbarkeit eines Behandlungsvertrages also bedarf es durchaus nicht, wie man gemeint hat, der dienstvertraglichen Bestimmungen. Daß der Nachweis der fehlerhaften Behandlung oft schwierig ist, muß nach Lage der Dinge in Kauf genommen werden. „Abnahme des Werkes" nach §§ 640 und 641 bedeutet hier, daß der Patient oder der Besteller die Behandlung als richtig geschehen anerkennt (das Gegenteil müßte er beweisen), und daß das Honorar nach jedem Besuch fällig ist, entspricht so durchaus dem § 641 BGB. Auch das Kündigungsrecht des Werkvertrags (§ 649) macht keine Schwierigkeiten, sofern man eben nur den Inhalt des Werkvertrags (Behandlung) richtig auffaßt. Da bis zur Vollendung des Werkes der Rücktritt jederzeit zulässig ist, so ergibt sich die einfache Folge: versteht man unter Behandlung den einzelnen Akt (Besuch, Konsultation, einzelner Eingriff), so wird niemand von dem geschehenen Einzelakt zurückzutreten, ihn zu kündigen Anlaß haben (außerhalb der schon oben erwähnten Mängelrüge), und es steht nichts im Wege, die Behandlung abzubrechen; ist jedoch unter Behandlung eine Reihe von Akten bis zu irgendeinem erwarteten Ergebnis zu verstehen, so ist die Behandlung ja erst bei Eintritt dieses Ergebnisses vollendet; es kann also nach § 649 jeder der Beteiligten während der Behandlung kündigen. Schwierigkeiten können nicht einmal dadurch entstehen, daß jede der Parteien sich etwas Anderes unter dem erwarteten Ergebnis (Vollendung des Werkes) gedacht haben; denn zwingen kann man niemanden, weder den Arzt noch den Patienten, sich dem Standpunkt des Anderen anzuschließen und die Behandlung fortzusetzen, und die Vergütung ist für die teilweise Behandlung gerade so gut fällig wie für die „vollendete". Ist ein bestimmter Erfolg ausdrücklich zugesichert, so modifiziert dies die Rechte und Pflichten, und auch dafür sind die Sätze vom Werkvertrag tauglich.

2. Schwierigkeiten kann, namentlich für Fragen der Haftung und der Sorgfaltspflicht, das Problem des Kausalzusammenhanges gerade beim ärztlichen Handeln bieten. Wegen der systematischen Grundlagen s. d. Art. Kausalzusammenhang, HdR. III, 517ff. Es kann z. B. ein Verschulden ganz klar vorliegen und trotzdem die Kausalität zweifelhaft sein, etwa wenn ein Arzt einen Patienten schuldhaft (fahrlässig) falsch behandelt hat, aber die Folge, die dann eintrat, durchaus nicht klar auf seine falsche Behandlung zurückzuführen ist. Dann würde die Haftung wegen mangelnden Kausalzusammenhanges entfallen. Das kann z. B. praktisch werden, wenn mehrere Ärzte oder wenn Gehilfen des Arztes an der Angelegenheit beteiligt sind oder wenn eine Unterbrechung des Kausalzusammenhanges eingetreten ist. So hat RGZ. 102, 230 in der Frage, ob ein Arzt, dessen schuldhaftes Verhalten die spätere Zuziehung eines anderen Arztes veranlaßt hat, für Fehler dieses anderen Arztes haftet, dahin entschieden, daß „die etwaigen Fehler dieses zweiten Arztes durch das ursprüngliche Verschulden des zuletzt behandelnden Arztes adäquat verursacht sind, außer wenn dieser zweite Arzt gegen alle ärztliche Regel und Erfahrung schon die ersten Anforderungen an ein vernünftiges, gewissenhaftes ärztliches Verfahren in gröblichstem Maße außer acht gelassen hat. Nur in diesem letzteren Falle kann und muß das ungewöhnlich grobe Verschulden des zweiten Arztes für die alleinige Ursache des dadurch bewirkten Schadens erachtet werden". Das ist eine durchaus richtige Umgrenzung der Kausalität; ähnlich wie in dem anderen Fall (RGZ. 125, 375), wo das RG. das Verhalten des Arztes, der ein Rezept infolge zu starker Abkürzung undeutlich gehalten hatte und wo dann infolge des Mißverstehens des Apothekers dem Patienten eine todbringende Lösung eingespritzt worden ist, für kausal erklärte, da „nach dem regelmäßigen Gang der Ereignisse" jene Abkürzung diese Gefahr in sich barg. Als natürliche Folge der Dinge wird immer und mit Recht die ordnungsmäßig anzuwendende Sorgfalt angesehen. Schwieriger liegt die Rechtsfrage noch, wenn der Kausalzusammenhang innerhalb des Handelns der einen Person unklar ist, also wenn beispielsweise der Arzt einen Patienten operiert, der an der Bluterkrankheit oder an Leukämie leidet und die Frage aufzuwerfen ist, ob der an sich nicht todbringende Messerschnitt des Chirurgen oder der anormale Zustand des Patienten die adäquate Ursache des unglücklichen Ausgangs des Eingriffes ist. Es handelt sich dann, wenn der Arzt diesen anormalen Zustand des Patienten nicht kannte und nicht kennen konnte oder mußte, um Unterbrechung des Kausalzusammenhanges durch Zufall. Weitere Ausführungen in meinem Aufsatz: Der Kausalzusammenhang bei der Haftung des Arztes, in Ärztliche Mitteilungen (Organ des Verbandes der Ärzte Deutschlands) Nr. 1 vom 4. I. 1930. Die mangelhafte Sorgfalt des Arztes hat aber ein anderes RG.-Urteil (24. III. 1930, JRdsch. 1930 HRR. 1097) daraus geschlossen, daß z. B. ein Röntgenarzt, der bekanntlich bei Röntgenaufnahme zu besonders vorsichtiger Handhabung verpflichtet ist, ungenügende Buchführung über

die Behandlung aufzuweisen hatte, so daß schon daraus seine Fahrlässigkeit und Kausalität an dem Unfall zu entnehmen war.

3. Auch die Beweislast spielt bei Arztprozessen eine beachtenswerte Rolle. In dem eben genannten RGUrteil wurde in dieser Hinsicht gesagt, daß von dem sachunkundigen Verletzten nach Treu und Glauben nicht verlangt werden könne, daß er die nähere Ursache der Verletzung, also die Fehlerquelle, aufzeige, die Beweislast mithin dem Arzt obliege, daß er alles getan habe, was zur Abwendung der Gefahr möglich war. In RGZ. 78, 432 aber wird zur Frage der Beweislast beim Eintritt schädlicher Folgen einer Operation gesagt: „Nimmt man an, daß dem Arzte der Nachweis obliegt, daß er bei Vornahme der Operation mit aller Sorgfalt und den Erfahrungen der Wissenschaft gemäß gehandelt hat, so hat er dieser Pflicht doch genügt, wenn er dartut, daß ein eingetretener ungünstiger Erfolg auch ohne sein Verschulden eingetreten sein kann, daß nach dem soweit möglich klargelegten Sachverhalt ein positiver Anhalt für ein Verschulden des Arztes nicht gegeben ist." Diese dem Arzt günstige Auffassung wird auch von Ebermayer (a. a. O., S. 103) befürwortet. Das RG. ist im allgemeinen von großem Verständnis für die schwierige Lage der Ärzte in Haftungsfragen. Eine Entsch. in RGZ. 128, 121 bestätigt die grundsätzliche Stellungnahme von RGZ. 78, 432 und äußert sich eingehender über Schwierigkeiten und Möglichkeiten der Beweislastverteilung in Arztprozessen. Die Beweislast hat grundsätzlich der auf Schadenersatz klagende Patient. „Wer für eine Tatsache beweispflichtig ist, hat grundsätzlich vollen Beweis zu erbringen. Das kann für die beweispflichtige Partei schwere Nachteile im Gefolge haben, wenn sich der Ursachenablauf endgültig nicht mehr aufklären läßt." Der Richter kann sich mit einem Wahrscheinlichkeitsbeweis begnügen (§ 287 ZPO.) und er kann aus einem Mißgriff des beklagten Arztes und einer damit zusammenhängenden Lücke in der Beweisführung Folgerungen für die Beweiswürdigung zu Ungunsten desjenigen Teils ziehen, der die Unaufklärbarkeit schuldhaft herbeigeführt hat.

4. Die berufliche Betätigung der Ärzte ist kein Gewerbe, weil ideelle Rücksichten und Bestimmungen auf das Verhalten in hohem Maße Einfluß haben. Das wird schon dadurch gekennzeichnet, daß die Berufsorganisation und die Ehrengerichte verhältnismäßig strenge Anforderungen an die Vermeidung geschäftlicher Handlungsweise stellen. So wurde (vgl. Ebermayer, a. a. O., S. 39ff.) Empfehlung einer bestimmten Apotheke durch den Arzt, wenn dies ohne triftige sachliche Gründe geschieht, als ehrengerichtlich strafbar angesehen. Auch bei der Anpreisung bestimmter Erfindungen und Mittel muß der Arzt sehr vorsichtig sein. Er darf nicht um des Geldverdienens willen Heilmittel und Apparate an Patienten käuflich abgeben. Insbesondere aber ist ihm Zurückhaltung auferlegt bei Ankündigung seiner Berufsausübung (vgl. auch JW. 1930 S. 1612 für die Behandlung von Geschlechtskrankheiten). Er untersteht hier nicht nur dem G. gegen den unl. Wettbewerb, sondern auch besonderen Berufsvorschriften. Das wird nicht dadurch hintangehalten, daß der Arztberuf kein „Gewerbe" sei und etwa deshalb keinen Wettbewerb treiben könne. Im geschäftlichen Verkehr zu Wettbewerbszwecken kann auch der Arzt Ankündigungen erlassen und tätig werden. Daher aber kann er auch gegen Kurpfuscher wegen unlauteren Wettbewerbs vorgehen. Die besonderen Standesrücksichten, denen der Arzt zu folgen hat, tragen sogar die Tendenz in sich, ein Vorliegen unlauteren Wettbewerbs in Ärztekreisen zu modifizieren, also enger zu umgrenzen als beim Kaufmann. So erhöht die berufsständische Einschränkung der Ankündigungserlaubnis die Anwendungsmöglichkeit des § 3 UnlWG. und läßt den § 1 u. U. schon anwendbar sein in Fällen, in denen einem Kaufmann eine Sittenwidrigkeit beruflichen (wettbewerblichen) Handelns noch nicht nachgesagt werden könnte. Dafür ist er aber andererseits auch in seiner Berufsbezeichnung und seinen Titeln stärker gegen unberechtigte Konkurrenz geschützt. Zahlreich sind die Urteile, die arztähnliche oder Dr.-ähnliche Titel dem Nichtakademiker und dem Nichtapprobierten untersagt haben, so u. a. Doctor of dental surgery, Dr. chir. dent. (amerikanische Approbation), Praktischer Biochemiker. Es braucht dabei von dem Nichtapprobierten nicht das Wort Arzt in der Bezeichnung benutzt zu sein, vielmehr liegt ein arztähnlicher Titel schon vor, wenn durch den Gesamteindruck des Titels beim Publikum der Glaube erweckt wird, es handle sich um eine geprüfte Medizinalperson (vgl. die Kommentare zum UnlWG. zu § 3).

5. Daß der Arzt eine Vergütung (Honorar) zu fordern hat, macht ebenfalls noch nicht seinen Beruf zum Gewerbe. Gebührenordnungen haben hier nicht, wie beim Anwalt, primäre, sondern, weil sie zumeist nicht gesetzlich festgelegt sind, nur sekundäre Bedeutung nach der freien vertraglichen Vereinbarung. Das Honorar richtet sich nach Verkehrssitte und Üblichkeit. Daß die Kapazität größere Ansprüche zu stellen berechtigt ist als der Arzt von nur lokaler Bedeutung, liegt in der Verkehrssitte begründet

(so auch Ebermayer, a. a. O. S. 78), selbst wenn hie und da Gerichte einen anderen Standpunkt eingenommen haben. RG. vom 28. I. 1927 (Ebermayer, S. 79) sagt, der Arzt sei beim Fehlen einer maßgebenden Übung nach §§ 315, 816, 612 BGB. berechtigt, seine Forderung nach billigem Ermessen so aufzustellen, daß sie einer angemessenen Vergütung entspricht. In der Entsch. JW. 1930 S. 1577 hat das RG. einem leitenden Arzt eines großen Krankenhauses ein sehr hohes Honorar als berechtigt zugesprochen, das er von einem in sehr günstigen Vermögensverhältnissen lebenden Bankdirektor für die Rettung seines Kindes nach einem gefährlichen Kraftwagenunfall gefordert hatte; die Angemessenheit des Honorars bemesse sich nach der ärztlichen Leistung, nach der Stellung des Behandelnden als Arzt und nach den Vermögensverhältnissen des Patienten bzw. des Schuldners. Über die wechselseitige Haftung von Ehegatten oder Verwandten für die Arztvergütung sind die Sätze des bürgerlichen Rechts maßgebend, ihre Anwendung im Einzelfall aber ist sehr umstritten (vgl. JW. 1930 S. 1562).

Schrifttum:

L. Ebermayer, Der Arzt im Recht, Rechtliches Handbuch für Ärzte, Leipzig 1930. — JW. Nr. 22 vom 24. V. 1930 mit zahlreichen arztrechtlichen Beiträgen und Entscheidungen. — Elster, Bedeutung des Gesetzes gegen den unlauteren Wettbewerb für den Arzt, Ärztl. Mitteil. 1927 Nr. 37. — Elster, Einige neuere arztrechtliche Gerichtsentscheidungen, ebenda 1930 Nr. 22.

Alexander Elster.

C. Verwaltungsrechtliche Fragen.

Im HdR. I, 335 ff. ist über diesen Gegenstand gehandelt worden. Die folgenden Feststellungen dienen der Ergänzung.

1. Die Prüfungsordnung für Ärzte vom 5. VII. 1924 (RMBl. 240) ist geändert durch VO. vom 22. XII. 1927 (daselbst S. 605). Über die Anerkennung von Reifezeugnissen bei der Zulassung zur ärztlichen Prüfung s. Erl. vom 12. I. 1928 (VMBl. 132) und über Gebühren für die ärztlichen Vorprüfungen und Prüfungen s. VO. vom 17. I. 1927 (RMBl. 15). Ein Verzeichnis der Krankenhäuser und medizinisch-wissenschaftlichen Institute, die bis auf weiteres zur Annahme von Praktikanten ermächtigt sind, enthält die Bek. vom 28. III. 1929 (RMBl. 277).

2. Die Errichtung und Befugnisse der für jede preußische Provinz und für Berlin zu bildenden Ärztekammern und des Ärztekammerausschusses sind unter Aufhebung der früheren Vorschriften neu geregelt durch G. vom 30. XII. 1926 (GS. 353); s. hierzu AusfBest. vom 8. III. 1927 (VMBl. 295). Die Kammern haben ihren Sitz am Amtssitze des Oberpräsidenten. Ihr Geschäftskreis umfaßt die Erörterung aller Fragen und Angelegenheiten, die den ärztlichen Beruf oder die öffentliche Gesundheitspflege betreffen, sowie die Wahrnehmung und Vertretung der Interessen des Ärztestandes. Die Staats- und Gemeindebehörden sollen den Ärztekammern Gelegenheit geben, sich über Fragen ihres Geschäftskreises gutachtlich zu äußern und zu Beratungen solcher Fragen, insbesondere, soweit sie die öffentliche Gesundheitspflege betreffen, in geeigneten Fällen Sachverständige hinzuziehen, die ihnen von den Ärztekammern vorgeschlagen werden. Die letzteren können durch besondere Satzungen Fürsorgeeinrichtungen für Ärzte und deren Hinterbliebene schaffen. Diese Fürsorgeeinrichtungen können gemeinsam für mehrere oder sämtliche Ärztekammern geschaffen werden. Jeder Arzt, der den ärztlichen Beruf oder eine medizinische Tätigkeit ausübt, hat dies binnen 2 Monaten dem Vorstande derjenigen Ärztekammern mitzuteilen, in deren Bezirk sein Wohnsitz liegt. Eine gleiche Mitteilungspflicht hat jeder Arzt, der seinen Wohnsitz verlegt. Die Verletzung der Mitteilungspflicht kann eine Ordnungsstrafe bis zur Höhe des einfachen Jahresbeitrages nach sich ziehen. Es gibt einen Einspruch an den Vorstand der Ärztekammer, dessen Entscheidung binnen einer weiteren Frist von einem Monat mit der Beschwerde an den Oberpräsidenten angefochten werden kann. Gegen die Entscheidung des Oberpräsidenten ist innerhalb eines Monats die weitere Beschwerde an den Minister für Volkswohlfahrt zulässig. Weitere Bestimmungen regeln das Wahlrecht, die Mitgliedschaft und das Wahlverfahren. Die Mitglieder der Ärztekammern verwalten ihr Amt als Ehrenamt. Der Vorsitzende vertritt die Ärztekammer nach außen und vermittelt ihren Verkehr mit den Staatsbehörden. Alle Urkunden, welche die Ärztekammer vermögensrechtlich verpflichten, müssen unter ihrem Namen von dem Vorsitzenden oder seinem Stellvertreter und noch einem Mitgliede vollzogen werden. Die Geschäftsordnung der Ärztekammer kann jedoch bestimmen, daß die Vollziehung außer vom Vorsitzenden oder seinem Stellvertreter durch einen Angestellten der Kammer erfolgt. Der Vorsitzende hat die laufenden Geschäfte der Ärztekammer und des Vorstandes zu führen, die Beschlüsse auszuführen und deren Ausführung zu überwachen. Er beruft die Sitzungen der Ärztekammer und des Vorstandes ein und leitet in beiden die Verhand-

lungen. Er muß die Ärztekammer einberufen, wenn die Hälfte ihrer Mitglieder unter Angabe des zu verhandelnden Gegenstandes schriftlich darauf anträgt oder wenn es die Ärztekammer oder der Vorstand beschließt. Er muß den Vorstand einberufen, wenn es von zwei Vorstandsmitgliedern unter Angabe des zu verhandelnden Gegenstandes schriftlich beantragt wird. Die Ärztekammer ist beschlußfähig, wenn mehr als die Hälfte ihrer Mitglieder oder deren Stellvertreter anwesend ist. Für die Schaffung neuer Fürsorgeeinrichtungen ist die Zustimmung der Mehrheit aller Kammermitglieder oder deren Stellvertreter erforderlich; in der Einberufung ist hierauf hinzuweisen. Für andere Beschlüsse genügt die einfache Mehrheit aller abgegebenen Stimmen, soweit sich nicht aus dem G. über die Ärztekammern vom 30. XII. 1926 etwas anderes ergibt. Im übrigen regelt die Ärztekammer ihre Geschäftsführung selbständig durch Aufstellung einer Geschäftsordnung. Jede Ärztekammer ist befugt, von den wahlberechtigten Ärzten des Kammerbezirkes einen von ihr festzusetzenden jährlichen Beitrag zur Deckung ihres Kassenbedarfs zu erheben. Das Umlagerecht ist im übrigen eingehend geregelt. Die allgemeine Staatsaufsicht über die Ärztekammer und deren Vorstand wird durch den Oberpräsidenten geführt. Er ist befugt, an den Kammersitzungen mit dem Rechte auf jederzeitiges Gehör teilzunehmen, und kann mit der Ausübung dieses Rechts einen oder mehrere Vertreter beauftragen. Er ist ferner berechtigt, von dem Stande der Kasse selbst oder durch einen Beauftragten Kenntnis zu nehmen und Bücher und Belege zu prüfen. Die Aufsicht über Fürsorgeeinrichtungen, die unter Gewährung eines Rechtsanspruchs eine Versicherung von Ärzten oder deren Hinterbliebenen zum Gegenstande haben, wird vom Oberpräsidenten und, wenn eine solche Fürsorgeeinrichtung gemeinsam für mehrere oder sämtliche Ärztekammern geschaffen wird, von den zuständigen Ministern geführt. Der Ärztekammerausschuß hat die Aufgabe, innerhalb der den Ärztekammern zugewiesenen Zuständigkeit eine vermittelnde Tätigkeit auszuüben, und zwar zwischen dem Minister für Volkswohlfahrt und den Ärztekammern, auch zwischen diesen untereinander. Insbesondere liegt ihm ob die Beratung der ihm vom Minister überwiesenen Vorlagen und der von einzelnen Ärztekammern oder von Mitgliedern des Ärztekammerausschusses an ihn gerichteten Anträge. Der Ärztekammerausschuß hat seinen Sitz in Berlin. Seine Mitglieder werden für die Amtsdauer der Kammer von den Ärztekammern gewählt. Jede Ärztekammer wählt ein Mitglied und einen Stellvertreter. Die für die Provinz Oberschlesien und Niederschlesien wählt zwei Mitglieder und zwei Stellvertreter. Die Mitglieder des Ärztekammerausschusses verwalten ihr Amt als Ehrenamt. Der Vorsitzende des Ärztekammerausschusses hat den Verkehr nach außen zu vermitteln und für die Ausführung der Beschlüsse des Ausschusses Sorge zu tragen. Der Ärztekammerausschuß führt die Geschäfte auch nach Ablauf der Wahlperiode weiter, bis sie der neue Ausschuß übernommen hat. Die allgemeine Staatsaufsicht über den Ärztekammerausschuß führt der Minister für Volkswohlfahrt.

Vgl. auch G. über die Errichtung gemeinsamer Ärztekammern für die Provinzen Niederschlesien und Oberschlesien sowie für die Provinzen Brandenburg und Grenzmark Posen-Westpreußen und die Stadt Berlin vom 18. VII. 1924 (GS. 581), geändert ist Art. III durch G. vom 5. III. 1928 (GS. 15). Das G. betr. die ärztlichen Ehrengerichte, das Umlagerecht und die Kassen der Ärztekammern vom 25. XI. 1899 (GS. 565) ist geändert durch G. vom 27. VII. 1904 (GS. 182), vom 30. XII. 1926 (GS. 353) und vom 5. III. 1928 (GS. 15).

3. Über die Stellung der beamteten Ärzte gegenüber den Ärztekammern s. Erl. vom 23. III. 1927 (VMBl. Nr. 8). Die Gebühren der Medizinalbeamten regelt das G. vom 14. VII. 1909 (GS. 625) in Verbindung mit Erl. vom 31. III. 1924 (GS. 207), vom 5. V. 1924 (GS. 540) und vom 15. V. 1927 (GS. 82). Zu beachten ist auch Erl. vom 29. IV. 1911 (MBl. für Medizinalangelegenheiten 170) und vom 24. III. 1928 (VMBl. 399).

4. Durch G. über die Regelung der Gewerbesteuer vom 17. IV. 1930 (GS. 93) erhielt die Gewerbesteuerordnung ihre vorläufig letzte Novelle. Danach unterliegt der Gewerbesteuer nicht: die Ausübung eines der reinen Kunst oder der reinen Wissenschaft gewidmeten freien Berufs; als der reinen Kunst oder der reinen Wissenschaft gewidmet ist ein künstlerischer oder wissenschaftlicher Beruf dann anzusehen, wenn er sich auf schöpferische oder forschende Tätigkeit, Lehr-, Vortrags- und Prüfungstätigkeit sowie auf schriftstellerische Tätigkeit beschränkt. Durch eine im geringen Umfange nebenher ausgeübte Gutachtertätigkeit als Sachverständiger wird die Zurechnung zu einem der reinen Kunst oder der reinen Wissenschaft gewidmeten freien Berufe nicht ausgeschlossen (§ 3). Da nun als Gewerbebetrieb jede fortgesetzte, auf Gewinnerzielung gerichtete selbständige Tätigkeit gilt, die sich als Beteiligung am allgemeinen wirtschaft-

lichen Verkehre darstellt (§ 1 II), ergibt sich, daß die Tätigkeit des praktischen Arztes gewerbesteuerpflichtig ist. Ausgenommen ist nur die Tätigkeit der Ärzte, die reine Wissenschaft ist und jene schöpferische und forschende Tätigkeit, Lehr-, Vortrags- und Prüfungstätigkeit, sowie schriftstellerische Tätigkeit. Daraus ergibt sich z. B., daß ein Professor der Medizin an einer Universität nicht gewerbesteuerpflichtig ist für eine hier soeben gekennzeichnete Tätigkeit, wohl aber, wenn er, was bei den praktischen Medizinfächern häufig ist, private Praxis ausübt, z. B. als Chirurg oder Arzt für innere Krankheiten. Für seine durch Gutachtertätigkeit eingehenden Einnahmen ist er insoweit nicht gewerbesteuerpflichtig, als er nur in geringem Umfange nebenher die Gutachtertätigkeit als Sachverständiger ausübt. Wohl aber in dem entgegengesetzten Falle. Bezüglich der Bemessungsgrundlagen bestimmen das Nähere §§ 4—10 und über die Steuersätze §§ 11, 12, 14 der GewerbesteuerVO. Der Steuersatz nach dem Gewerbeertrage beträgt für die ersten angefangenen oder vollen 1500 RM. des abgabepflichtigen Ertrages (der unter Berücksichtigung der abzugsfähigen Betriebsausgaben, § 5, festzustellen ist) ½ %, für die weiteren angefangenen oder vollen 1200 RM. des abgabepflichtigen Ertrages 1½ %, für die weiteren Beträge 2 %. Der Steuersatz nach der Lohnsumme beträgt 1‰ der Lohnsumme. Der Veranlagungszeitraum ist das Rechnungsjahr (§ 16). Die weiter in Betracht kommenden Bestimmungen der GewerbesteuerVO. §§ 18—66a finden entsprechende Anwendung.

Fritz Stier-Somlo.

Auflösung der Familiengüter.

(HdR. I, 369.)

1. In Preußen hat die Auflösung der Familiengüter (Familienfideikommisse, Lehen, Erbstammgüter) und Hausvermögen durch das G. vom 22. IV. 1930 über Änderungen der zur Auflösung der Familiengüter und der Hausvermögen ergangenen Gesetze und Verordnungen (GS. 51) eine wesentliche Umgestaltung erfahren. Auf Grund dieses Gesetzes ist durch Bek. vom 27. VI. 1930 der Wortlaut der FamiliengüterVO. vom 30. XII. 1920 als „FamiliengüterG. vom 22. IV. 1930" und der Wortlaut der ZwangsauflösungsVO. vom 19. XI. 1920 als „ZwangsauflösungsG. vom 22. IV. 1930" neu bekanntgemacht (GS. 125). Diese Gesetze treten am 1. X. 1930 in Kraft.

Die freiwillige Auflösung der Familiengüter und Hausvermögen ist durch das neue Familiengütergesetz sehr erleichtert. Künftig brauchen zu einem die Auflösung regelnden Familienschluß außer dem Besitzer und einer etwa vorhandenen Familienvertretung nur noch die drei nächsten folgeberechtigten Anwärter zugezogen zu werden. Stimmen nur zwei Anwärter dem Familienschluß zu, so kann die Zustimmung des dritten von der Auflösungsbehörde ersetzt werden, wenn sie ohne berechtigten Grund verweigert wird. Durch Familienschluß kann nur noch die sofortige Auflösung, nicht mehr die allmähliche, geregelt werden.

Durch das neue Zwangsauflösungsgesetz ist die Zwangsauflösung sehr beschleunigt. Alle Familiengüter und Hausvermögen, die bis zum 1. VII. 1938 noch nicht freies Vermögen geworden sind, erlöschen an diesem Tage und werden freies Eigentum in der Hand des Besitzers. Falls der letzte Besitzer die Rechte der Anwärter nicht durch Vertrag mit den beiden nächsten Anwärtern anderweit regelt, wird er von der Erteilung des Auflösungsscheins an in der Verfügung über das frei gewordene Vermögen nach Art eines Vorerben beschränkt. Der Anwärter, der nach der bisherigen Folgeordnung Folger geworden wäre, und, wenn nach § 1 Abs. 2 Satz 3 der bisherigen ZwangsauflösungsVO. das Vermögen erst in der Hand des zweiten Folgers frei geworden wäre, auch dieser, hat die Stellung eines Nacherben bzw. weiteren Nacherben.

Besonders beschleunigt ist die Auflösung der Zwerggrundfideikommisse, die nach dem 1. X. 1931 alsbald aufzuheben sind, der Geldfideikommisse, die am 1. X. 1931 frei werden, sowie der Lehen, die spätestens am 1. IV. 1935 in entsprechender Weise erlöschen; wie die übrigen Familiengüter am 1. VII. 1938.

Auch das materielle Fideikommißrecht ist in wesentlichen Punkten neu geregelt. Insbesondere ist die Lage der Fideikommißgläubiger dadurch günstiger gestaltet, daß Verpflichtungen aus Rechtsgeschäften, die der Betrieb der Landwirtschaft gewöhnlich mit sich bringt, Stammschulden werden. Außerdem ist bestimmt, daß die Früchte des Fideikommisses in der Regel mit der Trennung oder Fälligkeit freies Vermögen des Fideikommißbesitzers werden.

Die im öffentlichen Interesse mit der Auflösung verbundene Einführung eines Waldschutzes für die zu den bisherigen Familiengütern und Hausvermögen gehörenden Waldungen ist wesentlich geändert und einheitlich geregelt worden. Schutzforst und Waldgut sind einander weiter angenähert. So ist auch zu Belastungen von Waldgütern nunmehr eine Genehmigung nicht mehr erforderlich, und die Bildung von Schutzforsten kann — ebenso wie die von Waldgütern — von Amts wegen erfolgen. Die staatliche Forstaufsicht über die Schutzforsten und Waldgüter ist freier gestaltet. Außer Waldgütern sind auch fernerhin Deichgüter und Weingüter zugelassen. Waldstiftungen und Waldgutsstiftungen, Landgüter und Landgutsstiftungen, Weingutsstiftungen und Deichgutsstiftungen dürfen aber nicht mehr gebildet werden.

Der Stand der Auflösung der Familiengüter und Hausvermögen war in Preußen am 1. II. 1930 ungefähr folgender: Von den 1347 Grundfamiliengütern (einschl. Hausvermögen) mit 2338180 ha, die es im Jahre 1919 in Preußen gab, sind freiwillig oder zwangsweise aufgelöst: 586 Familiengüter mit 853816 ha. Bei weiteren 86 Familiengütern mit 193706 ha ist der Auflösungsschein nur deshalb noch nicht erteilt, weil die Waldsicherung noch nicht beendet ist. Bis zum 1. I. 1929 sind in Preußen gebildet worden: 131 Schutzforsten, 157 Waldgüter, 8 Waldstiftungen, 6 Landgüter und Landgutsstiftungen, 4 Deichgüter, 2 Weingüter.

2. Die Auflösung der Fideikommisse ist nunmehr auch in den deutschen Ländern gesetzlich geregelt, in denen dies bisher noch nicht geschehen war:

a) In Anhalt ist durch die ZwangsauflösungsVO. vom 15. V. 1928 und die VO. über Waldgüter vom 14. VIII. 1928 die Auflösung und das Waldgutsrecht nach dem Vorbild der preußischen ZwangsauflösungsVO. vom 19. XI. 1920 geregelt.

b) Der Freistaat Sachsen hat durch G. über Auflösung der Familienanwartschaften vom 9. VII. 1928 bestimmt, daß die Zwangsauflösung stattfindet, wenn eine freiwillige Auflösung durch Familienbeschluß nicht innerhalb eines Jahres nach dem Inkrafttreten des Gesetzes zustande gekommen ist. Alsdann ist das Vermögen dem Besitzer als freies Vermögen zu überweisen. Aus dem Kreise der Anwärter ist grundsätzlich nur der nächste Folgeberechtigte abfindungsberechtigt. Die Anwärter erhalten insgesamt höchstens ein Viertel des Wertes des Vermögens.

c) In Württemberg ist das G. über Auflösung der Fideikommisse vom 14. II. 1930 ergangen. Danach wird das Fideikommiß in der Regel beim Wegfall des gegenwärtigen Inhabers in der Hand des Folgers frei. Fällt der gegenwärtige Inhaber nicht früher weg, so wird das Vermögen 30 Jahre nach dem Inkrafttreten des Gesetzes in seiner Hand frei. Daneben ist die Erhaltung eines geschlossenen Waldbesitzes durch Errichtung von Waldstiftungen oder Waldgütern vorgesehen.

Oskar Klässel.

Aufnahme eines unterbrochenen oder ausgesetzten Verfahrens.

I. Der Stillstand des Verfahrens tritt in einer Reihe von Fällen ein, die in der ZPO. ausdrücklich vorgesehen und in den verschiedenen Abschnitten besonders genannt sind. Sie zerfallen in drei Gruppen, die Aussetzung, die Unterbrechung und das Ruhen des Verfahrens. Die Aussetzung erfolgt auf Antrag oder von Amts wegen, wenn die Entscheidung von dem Ausgang eines anderen Rechtsstreits — insbesondere über Familienstandsfragen — abhängt oder für sie die Ermittlungen eines Strafverfahrens von Bedeutung sind (§§ 148, 149, 151—154 ZPO.), sowie unter den im § 246 ZPO. genannten Voraussetzungen, kurz angedeutet seien noch §§ 65, 578, 620, 621, 681, 959, 969, 1042 ZPO. Unterbrochen wird ein Rechtsstreit durch den Tod einer Partei, den Verlust der Prozeßfähigkeit usw., soweit die Partei nicht durch einen Prozeßbevollmächtigten vertreten war, in Anwaltsprozessen beim Wegfall des Anwalts durch Tod oder Unfähigkeit den Prozeß fortzuführen, durch Konkurseröffnung über das Vermögen der Partei, soweit der Streit die Konkursmasse betrifft, sowie durch das Aufhören der Rechtspflege infolge eines Krieges oder eines anderen Ereignisses (§§ 239 bis 245 ZPO.). Das Ruhen des Verfahrens ist anzuordnen, wenn beide Parteien es beantragen und das Gericht die Anordnung im einzelnen Fall für zweckmäßig ansieht oder wenn beide Parteien im Termin nicht erscheinen oder beim Ausbleiben der einen von der anderen keine Anträge gestellt werden und weder eine Entscheidung nach Lage der Akten ergeht noch eine Vertagung angebracht ist (§§ 250, 251 ZPO.). Die Unterbrechung und die Aussetzung hat die Wirkung, daß der Lauf einer jeden Frist aufhört und daß erst nach Beendigung des Stillstandes des Verfahrens die volle Frist wieder von neuem zu laufen beginnt und daß die während dieser Zeit von einer Partei vorgenommenen Prozeßhandlungen der anderen gegenüber unwirksam sind (§ 249 ZPO.). Die Aussetzung des Verfahrens ist in der Regel von vornherein begrenzt, indem entweder der Fortgang des Rechtsstreits an den Eintritt eines bestimmten Ereignisses geknüpft wird oder in dem Beschluß zeitlich bestimmt wird. Dies kann bei der Unterbrechung, die kraft Gesetzes ohne Zutun des Gerichts oder einer Partei eintritt, mit Ausnahme der in den §§ 241, 243 ZPO.

genannten Fälle, nicht geschehen. Hier sowie bei der Aussetzung ohne eine Bestimmung über deren Beendigung und beim Ruhen des Verfahrens bedarf es zur Fortführung des Rechtsstreits eines Handelns der einen oder der anderen Partei. Sie muß das Verfahren aufnehmen, damit es wieder in Gang kommt.

II. 1. Die Aufnahme ist im § 250 ZPO. geregelt. Sie erfolgt durch Zustellung eines Schriftsatzes. Die Aufnahme ist reine Prozeßhandlung, die an den Gegner und nicht an das Gericht gerichtet ist (vgl. Stein-Jonas, § 250 Anm. 1 ZPO.). Sie kann, soweit sie statthaft ist, jederzeit bis zur rechtskräftigen Entscheidung des Rechtsstreits erfolgen, ohne daß es des Nachweises eines besonderen Interesses bedarf (RGZ. 13, 316). Eine Ausnahme besteht nur bei Anordnung des Ruhens des Verfahrens, wenn der Rechtsstreit vor Ablauf von 3 Monaten wieder aufgenommen werden soll, da hierzu nach besonderer Regelung die Zustimmung des Gerichts erforderlich ist (§ 251 Abs. 2 ZPO.). Im amtsgerichtlichen Verfahren geschieht die Aufnahme durch Einreichung einer dahin gehenden Erklärung an das Gericht, das sie von Amtswegen an den Gegner zustellt (§ 496 ZPO.); im landgerichtlichen Verfahren und im Verfahren vor den höheren Gerichten ist die Erklärung im Parteibetrieb zuzustellen, wobei es ratsam ist, eine Abschrift beim Gericht niederzulegen, wie mit Recht Stein-Jonas, § 250 ZPO. Anm. II hervorhebt. Wenn die Erklärung auch nicht mit Worten ausdrücklich sagen muß, daß das Verfahren aufgenommen wird, so muß sich doch aus dem Inhalt des Schriftsatzes bestimmt und zweifelsfrei ergeben, daß der Prozeß fortgesetzt werden soll (RGZ. 51, 94). Dies ist deshalb erforderlich, weil die Wirkung der Aufnahme darin besteht, daß die im Zeitpunkt der Unterbrechung oder Aussetzung im Lauf begriffenen Fristen mit der Aufnahme wieder zu laufen beginnen und jede Partei damit wieder in die Lage versetzt wird, Anträge zur Hauptsache zu stellen (RGZ. 13, 316). Da die Aufnahme vor allem diese Bedeutung hat, genügt die Zustellung eines Urteils nicht, ebenso wenig die Einlegung eines Rechtsmittels oder die Zustellung der Rechtsmittelbegründung (RGZ. 41, 403). Streng genommen wird man verlangen müssen, daß die Aufnahme diesen Prozeßhandlungen vorangeht, auch wenn sie für den Gegner bestimmt sind (RGZ. 78, 343). Daß mit der Einlegung eines Rechtsmittels die Aufnahme nicht zulässig sein kann, ergibt sich schon aus Folgendem: Tritt die Unterbrechung oder Aussetzung nach Erlaß des Urteils aber vor Einlegung des betreffenden Rechtsmittels ein und soll der Rechtsstreit wieder aufgenommen werden, so kann dies nur vor dem Gericht geschehen, das das Urteil erlassen hat. Es hat allein über die Aussetzung und über die Aufnahme auch im Fall der Unterbrechung zu befinden. Durch die Entscheidung der vereinigten Zivilsenate (RGZ. 68, 247ff.) ist jetzt diese früher verschieden beurteilte Frage in dem eben angegebenen Sinne entschieden. Daraus folgt ohne weiteres, daß die Aufnahme des Verfahrens nicht mit der Rechtsmitteleinlegung zusammen vorgenommen werden kann. Tritt dagegen der Stillstand des Prozesses nach Einlegung des Rechtsmittels aber vor Einreichung der Begründungsschrift ein, so ist der Rechtsstreit schon bei dem übergeordneten Gericht anhängig und es würde wohl eine Überspannung der Form bedeuten, wollte man hier allgemein verbieten, daß die Erklärung der Aufnahme mit der Rechtsmittelbegründung verbunden wird. M. E. wird man es jedenfalls dann zulassen müssen, wenn mit der Aufnahme ein Personenwechsel nicht eintritt. Daß die Aufnahme auch in der mündlichen Verhandlung, wenn der Gegner erschienen ist, erklärt werden kann, wird von der Rechtsprechung einstimmig bejaht (RGZ. 52, 347; 109, 48), ebenso ist anerkannt, daß auf die Einhaltung der Form für die Aufnahme nach § 295 ZPO. verzichtet wird, wenn die Verletzung der Vorschrift nicht in der nächsten mündlichen Verhandlung gerügt wird (RGZ. 51, 94; 66, 399; 78, 343).

2. Folgende Besonderheiten gelten, wenn der Rechtsstreit nicht von den gleichen Personen, die ihn ursprünglich geführt, fortgesetzt wird oder fortgesetzt zu werden braucht.

Ist im Fall des Todes einer Partei oder des Eintritts der Nacherbfolge (§§ 239, 242) eine Unterbrechung des Verfahrens eingetreten oder ist, wenn die betreffende Partei von einem Prozeßbevollmächtigten vertreten war, auf dessen Antrag oder auf Antrag des Gegners nach § 246 ZPO. das Verfahren ausgesetzt, so ist der Rechtsstreit durch die Rechtsnachfolger aufzunehmen. Der Begriff des Rechtsnachfolgers ist hier im weitesten Sinne zu verstehen. Rechtsnachfolger sind nicht allein die Gesamt-, sondern auch die Sondernachfolger, wie z. B. die Ehefrau, bei einem Streit, den ihr im Lauf des Prozesses verstorbener Mann für das eingebrachte Gut geführt hat (RGZ. 26, 141; 31, 332; 109, 48 und die dort angegebenen Entscheidungen). Wird die Aufnahme verzögert, so können die Rechtsnachfolger zur Aufnahme des Prozesses und zur Verhandlung zur Hauptsache vom Gegner geladen werden (§ 239 Abs. 2 ZPO.). Eine Verzögerung ist anzunehmen, wenn der Nachfolger trotz Kenntnis der Rechtsnachfolge und der Anhängigkeit des Rechtsstreits ohne gesetzlichen Entschuldigungsgrund den Streit nicht aufnimmt (vgl. Sydow-Busch, § 239 Anm. 5 ZPO.). Die Ladungsfrist ist hier ausnahmsweise vom Vorsitzenden zu bestimmen (§ 239 Abs. 3 ZPO.).

Im Fall der Eröffnung des Konkurses über das Vermögen einer Partei wird das Verfahren, wenn es die Konkursmasse betrifft, unterbrochen, bis es nach den konkursrechtlichen Bestimmungen aufgenommen oder aufgehoben wird (§ 240 ZPO.). Hier sind drei Fälle zu unterscheiden. Aktivprozesse des Gemeinschuldners, bei denen ein zur Vermehrung der Teilungsmasse dienlicher Anspruch verfolgt wird (vgl. Busch, KO., § 10 Anm. 2), können von dem Konkursverwalter aufgenommen werden, der bei Verzögerung der Aufnahme vom Gegner, wie im Fall des § 239 ZPO., hierzu und zur Verhandlung zur Hauptsache geladen werden kann. Lehnt der Verwalter die Aufnahme ab, wozu es keiner besonderen Form bedarf, so bedeutet dies, daß der streitige Anspruch nicht mehr zur Konkursmasse, sondern zum freien Vermögen des Gemeinschuldners gehört (vgl. Busch, KO., § 10 Anm. 6); das Recht zur Aufnahme hat dann sowohl der Gemeinschuldner als der Gegner (§ 10 KO.). Entsprechendes gilt nach § 13 AnfG., wenn ein Verfahren über einen Anfechtungsanspruch anhängig und durch den Konkurs des Schuldners unterbrochen ist. Auf die dort geregelten Einzelheiten kann hier nicht näher eingegangen werden. Passivprozesse des Gemeinschuldners, die auf Aussonderung eines Gegenstandes aus der Konkursmasse oder auf abgesonderte Befriedigung gerichtet sind oder einen Masseanspruch betreffen, können entweder von dem Konkursverwalter oder dem Gegner, nicht aber von dem Gemeinschuldner aufgenommen werden, den Konkursverwalter treffen keine Kosten, wenn er den Anspruch sofort anerkennt (§ 11 KO.). In anderen anhängigen Passivprozessen des Gemeinschuldners hat der Gegner das Recht zur Aufnahme des Rechtsstreits gegen den Gemeinschuldner, wenn die Forderung zur Konkurstabelle festgestellt ist, der Gemeinschuldner sie aber im Prüfungstermin bestritten hat (§ 144 KO.); ist die streitige Forderung, wegen der der Rechtsstreit schwebt, infolge des Widerspruchs des Verwalters oder eines Konkursgläubigers nicht zur Konkurstabelle festgestellt worden, so kann die Feststellung der Forderung durch die Aufnahme des Rechtsstreits von dem Gegner gegen die Bestreitenden verfolgt werden (§ 146 Abs. 3 und 4 KO.). Kann infolge des Konkurses nicht mehr der ursprünglich geltend gemachte Anspruch verlangt werden, so ist der Rechtsstreit zur Verfolgung des angemeldeten und bestrittenen Anspruchs auf die andere Leistung aufzunehmen (vgl. Busch, § 146 Anm. 9 KO.). Es ist also je nach der Sachlage bald der Konkursverwalter, bald der Gemeinschuldner oder der Gegner zur Aufnahme berechtigt.

Soweit im Fall der Unterbrechung oder der Aussetzung durch den Tod einer Partei oder den Eintritt der Nacherbfolge der Rechtsnachfolger feststeht und durch ihn die Aufnahme erfolgt, regelt sich der weitere Gang, wie unter II 1 ausgeführt ist; dasselbe gilt, wenn bei Unterbrechung durch Konkurs der Streit durch den Verwalter, den Gemeinschuldner oder den Gegner aufgenommen wird, je nachdem die Voraussetzungen hierfür nach §§ 10, 11, 144, 146 KO. gegeben sind, und soweit ein Streit über die Berechtigung zur Aufnahme nicht besteht. Erscheinen beide Teile im Termin, so kann ohne weiteres zur Hauptsache verhandelt werden. War vor der Unterbrechung oder Aussetzung schon ein Urteil zur Hauptsache ergangen, so bedarf es eines Ergänzungsurteils, das die Wirksamkeit der Aufnahme und des Urteils für oder gegen den Aufnehmenden ausspricht und im Fall des § 146 KO. dem veränderten Antrag gegebenenfalls Rechnung trägt (vgl. Stein-Jonas, § 239 Anm. III 3 und § 240 Anm. II 3). Dieses Urteil gilt als Endurteil und ist zusammen mit der vorher ergangenen Sachentscheidung anfechtbar (RGZ. 27, 350). Erscheint im Termin der Aufnehmende oder der Gegner nicht, so ist auf Antrag die Berechtigung zur Aufnahme als gerechtfertigt anzusehen und Versäumnisurteil zur Sache durch Stattgeben des Anspruchs oder Abweisung der Klage zu erlassen (§ 239 Abs. 3 ZPO., § 10 KO. und die Ausführungen bei Stein-Jonas, § 239 Anm. IV 5). Wird die Berechtigung zur Aufnahme von dem Gegner bestritten, sei es, daß die Rechtsnachfolge nicht anerkannt oder das Recht des Konkursverwalters oder des Gemeinschuldners zur Aufnahme bemängelt wird, sei es, daß bei Aufnahme durch den Gegner wegen Verzögerung der Fortsetzung des Rechtsstreits die zur Aufnahme Geladenen ihre Pflicht hierzu nicht zugeben, so hat zunächst das Gericht über diesen Streit zu entscheiden. Sieht es die Aufnahmeberechtigung für gegeben an, so kann es dies durch ein nur mit dem Endurteil zusammen anfechtbares Zwischenurteil oder mit der Sachentscheidung im Endurteil aussprechen (RGZ. 34, 383; 45, 353). Hat im Fall des § 239 ZPO., § 10 KO. der Gegner wegen Verzögerung der Aufnahme den Rechtsnachfolger oder Konkursverwalter zur Aufnahme und zur Verhandlung zur Hauptsache geladen, so hört mangels Anerkennung der Verpflichtung die Unterbrechung erst mit der rechtskräftigen Feststellung der Aufnahmeverpflichtung auf (vgl. Sydow-Busch, § 239 Anm. 5 ZPO. und Stein-Jonas, § 239 Anm. IV ZPO.). Man wird dies aber wohl in dem Sinne verstehen müssen, daß bei unberechtigter Weigerung der Aufnahme die in dem Endurteil ausgesprochene Aufnahmeverpflichtung die Beendigung der Unterbrechung auf den Zeitpunkt der mündlichen Verhandlung, in der der zur Aufnahme Geladene die Weigerung der Aufnahme erklärt, zurückverlegt, weil sonst die inzwischen vorgenommenen Prozeßhandlungen während der andauernden Unterbrechung unwirksam wären (ebenso Stein-Jonas, a. a. O.). Der zur Aufnahme Geladene wird deshalb trotz des Bestreitens seiner Verpflichtung zur Aufnahme erforderlichenfalls zur Sache verhandeln müssen, da er sonst Gefahr läuft, seiner Prozeßrechte verlustig zu gehen, wenn das Gericht die Aufnahmepflicht bejaht. Kommt das Gericht zu einer Verneinung der Aufnahmeberechtigung oder -verpflichtung, weil der Aufnehmende seine Berechtigung hierzu nicht dartun kann oder im Fall des § 239 ZPO., § 10 KO. die andere Partei die Verpflichtung zur Aufnahme oder die Verzögerung nachzuweisen nicht in der Lage ist, so ist der Aufnehmende mit dem Anspruch auf Fortsetzung des Rechtsstreits oder der Gegner mit dem Antrag auf Aufnahme abzuweisen. Eine solche zur Sache ergehende Entscheidung ist stets Endurteil und rechtsmittelfähig (RGZ. 34, 429; 86, 238 u. a.). Ist erst nach Erlaß des Endurteils die Aufnahme erfolgt, so ist über den Aufnahmestreit durch ein ergänzendes Endurteil zu entscheiden, das Teil und Element des Erkenntnisses in der Hauptsache ist (RGZ. 27, 350; RG. JW. 1924 S. 1986; OLG. Hamburg HansGZ. 26 Beil. 22) und mit ihm gleichzeitig angefochten werden kann. Es kann schlechterdings hier nicht auf alle Einzelheiten eingegangen werden, die in zahlreichen Entscheidungen zur Behandlung gekommen sind. Erwähnt seien nur folgende zwei Fälle: Ist von einem Nichtberechtigten der Streit aufgenommen worden, so kann der Berechtigte dem Zwischenstreit als Nebenintervenient beitreten, im übrigen hat er die Entscheidung jenes Streites abzuwarten und dann den Prozeß seinerseits aufzunehmen (RGZ. 45, 395). Macht der Konkursverwalter geltend, daß der Rechtsstreit für den Gemeinschuldner gar nicht anhängig geworden ist, so handelt es sich nicht um einen Zwischenstreit über die Aufnahme (RGZ. 54, 120).

III. Unberührt bleiben müssen hier auch die Fälle der §§ 241, 243, 244 ZPO., bei denen die Beendigung der Unterbrechung oder der Aussetzung ohne besondere Aufnahme des Verfahrens eintritt.

Soweit über den Aufnahmestreit ein besonderes Urteil ergeht, entsteht hierfür die Urteilsgebühr nach § 20 GKG., der Anwalt erhält, wenn er den gesamten Rechtsstreit führt, für den Zwischenstreit über die Aufnahme keine besondere Gebühr, wohl aber, wenn er nur den Zwischenstreit vertritt; hier kann er die Gebühren verlangen, wie wenn er den ganzen Prozeß führt (Busch, RAGebO., § 20 Anm. d).

Das Verwaltungsstreitverfahren, das für Preußen im LandesverwaltungsG. vom 30. VII. 1883 §§ 61—114 geregelt ist, kennt eine Aufnahme des Verfahrens nicht. Ist auch die Verwaltungsgerichtsbarkeit im wesentlichen der Zivilgerichtsbarkeit nachgebildet und sind auch die Vorschriften der ZPO. teils schlechthin, teils entsprechend anwendbar (vgl. Verwaltungsgerichtsbarkeit HdR. VI, 612ff.), so unterscheidet sich das Verwaltungsverfahren vom Zivilprozeß doch sehr wesentlich dadurch, daß es dort keinen Parteibetrieb, sondern lediglich den Amtsbetrieb gibt (vgl. auch von Bitter, Handwörterbuch der Preußischen Verwaltung, S. 951). Gerade die Aufnahme des Verfahrens im Zivilprozeß ist ein Ausfluß des Grundsatzes, daß die Parteien den Rechtsstreit führen und daß sie den zum Stillstand gekommenen Prozeß in den oben genannten Fällen wieder in Gang zu bringen haben. Das kann für das Verwaltungsstreitverfahren nicht in Frage kommen, in dem die Parteien nicht die gleiche Selbständigkeit der Prozeßführung wie in der ZPO. haben. So wird in einem Urteil des Preußischen Oberverwaltungsgerichts (OVG. 65, 442) ausgeführt: „Das LVerwG. enthält keine Vorschriften darüber, in welchen Fällen und unter welchen Voraussetzungen der Verwaltungsrichter das Verfahren aussetzen darf. Die Bestimmungen der §§ 148, 149 ZPO. sind in der Beziehung mangels einer ihre Anwendbarkeit im Verwaltungsstreitverfahren aussprechenden Vorschrift nicht maßgebend. Die Aussetzung kann daher stattfinden, wenn sie für die sachgemäße Behandlung und Erledigung des Streitverfahrens notwendig oder zweckmäßig erscheint." Das Verwaltungsgericht hat also im einzelnen Fall nach freiem Ermessen darüber zu entscheiden, ob es das Verfahren aus besonderen Gründen aussetzen will, und es hat demgemäß auch selbst zu bestimmen, wann das Verfahren wieder fortzusetzen ist. Mangels besonderer gesetzlicher Bestimmungen oder der entsprechenden Anwendung der zivilprozessualen Regelung über die Aufnahme des Verfahrens ist diese durch die Parteien im Verwaltungsstreitverfahren ausgeschlossen.

Werner Simonson.

Aufruhr.

(HdR. I, 379.)

Das künftige Strafgesetzbuch hat im Entw. 27 im § 172 den Tatbestand des Aufruhrs und des Landfriedensbruchs vereinigt. „Wer sich an der öffentlichen Zusammenrottung einer Menschenmenge, die mit vereinten Kräften der Strafgewalt Widerstand leistet (§ 149) oder Gewalttaten gegen Personen oder Sachen verübt, wissentlich beteiligt, wird mit Gefängnis bestraft. Die Rädelsführer werden mit Zuchthaus bis zu 10 Jahren bestraft. Ebenso wird ein anderer Beteiligter bestraft, der durch eine Gewalttat einen Menschen in ernste Gefahr für Leib und Leben gebracht oder großen Sachschaden angerichtet hat."

Wegen Auflaufs soll nach § 174 Entw. 27 nach der Fassung, die er im Ausschuß erhalten hat, bestraft werden, wer sich aus einer auf öffentlichen Wegen, Straßen oder Plätzen versammelten Menschenmenge nicht entfernt, obwohl die Menge dreimal aufgefordert worden ist, auseinanderzugehen. Die Aufforderung muß aber nach den bestehenden gesetzlichen Vorschriften zulässig und der Auffordernde zur Aufforderung zuständig gewesen sein.

Ludwig Ebermayer.

Aufwertung und Aufwertungsgesetzgebung.

(HdR. I, 392ff.)

I. Weitere Entwicklung der Aufwertungsrechtsprechung. Das RG. hat an den in dem Artikel unter I dargelegten Rechtsgrundsätzen, soweit sie nicht durch die Aufwertungsgesetzgebung außer Kraft gesetzt worden waren, also namentlich auf dem Gebiete der freien Aufwertung, auch weiter festgehalten und auf ihnen weiterbauend die zahllosen Streitfragen, die sich ergaben, zu klären gesucht. Das Ergebnis konnte in manchen Fragen nicht ohne eine gewisse durchgreifende Entschlußfähigkeit gefunden werden, die den äußeren Anschein selbstherrlicher Willkür nicht immer vermeiden konnte, richtig aufgefaßt aber doch nur der Aufgabe des höchsten Gerichts, Recht zu schaffen auch wo das Gesetz versagt, gerecht wird. Daß dabei die andere Seite, welche für ein stabiles Rechtssystem einen gewissen Grad von Sicherheit erfordert, einigermaßen in den Hintergrund getreten ist, läßt sich nicht verkennen, war aber durch die Verhältnisse zwangsläufig gegeben. Das RG. hat sich dabei grundsätzlich auf den Standpunkt gestellt, daß die Vorschriften des AufwG., welche die Anwendung der allgemeinen Vorschriften des bürgerlichen Rechts, namentlich die Berücksichtigung von Treu und Glauben gemäß § 242 BGB., einschränken und an Stelle der aus dieser sich ergebenden individuellen Aufwertung schematische Höchstsätze und Fristen eingeführt haben, Ausnahmevorschriften sind, die sich zu einer entsprechenden Anwendung außerhalb des begrenzten Sachkreises, für den sie gegeben sind, nicht eignen, zumal da ja das AufwG. selbst in § 62 ausdrücklich auf die Anwendung der „allgemeinen Vorschriften" für die Aufwertung der von ihm nicht geregelten Ansprüche verweist. Wegen dieser Stellungnahme ist die Rechtsprechung des RG. von einzelnen Stellen (Abraham, vgl. unten) mit Unrecht angegriffen und ihr eine „Beunruhigung der Wirtschaft" zum Vorwurfe gemacht worden. Im übrigen können hier nur einige der wichtigsten im weiteren Verlaufe der reichsgerichtlichen Rechtsprechung aufgestellten Rechtsgrundsätze für die freie Aufwertung in Kürze mitgeteilt und muß für das Nähere auf die Spezialkommentare verwiesen werden.

1. Das RG. hat gegenüber weitergehenden Auffassungen (Zeiler) daran festgehalten, daß ein Aufwertungsanspruch nicht bei jeder Verminderung der Kaufkraft des Währungsgeldes begründet ist, vielmehr nur dann, wenn zwischen der Entstehung der Forderung und dem Zeitpunkte, zu dem sie bezahlt werden soll, eine Geldentwertung von derartigem außergewöhnlichen Umfange eingetreten ist, daß der Nennbetrag, in welchem die Forderung ausgedrückt ist, nur noch einen geringen Bruchteil der ihm bei der Entstehung innewohnenden Kaufkraft darstellt, so daß er im Verhältnis zu der Leistung, die durch die Forderung abgegolten werden soll, keine Bedeutung mehr oder doch nur einen verschwindend geringen wirtschaftlichen Wert hat (RGZ. 107, 129; 110, 39 und sonst); in einigen Entscheidungen ist das etwas abgeschwächt dahin ausgedrückt, daß zwischen den beiderseitigen Leistungen ein „unbilliges Mißverhältnis" bestehen muß (RGZ. 112, 327; WarnRspr. 1926 Nr. 64, 69). Auf alle Fälle ist damit für solche Geldentwertungen, die nicht durch ganz außergewöhnliche Verhältnisse bedingt sind und die sich in einigermaßen normalen Grenzen halten, die Maßgeblichkeit des Nennbetrages des Währungsgeldes für Geldschulden — vgl. den Art. Geld- und Währungsrecht — nicht verneint, was für in Zukunft etwa eintretende derartige Erscheinungen festzuhalten ist.

2. Als Maßstab für die Feststellung des ursprünglichen Wertes (Goldwertes) einer Geldforderung zu einer Zeit, als die Mark ihre Eigenschaft als Wertmesser bereits ver-

loren hatte, als sogenannter Index, war zunächst in der Rechtsprechung und auch noch von der 3. StNotVO. (vgl. den Art. unter II) der Kurs des nordamerikanischen Dollars an den deutschen Börsen verwendet worden; es ergab sich aber bald, daß dieser Kurs sich keineswegs zu der inneren Kaufkraft der Mark parallel entwickelt hatte. Auch das in der Beilage zum AufwG. errechnete und von dem Gesetz als maßgebend erklärte Umrechnungsverhältnis (vgl. den Art. a. a. O.), das übrigens von dem Dollarkurse nur wenig abwich, erwies sich nicht als allgemein geeigneter Umrechnungsmaßstab. Für die Durchschnittsfälle boten der in den Reichsrichtzahlen statistisch festgestellte Lebenshaltungsindex und die Zeilerschen Umwertungszahlen, die den Verarmungsfaktor zu berücksichtigen suchten, Anhaltspunkte (RGZ. 109, 163 und sonst). Doch hat das RG. wiederholt betont, daß irgendein Index stets nur als einer der verschiedenen für die Aufwertung zu berücksichtigenden Faktoren, und zwar nur gleichwertig mit anderen, in Betracht kommen könne. — Der Rechtsgedanke der Aufwertung führt aber keineswegs stets oder auch nur regelmäßig zu einer vollen Wiederherstellung des ursprünglichen Goldwertes der Forderung; das wird vielmehr die verminderte Wirtschaftskraft Deutschlands, von der auch die Geldschuldner als Sachgutbesitzer mehr oder weniger betroffen worden sind, zumeist nicht gestatten (RGZ. 107, 87; 108, 122; 110, 40 und sonst). Doch hat die neuere Rechtsprechung des RG. es dazu geführt, unter besonderen Umständen, namentlich wo die in der Inflationszeit herrschend gewordenen unverhältnismäßig niedrigen Preise von Sachgütern (Waren, Grundstücken), die in der nicht ausreichenden Erkenntnis des Umfanges der eingetretenen Geldentwertung ihren Grund hatten, in Betracht kamen, Aufwertung über den vollen Goldwert des vereinbarten Preises hinaus (über 100%) zuzulassen. Insbesondere haben für beiderseits noch nicht erfüllte Großhandelsgeschäfte die Ver. Zivilsenate (RGZ. 110, 371) ausgesprochen, daß ein heutiger höherer Marktpreis der verkauften Waren neben anderen Umständen als Anhaltspunkt für die Höhe der Aufwertung benutzt werden könne, und der 1. und 2. Zivilsenat haben ihm in mehreren Entscheidungen sogar maßgebende Bedeutung beigelegt. Demgegenüber hat für Grundstücksverkäufe der 5. Zivilsenat, entgegen dem KG., ständig daran festgehalten, daß die Aufwertung nicht dazu benutzt werden dürfe, etwa in der Inflationszeit zu billig vereinbarte Kaufpreise zu Gunsten der Verkäufer zu korrigieren, und daß deshalb die heutigen Grundstückspreise nicht als Normalwerte zum Ausgangspunkte der Aufwertung gemacht werden dürfen, wenn auch nicht ausgeschlossen sei, daß sie als Anhaltspunkte für die Bestimmung der wirklichen Kaufkraft der Mark auf dem Grundstücksmarkte zur Zeit des Verkaufs dienen könnten (RGZ. 109, 163 und sonst).

3. Hinsichtlich der Frage, bis zu welchem Zeitpunkte durch Leistung des Nennbetrags ohne Aufwertung eine fällige Geldforderung getilgt werden und dadurch ein Anspruch auf Aufwertung ausgeschlossen werden konnte, besteht unter den Senaten des RG. gleichfalls keine volle Übereinstimmung. Zwar war man sich von vornherein darüber einig, daß es sich, soweit nicht ein schuldhaftes Verhalten in Frage steht (RGZ. 112, 196), dabei nicht darum handeln könne, ob zur Zeit der Leistung die Zahlung des Nennbetrags noch, wenn auch rechtsirrig, als volle Erfüllung angesehen wurde, sondern darum, ob sie auf Grund der Rechtsauffassung, die sich seitdem durchgesetzt hat, objektiv Erfüllung war. Dagegen vertraten mehrere Senate die Auffassung, daß, wenn die Leistung vor einem festbestimmten Stichtage, und zwar dem 15. VIII. 1922, erfolgt ist, Aufwertung nicht verlangt werden könne, da bis dahin der Satz Mark = Mark noch allgemein, und zwar als objektives Recht, Geltung gehabt habe. Vgl. RGZ. 113, 136; 115, 198 und 201 (2. Zivilsenat); WarnRspr. 1926 Nr. 127 (6. Zivilsenat); RGZ. 124, 76 (7. Zivilsenat). Andererseits haben der 1. und 5. Zivilsenat das Festhalten an einem bestimmten Stichtage für die Leistung grundsätzlich abgelehnt (RGZ. 112, 324; WarnRspr. 1926 Nr. 64 und die in RGZ. 114, 402 angeführten Urteile des 5. Zivilsenats). In neuerer Zeit haben sich die Auffassungen der Senate insofern angenähert, als anerkannt wird, daß je nach der Art der Geschäfte, um die es sich handelt, eine verschiedene Zeitgrenze gerechtfertigt sein kann und daß namentlich die Bedürfnisse des Handelsverkehrs, die bei kaufmännischen Umsatzgeschäften eine glatte und endgültige Abwicklung erfordern, einer Wiederaufrollung von Forderungen, die als vor Mitte August 1922 durch Zahlung erledigt angesehen wurden, entgegenstehen können, während für Grundstücksverkäufe und für „lebenswichtige Geschäfte" ein solcher Stichtag nicht gelten könne (RGZ. 114, 402; 115, 205; 116, 311; 118, 376).

4. Die besonders von der Wirtschaft gegen die sogenannte rückwirkende Aufwertung ins Feld geführte Gefahr der Wiederaufrollung längst als erledigt angesehener Rechtsansprüche hat aber das RG. in neuerer Zeit

noch in einer weiteren Richtung zu einer nicht unwesentlichen zeitlichen Einschränkung solcher Aufwertungsansprüche geführt. Es erkennt nämlich an, daß die Gesichtspunkte von Treu und Glauben, auf welche die Aufwertung ihrem Rechtsgrunde nach zurückzuführen ist, u. U. eine Aufwertung nicht mehr rechtfertigen können, wenn der Gläubiger nach Empfang der unaufgewerteten Leistung unverhältnismäßig lange Zeit gewartet habe, bis er mit einem Aufwertungsanspruch hervortrat und wenn der Schuldner sich infolgedessen wirtschaftlich bereits darauf eingerichtet habe und einrichten durfte, daß weitere Ansprüche nicht mehr erhoben werden würden. Es ist dies die sogenannte Verwirkung des Aufwertungsanspruchs, die teils darauf gegründet wird, daß der Gläubiger durch langes Zuwarten einen Verstoß gegen Treu und Glauben begehe, teils darauf, daß die zu berücksichtigenden Belange des Schuldners ein Wiederaufrollen der Forderung unter solchen Umständen nicht gestatteten. Auch diesem Gesichtspunkte ist namentlich für die Geschäfte des Handelsverkehrs Berechtigung zuerkannt worden; vgl. RGZ. 116, 317; 117, 361; 118, 377; 119, 236. Keine volle Übereinstimmung besteht über den Zeitpunkt, für welchen anzunehmen ist, daß der Gläubiger von seinem Rechte auf Aufwertung, ungeachtet vorbehaltloser Annahme der unaufgewerteten Zahlung, Kenntnis erlangt habe; vgl. darüber RGZ. 119, 234. Überwiegend ist angenommen, daß dies erst einige Zeit nach dem allgemeinen Bekanntwerden des reichsgerichtlichen Urteils vom 3. XII. 1924 (RGZ. 109, 111) anzunehmen und daß deshalb im September 1925 und noch im März 1926 gestellte Aufwertungsbegehren nicht verspätet seien; im Schrifttum sind noch weitergehende Auffassungen hervorgetreten. Vgl. darüber RGZ. 119, 234. Strengere Anforderungen an das Verhalten des Gläubigers sind für die Frage des Wegfalles der Hemmung der Verjährung gestellt worden (RGZ. 120, 361; 126, 297).

5. Auch für die Frage, ob ein Vergleich über die Aufwertung im Sinne des § 67 AufwG. wie auch des allgemeinen bürgerlichen Rechts vorliegt, durch welchen eine weitere Aufwertung ausgeschlossen wird, kommt der Zeitpunkt in Betracht, in welchem die Parteien sich bewußt geworden sind, daß ein Rechtsanspruch auf Aufwertung besteht. Das RG. hat den Grundsatz aufgestellt, daß von einem solchen Vergleich nicht die Rede sein könne, wenn die Parteien an eine Pflicht des Schuldners zur Aufwertung überhaupt nicht gedacht haben, vielmehr davon ausgegangen sind, daß der Gläubiger nur den Nennbetrag in Papiermark rechtlich fordern könne, und wenn der Schuldner lediglich aus Billigkeitsgründen, um der als tatsächlich eingetreten zum Bewußtsein gekommenen, aber in ihrer rechtlichen Bedeutung noch nicht erkannten Geldentwertung Rechnung zu tragen, sich zur Zahlung eines Aufgeldes bereit erklärt habe. Und zwar steht das RG. dabei auf dem Standpunkte, daß es für die Zeit bis zu dem Urteile vom 28. XI. 1923 stets der Feststellung besonderer Umstände bedarf, um annehmen zu können, daß die Parteien an die Möglichkeit der Aufwertung einer Darlehenshypothek gedacht haben, während bei anderen Ansprüchen, namentlich aus gegenseitigen Verträgen, eine solche Möglichkeit schon früher ins Auge gefaßt sein könne (RGZ. 116, 143; 117, 226, 296; 118, 59).

II. Weitere Entwicklung der Aufwertungsgesetzgebung. Unmittelbar nach dem Inkrafttreten der beiden Gesetze über die Aufwertung von Geldforderungen und über die Ablösung von öffentlichen Anleihen vom 16. VII. 1925 — vgl. den Art. „Aufwertung usw." HdR. II, 396 und den Art. „Anleihe (öffentliche)" HdR. II S. 207 — setzte eine in weite Kreise sich fortpflanzende Bewegung ein, welche die Aufhebung oder grundstürzende Abänderung dieser Gesetze im Sinne größerer Gerechtigkeit und Billigkeit gegenüber den Gläubigern durch die Inflation entwerteter Forderungen gegen private und öffentliche Schuldner anstrebte und zu diesem Zwecke auch das Mittel des Volksentscheides ins Auge faßte. Vgl. Näheres darüber bei Wunderlich-Mügel (s. Schrifttum). Aber auch in solchen Kreisen, die eine radikale Änderung des einmal geschaffenen Rechtszustandes nicht für wünschenswert oder durchführbar hielten, wurde die Notwendigkeit erkannt, durch eine Novelle zu den Gesetzen gewisse Fehler und Unstimmigkeiten zu beseitigen, die sich bei der übereilten Herausbringung der Gesetze eingeschlichen hatten und bei ihrer Ausführung bald hervorgetreten waren. Diesen Bestrebungen verdankte der im Februar 1927 veröffentlichte Entwurf der Jur. Arbeitsgemeinschaft (DJZ. 1927 S. 257) seine Entstehung. Die Regierung konnte diesem Drängen auf die Dauer sich nicht mit Erfolg entgegensetzen, suchte aber den Anschein zu erwecken, daß die Aufwertungsgesetze sachlich unberührt blieben und nur einzelne Ausführungsbestimmungen neben ihnen neu erlassen würden. Vgl. Wunderlich a. a. O. Dadurch erklärt sich die umständliche und schwer verständliche Fassung des auf der Grundlage des von der Regierung vorgelegten Entwurfs zustande gekommenen Gesetzes über die Verzinsung aufgewerteter Hypotheken und ihre Umwandlung in Grundschulden vom 9. VII. 1927 (RGBl. I, 171). Der wesentliche Inhalt dieses Gesetzes, soweit es die Aufwertung betrifft, ist in Kürze folgender:

1. Über die Verzinsung bereits gelöschter Hypotheken, die auf Grund der §§ 15, 16, 20 AufwG. kraft „Rückwirkung" aufgewertet werden (vgl. S. 397 Sp. 2 des Artikels), war in § 28 Abs. 2 AufwG. bestimmt, daß sie erst mit dem Beginn des auf die Wiedereintragung folgenden Kalendervierteljahres zu beginnen habe. Es hatte sich daraus die Streitfrage ergeben, ob diese Bestimmung sich auch auf die Verzinsung der persönlichen Forderung bezieht. Auch hatte sich der Mißstand gezeigt, daß bei Hypotheken, die infolge der Vorschriften über den öffentlichen Glauben des Grundbuchs nicht wieder eingetragen werden konnten (§ 20 Abs. 1 AufwG.), eine Verzinsung überhaupt nicht beginnen konnte. Die Novelle bestimmt in Art. I § 1 Abs. 1, daß die Verzinsung des Aufwertungsbetrages sowohl des dinglichen Rechts wie der persönlichen Forderung ohne Rücksicht darauf, ob und wann die Hypothek wieder eingetragen wird, spätestens für die Zeit vom 1. IV. 1926 ab zu erfolgen hat. In Abs. 2 des § 1 und in § 2 sind gewisse durch diese Änderung gebotene Übergangsbestimmungen getroffen.

2. Ganz besonderen Widerspruch hatte die Bestimmung in § 4 des AufwG. gefunden, derzufolge die Hypothek nicht höher aufgewertet wurde als die durch sie gesicherte Forderung, weil dadurch das Aufwertungsschicksal des dinglichen Hypothekenrechts an das der persönlichen Forderung gebunden wurde, bei welcher die Verhältnisse des persönlichen Schuldners berücksichtigt werden mußten und diese in Anwendung der Härteklausel vielfach zu einer Herabsetzung der Aufwertung unter den „normalen Höchstsatz" führten, die automatisch auch dem vom persönlichen Schuldner verschiedenen Eigentümer des Grundstücks zugute kam, ohne daß sie in dessen Verhältnissen, besonders wenn ihm der Sachwert des Grundstücks erhalten geblieben war, eine Rechtfertigung fand. Diesen auch von ihr anerkannten Mißständen glaubte die Regierung nur durch die sehr verwickelte Regelung entgegentreten zu können, die in Art. II (§§ 4—9) der Novelle getroffen ist. Danach kann der Gläubiger bei der Eintragung einer aufgewerteten Hypothek ihre Umwandlung in eine Grundschuld beantragen mit der Wirkung, daß mit der Eintragung in Höhe des eingetragenen Aufwertungsbetrags die persönliche Forderung erlischt (§ 4). Auch nach der Eintragung hat der Gläubiger das Recht, die Umwandlung in eine Grundschuld mit der gleichen Wirkung zu beantragen, wenn ein Verfahren zur Festsetzung einer geringeren Aufwertung der persönlichen Forderung anhängig ist oder wird (§ 5). Für den Fall, daß infolge geringerer Aufwertung der persönlichen Forderung die Hypothek bereits auf weniger als 25 % aufgewertet und eingetragen ist, trifft § 6 eingehende und sehr verwickelte Bestimmungen, um die nachträgliche Erhöhung des Aufwertungsbetrags bei Umwandlung der Hypothek in eine Grundschuld mit den Vorschriften über den öffentlichen Glauben des Grundbuchs in Einklang zu bringen. Durch die Umwandlung in eine Grundschuld wird die Befugnis des Eigentümers, auf Grund seiner persönlichen Verhältnisse eine Herabsetzung des Aufwertungsbetrags nach Maßgabe der Härteklausel zu beantragen, nicht berührt (§ 7). Der persönliche Schuldner wird dadurch, daß die Hypothek in eine Grundschuld umgewandelt wird, von der ihm gegenüber dem Eigentümer obliegenden Pflicht zur Beseitigung der dinglichen Belastung (§ 439 BGB.) an und für sich nicht befreit; doch sind für die Beurteilung der Frage, inwieweit er wegen der Aufwertung nach Treu und Glauben von dieser Verpflichtung als befreit zu erachten ist, auch diejenigen Umstände zu berücksichtigen, die er selbst auf Grund seiner persönlichen Verhältnisse zur Begründung einer Herabsetzung der Aufwertung der persönlichen Forderung hätte geltend machen können, wenn die Hypothek nicht in eine Grundschuld umgewandelt worden wäre (§ 8). Gebühren und Kosten sollen für die infolge der Umwandlung erforderlich werdenden Eintragungen nicht erhoben werden (§ 9).

3. Der Art. III der Novelle (§§ 10—16) bringt eine Anzahl einzelner Vorschriften, die betreffen:

a) die Eintragung mehrerer im Range unmittelbar aufeinanderfolgender Hypotheken eines Gläubigers als einheitliches Recht, zum Zwecke der Vereinfachung der — durch die Aufwertung stark in Anspruch genommenen — Grundbücher (§ 10);

b) die Voraussetzungen des „unmittelbaren Zusammenhanges" im Sinne des § 7 Abs. 1 Satz 3 AufwG. und die Verteilung eines nach § 7 AufwG. für den Eigentümer eingetragenen Rangvorbehaltes, der hinter einer Gesamthypothek oder Gesamtgrundschuld steht (§§ 11, 12); sowie die Einschränkung des Vorranges einer Gesamthypothek usw. vor einer ihr nach § 6 Abs. 2 AufwG. im Range nachgehenden Hypothek (§ 13);

c) den Ausschluß des Schutzes des öffentlichen Glaubens des Grundbuchs gegen die Wiedereintragung einer gelöschten Hypothek

(§ 20 AufwG.) zu Gunsten desjenigen, der selbst die Löschung dadurch herbeigeführt hat, daß er die Hypothek „abgelöst" hat (§ 14);

d) die Abänderung des § 10 Abs. 3 AufwG., dessen die Höhe der freien Aufwertung bei Kaufgeldforderungen und Gutsüberlassungsverträgen einschränkende Vorschrift besonders lebhaften Widerspruch erregt hatte, in dem Sinne, daß solche Forderungen, wenn sie im Jahre 1921 begründet sind, auf über 100 vom 100 des Goldmarkbetrages, bis zu 400 bzw. 600, aufgewertet werden können, falls es zur Vermeidung einer groben Unbilligkeit erforderlich ist (§ 15);

e) die Zulassung der Wiedereinsetzung in den vorigen Stand gegen die Versäumung der in § 16 AufwG. vorgeschriebenen Anmeldungsfrist (§ 16).

4. Art. IV (§ 17) verleiht der Novelle rückwirkende Kraft insofern als Vergleiche und rechtskräftige Entscheidungen, die unter der Herrschaft des AufwG. vor ihrem Inkrafttreten lediglich über eines der in ihr geregelten Rechtsverhältnisse abgeschlossen bzw. ergangen sind, der Anwendung ihrer Vorschriften nicht entgegenstehen.

Über die weitere Entwicklung der Gesetzgebung über die Aufwertung der Hypotheken vgl. die Artikel „Hypothekenaufwertung" und „Grundbuchbereinigung" in diesem Erg.-Bd.

Weiteres Schrifttum:

Kommentare von Quassowski, Lehmann-Boesebeck, Neukirch u. a. — Wunderlich, Die rechtspolitischen und wirtschaftlichen Tendenzen der Aufwertungsgesetzgebung, in der 5. Aufl. von Mügel. — Abraham, DJZ. 1928 Sp. 84 und JRdsch. 1928 S. 178; dagegen Michaelis, JRdsch. 1928 S. 129.

Richard Michaelis.

Augenschein

(im Zivilprozeß).

1. In HdR. Bd. I 401 hat Schneickert den „Augenschein" als strafprozessuales Beweismittel und als kriminaltechnisches Verfahren behandelt. Deshalb beschäftigt sich der vorliegende Artikel nur mit der Augenscheinseinnahme im zivilprozessualen Verfahren. Wird sie hier auch nicht so häufig wie im Strafprozeß benutzt, so gibt es doch genug Fälle, in denen erst die Augenscheinseinnahme es dem Gericht ermöglicht, sich ein klares Bild über die Sachlage zu machen. Schon im römischen Prozeß kannte man die Augenscheinseinnahme beim Verfahren in iudicio als eines der in Frage kommenden Beweismittel (vgl. v. Keller, Römischer Zivilprozeß 1863, S. 275), in der ZPO. ist sie in den §§ 371, 372, und zwar als erste der fünf Beweisarten behandelt.

Zweck des Beweises durch Augenschein ist es, dem Gericht eine auf Sinneswahrnehmungen gegründete Vorstellung von der Wahrheit der tatsächlichen Parteibehauptungen zu verschaffen. Der Richter hat die Wahrnehmung in sich zum Tatsachenurteil zu verarbeiten (vgl. Stein-Jonas, ZPO. §§ 371 Vorbem. Anm. 1 und § 282 Anm. II). Der Augenscheinsgegenstand ist das einzige Beweismittel, das unmittelbar zu dem Gericht über den Streitstoff spricht, und deshalb für dieses die beste Überzeugungsquelle, wie mit Recht Raschle in seiner Schrift über die Edition von Augenscheinsobjekten im Zivilprozeß bemerkt. Hierzu gehören im weiteren Umfang auch die Urkunden, die als Beweismittel in der ZPO. besonders behandelt sind. Demgegenüber können die übrigen Beweismittel nicht in gleichem Maße als wertvolle Überzeugungsmöglichkeiten für das Gericht angesprochen werden, so notwendig sie auch für das Verfahren sein mögen.

Gegenstand des Augenscheins kann alles mit den Sinnen Wahrnehmbare sein. Nicht nur, was auf das Auge wirkt, sondern auch Geräusche, Gerüche, Geschmacksempfindungen, Wahrnehmungen des Gefühls oder des Tastsinnes gehören hierher. In Frage kommen also sämtliche beweglichen und unbeweglichen körperlichen Gegenstände, lebende und tote Körper, und darüber hinaus die Einwirkung von Geräuschen und Gerüchen usw. auf bestimmte Sachen (z. B. bei den sogenannten Immissionsklagen). Deshalb ist die Bezeichnung Beweis durch Augenschein, wie der Abschnitt in der ZPO. überschrieben ist, ungenau und müßte richtiger Beweis durch eigene Sinneswahrnehmung des Gerichts lauten. Beweismittel ist auch nicht der Augenschein, dieser ist vielmehr richterliche Handlung, sondern der dem Gericht vorzuweisende Gegenstand (vgl. Raschle, a. a. O., S. 18).

2. Für den Gang des Verfahrens bei der Augenscheinseinnahme ist Folgendes zu beachten: Das Gericht kann sie, soweit es dies nach freiem Ermessen für erforderlich hält, von Amtswegen anordnen, die Anregung kann auch von den Parteien ausgehen, indem beide oder eine von ihnen beantragen, daß das Gericht für die zwischen ihnen streitige Tatsache sich durch eigene Wahrnehmung von der Richtigkeit der einen oder der anderen Behauptung überzeugen möge. Im amtsgerichtlichen Verfahren kann schon bei der dem streitigen Verfahren vorangehenden Güteverhandlung vom Richter ein Augenschein zur Klärung des Sachverhalts bei der Erörterung des gesamten Streitstoffes eingenommen werden (§ 499c ZPO.). Dies

ist sehr zweckmäßig und wird in manchen Fällen die gütliche Erledigung des Rechtsstreits erheblich erleichtern oder doch zum mindesten den Gang des Prozesses stark fördern. Auch sonst, also insbesondere im landgerichtlichen Verfahren, kann schon zur Vorbereitung der mündlichen Verhandlung vom Vorsitzenden oder von dem Einzelrichter, dem die Behandlung des Rechtsstreits zunächst übertragen ist, eine ihm erforderlich scheinende Augenscheinseinnahme angeordnet und vorgenommen werden (§ 272b ZPO.). Mit Rücksicht auf die häufig nicht unerheblichen Kosten, die dadurch entstehen, wird sich diese Maßnahme in der Regel hier erst im Laufe des Prozesses als zweckdienlich erweisen, wenn der Gegner zu dem Vorbringen des Klägers Stellung genommen hat. Wird der Antrag auf Beweiserhebung durch Augenschein von einer der Parteien gestellt, so muß sie die Behauptungen angeben, die durch die Beweisaufnahme erhärtet werden sollen, und den Gegenstand, von dem sich das Gericht selbst einen Eindruck verschaffen soll, bezeichnen (§ 371 ZPO.). Soweit die Einnahme des Augenscheins ausdrücklich beantragt ist, darf sie nur aus den gleichen Gründen wie bei anderen Beweismitteln abgelehnt werden, nämlich wenn das Gericht schon von der Wahrheit der Beweistatsachen überzeugt ist, wenn der angebotene Beweis seine Überzeugung vom Gegenteil nicht erschüttern könnte oder wenn die Beweistatsache unerheblich ist (vgl. Baumbach, ZPO. § 286 Anm. 3).

Die Vornahme der Augenscheinseinnahme erfolgt entweder vor dem Gericht oder dem Einzelrichter selbst — dies geschieht in der Regel dann, wenn der betreffende Gegenstand dem Gericht vorgelegt werden kann — oder das Gericht kann einem Mitglied oder einem anderen Gericht die Einnahme des Augenscheins übertragen (§ 372 ZPO.). Dies wird es tun, wenn die Besichtigung an Ort und Stelle erforderlich ist oder aus einem anderen Grunde bei Gericht selbst nicht vorgenommen werden kann und wenn die Wahrnehmung durch ein Mitglied des Gerichts oder durch den ersuchten Richter nach der Sachlage als genügend erscheint. Zu der Augenscheinseinnahme können, soweit dies ratsam ist, ein oder mehrere Sachverständige zugezogen werden, damit sie den Richter bei seiner Wahrnehmung unterstützen oder dabei schon ihr Gutachten, das sie zu der streitigen Frage erstatten sollen, vorbereiten können. Handelt es sich um einen Fall, in dem die Wahrnehmung im wesentlichen nur durch den Sachverständigen getroffen werden kann (z. B. bei einer ärztlichen Untersuchung), so kann sich der Richter auch bei der Augenscheinseinnahme durch den Gutachter vertreten lassen (vgl. Stein-Jonas, ZPO. Vorbem. II zu § 371). Hier genügt es, wenn der Sachverständige in seinem Gutachten das Ergebnis der Wahrnehmung wiedergibt. Sonst ist hierüber stets ein Protokoll aufzunehmen, das die festgestellte Wahrnehmung angeben muß. Bei verschiedenen Eindrücken unter den Mitgliedern des Gerichts, oder zwischen diesen und dem oder den Sachverständigen oder der Urkundsperson muß das Protokoll die Verschiedenheiten aufführen (vgl. Baumbach, ZPO. § 160 Anm. 2). Bemerkenswert ist, daß die Protokollierung auch erfolgen muß, wenn die Augenscheinseinnahme durch das Prozeßgericht geschieht und das Endurteil der Berufung nicht unterliegt, da die Ausnahmevorschrift des § 161 ZPO. nur für die Feststellung der Aussagen der Zeugen und Sachverständigen gilt.

Bei Streit der Parteien über die Übereinstimmung des Augenscheinsgegenstandes mit dem, der vorgewiesen werden soll, entscheidet hierüber das Gericht nach § 366 ZPO., und zwar durch Zwischenurteil gemäß § 303 ZPO. Es hat zu dem Termin über den Zwischenstreit die Parteien und erforderlichenfalls Zeugen und Sachverständige von Amtswegen zu laden (vgl. Stein-Jonas, ZPO. § 366 Anm. II).

3. Im Strafprozeß kann die Vorweisung des Augenscheingegenstandes erzwungen werden (vgl. Löwe-Rosenberg, StPO. § 86 Anm. 3). Nach § 1580 RVO. kann beim Widerstreben des Unternehmers, die Augenscheinseinnahme zu dulden, sich das Versicherungsamt der Hilfe der Ortspolizeibehörde bedienen. Anders im Zivilprozeß. Die Motive zur ZPO. gingen zwar noch von dem Gedanken aus, daß die Parteien verpflichtet sind, den ihrer Verfügungsgewalt unterliegenden Streitgegenstand dem Richter zum Zweck der Augenscheinsaufnahme vorzuweisen. Davon wurde aber Abstand genommen, weil man nicht in die materiellrechtlichen Bestimmungen über die Exhibition eingreifen wollte. Eine aus dem Justizhoheitsrecht entspringende der Zeugnispflicht entsprechende allgemeine Verpflichtung zur Vorweisung oder zur Duldung der Besichtigung des Augenscheinsgegenstandes besteht daher nicht. Es kommen deshalb nur die Vorschriften über das materielle Recht zur Anwendung (vgl. Sruckmann-Koch, ZPO., 5. Aufl., S. 392 Anm. 2 zu § 336). Zu unterscheiden sind folgende verschieden gelagerte Fälle: Ordnet das Gericht von Amtswegen die Besichtigung eines Gegenstandes an, so steht es in dem Ermessen der Partei, die zur Vorweisung oder zur Duldung der Besichtigung angehalten wird, ob sie der Auflage nachkommen will oder nicht. Ein Zwang

hierzu kann vom Gericht nicht ausgeübt werden. Geht die Anregung zur Augenscheinseinnahme von den Parteien aus, so wird in der Regel die Partei, die den Antrag gestellt und den vorzuweisenden Gegenstand in Besitz hat, auch bereit sein, ihn vorzulegen oder die Besichtigung zu dulden. Besitzt ihn die Gegenpartei, so kann, wenn sie nicht freiwillig zur Augenscheinseinnahme sich bereit findet, diese nur durchgeführt werden, wenn sie auf Grund bürgerlichrechtlicher Bestimmungen zur Vorlage oder zur Duldung verpflichtet ist. Eine derartige Pflicht ergibt sich aus der allgemeinen Vorschrift des § 809 BGB. dann, wenn eine Partei gegen den Besitzer einer Sache einen Anspruch in Ansehung der Sache hat oder sie sich Gewißheit darüber verschaffen will, ob ihr ein solcher Anspruch zusteht. Besonders hervorgehoben ist u. a. im HGB. § 418 der Besichtigungsanspruch des Einlagerers gegen den Lagerhalter und in der KO. § 120 der Vorweisungsanspruch des Konkursverwalters gegen die Absonderungsberechtigten zwecks Abschätzung der in ihrem Besitz befindlichen Gegenstände. Nur wenn der Streit um den Gegenstand geht, für den eine privatrechtliche Vorzeigungspflicht begründet ist, kann diese vom Gegner durchgesetzt werden und auch hier in der Regel nur durch Erwirkung einer einstweiligen Verfügung oder durch Anstrengung einer besonderen Klage. Dagegen versagen die materiellrechtlichen Bestimmungen dann, wenn nur das Beweisinteresse die Vorweisung erfordert, wenn diese verlangt wird, um daraus beweisende Grundlagen für die Klagebehauptungen zu gewinnen (vgl. Raschle, a. a. O., S. 70, 71). Das Gleiche gilt, wenn nicht die Parteien den betreffenden Gegenstand haben, sondern ein Dritter ihn besitzt. Auch hier hilft bei Weigerung des Dritten, ihn vorzulegen oder die Besichtigung zu dulden, allein, daß er kraft materieller Bestimmungen zur Vorweisung verpflichtet ist, und eine besondere Klage und Verurteilung zur Vorlage oder zur Duldung der Besichtigung erfolgt. Besondere Vorschriften gelten nach §§ 420—432 ZPO. für die Vorlegung von Urkunden, worauf hier nicht näher eingegangen werden kann. Es darf auf den Art. Urkundenbeweis, HdR. VI, 323, verwiesen werden.

Wenn somit auch in vielen Fällen die Augenscheinseinnahme nicht durchgesetzt werden kann, so hat das Gericht doch die Möglichkeit bei der Weigerung der Vorweisung, dies bei der Beweiswürdigung zu verwerten. Soweit die Augenscheinsaufnahme stattgefunden hat, hat es aus dem Tatsachenurteil, das es sich gebildet hat, seine Schlußfolgerungen für den Rechtsstreit nach § 286 ZPO. im Wege der freien Beweiswürdigung zu treffen. Ebenso kann das Gericht bei Ablehnung der Vorweisung seine Schlüsse ziehen. Lehnt die Partei, die den Antrag gestellt hat, die Vorweisung ab, so muß der gestellte Antrag als unausführbar zurückgewiesen werden. Der Beweisführer nimmt damit das Beweiserbieten zurück und der geschuldete Nachweis ist nicht erbracht (vgl. RGZ. 46, 368f.). Hat die Gegenpartei den Beweisgegenstand im Besitz, so kann das Gericht, obgleich sie nicht verpflichtet ist, der Gegenpartei den Beweis zu erleichtern, aus der Vorweisungsverweigerung u. U. einen Beweisgrund zu Gunsten der anderen Partei entnehmen (RGZ. 63, 410). Hierzu bemerkt RGZ. 60, 152: „Wenn eine Partei dem Gegner eine ihm obliegende Beweisführung schuldhaft unmöglich macht, so ist ihr gegenüber das in Frage kommende Anführen des Gegners als wahr anzunehmen, sofern sie nicht dessen Unrichtigkeit nachweist. Dies gilt nicht nur, wenn jemand entgegen einer Vertragspflicht handelt, sondern auch, wenn jemand außerhalb eines Vertragsverhältnisses dem Gegner eine diesem obliegende Beweisführung durch ein Verhalten vereitelt, das wider Treu und Glauben verstößt und nach dem allgemeinen Rechtsbewußtsein als verwerflich erscheint.“ Dieser Gedanke wird in RGZ. 101, 198 weitergesponnen, wo betont wird, daß der Grundsatz des § 444 ZPO. über die schuldhafte Vereitlung des Urkundenbeweises auch auf die schuldhafte Vereitlung der Beweisführung durch Augenscheinseinnahme zu übertragen ist; dort wird weiter ausgeführt, daß auch der Begriff „der Partei“ nicht zu pressen ist, daß vielmehr auch das arglistige Verhalten eines Dritten in gleichem Sinne zu werten ist, wenn die Partei nach allgemeinen Grundsätzen für dieses Verhalten verantwortlich zu machen ist, insbesondere wenn der Dritte auf Anordnung oder im Einverständnis der Partei tätig gewesen ist, mag es im Laufe des Prozesses oder vor dessen Beginn geschehen sein. Noch weiter geht Raschle, a. a. O., S. 85, der daraus schließt: „Materiell bedeutet (eine solche Handhabung der freien Beweiswürdigung) nichts anderes als die sinngemäße Anwendung des § 427 ZPO. auch auf die Edition von Augenscheinsobjekten.“ Dementsprechend läßt sich ein so folgenschwerer Schluß, wie ihn Raschle zieht, nicht rechtfertigen. Denn gerade wie die Rechtsprechung zu dieser Frage lehrt, darf nicht aus jeder Vorweisungsweigerung dies zu Gunsten des Gegners bei der Beweiswürdigung verwendet werden. Die Rechtsprechung stellt vielmehr in durchaus gesunder Weise die Schlußfolgerung darauf ab, welche Gründe im einzelnen Fall die betreffende Partei oder den Dritten zur Ablehnung der Vorweisung veranlaßt haben und inwieweit danach die Ablehnung als gerechtfertigt oder als verwerflich erscheint. Nur soweit berechtigte Gründe zur Weigerung nicht vorliegen, wird dies bei der Beweiswürdigung zu Gunsten der einen und zu Ungunsten der anderen Partei berücksichtigt werden können. Dies allein führt bei der bestehenden gesetzlichen Regelung zu befriedigenden Ergebnissen.

Für die Kostenfrage ist zu beachten, daß bei Anordnung der Augenscheinsaufnahme stets die Beweisgebühr entsteht, mag die Anordnung von Amtswegen oder auf Antrag einer Partei erfolgen (vgl. Busch, GKG. § 20 Anm. 4), da die Augenscheinseinnahme mit zu den Beweismitteln gehört. Soweit sie außerhalb der Gerichtsstelle stattfindet und dadurch den Gerichtspersonen und den nicht beamteten Beisitzern Tagegelder und Reisekosten zu zahlen sind, oder wenn Sachverständige zugezogen werden, die für ihre gutachtliche Tätigkeit Gebühren und Auslagen zu verlangen haben, werden die baren Auslagen besonders erhoben (GKG. § 72 Ziff. 4 und 5). Erfolgt die Augenscheinseinnahme auf Antrag einer Partei, so hat diese nach § 84 GKG. zur Deckung der baren Auslagen einen entsprechenden vom Gericht festzusetzenden Vorschuß zu leisten, von dessen rechtzeitiger Einzahlung die Vornahme der Handlung abhängig gemacht werden kann.

4. Zum Schluß sei noch darauf hingewiesen, daß die Augenscheinseinnahme von besonderer Bedeutung im Beweissicherungsverfahren ist, bei dem es sich darum handelt, einen augenblicklichen Zustand festzulegen. Dies wird in einem besonderen Artikel (s. in diesem Erg.-Bd. S. 122) behandelt.

Schrifttum:

Raschle, Die Edition von Augenscheinsobjekten im Zivilprozeß (D), 1913. — Stein-Jonas, Zivilprozeßordnung, 12./13. Aufl., 1926. — Sydow-Busch, Zivilprozeßordnung, 19. Aufl., 1926.

Werner Simonson.

Auskunfterteilung

(geschäftliche und wirtschaftliche).

1. Es ist die natürliche Folge des weitverzweigten und in vervielfachten Beziehungen laufenden Wirtschaftslebens, daß die Bonität und Kreditwürdigkeit des Einzelnen nicht mehr dörflich oder kleinstädtisch bekannt ist, sondern erfragt werden muß. Ebenso ist ganz allgemein die Kenntnis der Wirtschaftslage, der Konjunktur, der Bezugsquellen, der Produktionsstätten, des Bedarfs selbst bei Fachleuten nicht so vorhanden, daß auf praktische Erkundigung oder wissenschaftliche Prüfung verzichtet werden könnte. In letzterer Hinsicht, die nur mittelbar juristischer Natur ist, darf an das neue Schlagwort „Konjunkturforschung" der wirtschaftswissenschaftlichen Disziplinen erinnert sowie auf den amtlichen wirtschaftlichen Nachrichten- und Auskunftsdienst, über den am 28. II. 1930 dem Reichstag (Drucks. Nr. 1696) eine Denkschrift des Auswärtigen Amtes und des Reichswirtschaftsministeriums vorgelegt worden ist, hingewiesen werden, in welcher es sich auch erheblich um die Außenhandelsförderung handelt. Dies steht in einer gewissen Beziehung zu dem Recht der wirtschaftlichen und geschäftlichen Auskunfterteilung, die im Art. Auskunft und Auskunfteien, HdR. I, 412ff. und 417 (vgl. auch Art. Wettbewerb, HdR. VI, 902) kurz, aber nicht in einheitlicher Zusammenfassung behandelt worden ist, sodaß hier eine etwas ausführlichere Erörterung geboten erscheint.

2. Was im § 14 Abs. 2 UnlWG. als Ausnahme von dem Verbot geschäftlicher Kreditschädigung steht, ist, wenn man es nicht von dem zu engen Standpunkt des UnlWG. aus ansieht, keine Ausnahmebestimmung, sondern der Ausdruck eines Regelrechts über Auskunfterteilung. Von hier aus also muß das Recht der Auskunfterteilung betrachtet werden. Es beruht — ähnlich wie der Schutz gegen den unlauteren Wettbewerb — auf dem Grundsatz der Wahrhaftigkeit. Das kann zu Konflikten mit dem Anfragenden führen, wenn die Auskunft gegenüber der Wirklichkeit zu günstig, hingegen zu Konflikten mit dem Beleumundeten, wenn sie zu ungünstig ist.

Neben der allgemeinen Wahrheits- und Sorgfaltspflicht steht die besondere Wahrheitspflicht des § 14 UnlWG., der die Kreditschädigung durch Behauptung und Verbreitung kreditschädigender Tatsachen, sofern diese nicht erweislich wahr sind, verbietet. Nun wird jeder sorgsame Kaufmann, und insbesondere das Auskunftsbüro, nichts Unrichtiges behaupten wollen und nur das über den Anderen aussagen, was nach bestem Wissen der Wahrheit entspricht. Aber daß dies immer als wahr erwiesen werden könnte, also „erweislich wahr" ist, wird nur selten zutreffen. Deshalb hat man im Abs. 2 des genannten § 14 bestimmt: „Handelt es sich um vertrauliche Mitteilungen und hat der Mitteilende oder der Empfänger der Mitteilung an ihr ein berechtigtes Interesse, so ist der Anspruch auf Unterlassung nur zulässig, wenn die Tatsachen der Wahrheit zuwider behauptet oder verbreitet sind." Diese

Bestimmung ist zum Schutze sowohl der Auskunftbüros wie der privaten vertraulichen Geschäftsauskunft geschaffen worden, aber es bleibt doch die Frage offen, ob nicht auch diese eingeschränkte Bestimmung noch sehr dehnbar sei; denn „der Wahrheit zuwider" behaupten und verbreiten braucht keineswegs immer die subjektive Unwahrhaftigkeit zu bedeuten, sondern kann auch durchaus als objektive Unwahrheit aufgefaßt werden (wie Rosenthal, Komm., Note 38 zu § 14 sagt), so daß also der Schutz der gutgläubigen vertraulichen Geschäftsauskunft hiernach ziemlich problematisch erscheint. Leicht kann es mithin vorkommen, daß der Beleumundete (Beauskunftete), wenn er von der über ihn erteilten Auskunft erfährt, gegen den Auskunfterteilenden vorgeht, und schwer ist es daher, die richtige Mittellinie der Wahrhaftigkeit einzuhalten, selbst wenn man etwas erweislich Wahres mitteilt. Besonders interessant ist in dieser Hinsicht die RG.-Entsch. in JW. 1927, S. 1365, wo es sich um Auskunft über einen vorbestraften Kaufmann handelte und die Auskunftei jene Tatsache der Vorbestrafung in einer so deutlichen Form mitgeteilt hatte, daß der Kaufmann — und mit ihm das RG. — Anstoß daran nahm. Die Auskunftei hatte genau angegeben, daß der Betreffende wegen Verleitung zum Meineid, Beihilfe zur Untreue, versuchten Betruges und Unterschlagung zu Zuchthaus verurteilt und ihm die bürgerlichen Ehrenrechte aberkannt worden seien. Der Kläger verlangte, der Auskunftei zu verbieten, die Verurteilung anders zu erwähnen als in der Form, daß er in den Jahren 1905/06 sich in Geschäfte habe verwickeln lassen, die ihn mit dem Strafgesetz in Konflikt gebracht hätten. Das Berufungsgericht gab dem nicht nur statt, sondern hat sogar an Stelle der Worte „in den Jahren 1905/06" die Worte „in jungen Jahren" gesetzt, und das RG. hat dieses Urteil bestätigt, weil „als Rechtsgut das Vermögen des Klägers in Frage kommt, soweit es durch § 826 BGB. geschützt ist", die Auskunftei habe gegen die guten Sitten verstoßen, indem sie sich bei Mitteilung der Strafe nicht der im angefochtenen Urteil festgestellten milderen Form bediente. „Da die mitgeteilten Tatsachen der Wahrheit entsprachen, so kann die Sittenwidrigkeit ihrer Mitteilung nur beim Vorliegen besonderer Umstände angenommen und aus ihnen hergeleitet werden (vgl. RGZ. 76, 112; WarnRspr. 1914 Nr. 186). Diese Umstände müssen so geartet sein, daß das Anstandsgefühl des gerecht und billig denkenden Durchschnittsmenschen die Mitteilung in der gewählten schroffen Form ablehnen muß. . . . Allerdings kommen für die Auskunftei bei Erteilung einer Auskunft in erster Linie die berechtigten Belange des Kunden in Betracht, der die Auskunft einholt, um für seine Entscheidung über Eingehung oder Fortsetzung geschäftlicher Beziehungen die nötigen Unterlagen zu gewinnen. Als solche kann eine Bestrafung des Beauskunfteten von Bedeutung sein. Es ist aber nicht zu billigen, wenn eine Auskunftei die Beurteilung der Frage, ob die Kenntnis von der Strafe für den Kunden eine geschäftliche Bedeutung hat, lediglich dem Kunden überläßt. Sie ist vielmehr verpflichtet, in dieser Hinsicht selbst eine sorgfältige Prüfung vorzunehmen. Denn es entspricht in der Tat den zur sittlichen Norm gewordenen heutigen Anschauungen, wie sie insbesondere in dem G. vom 9. IV. 1920 (RGBl. 507) zum Ausdruck gelangt sind (vgl. RG. vom 8. XII. 1926 III 92/26), daß eine, wenn auch schwere Bestrafung, vor allem eine einmalige, in jungen Jahren erlittene, dem Verurteilten nicht lebenslang nachgetragen werden darf, daß ihm vielmehr dazu verholfen werden muß, die Verfehlung durch einwandfreies soziales Verhalten wieder gutzumachen, sich ein neues wirtschaftliches Leben aufzubauen und sein gesellschaftliches Ansehen wiederzuerwerben. An dieser Auffassung darf auch eine Auskunftei nicht vorübergehen, sie muß sich der dem Beauskunfteten gegenüber ihr obliegenden allgemeinen Menschenpflicht bewußt bleiben und mit Sorgfalt prüfen, ob es der der Rehabilitation des Verurteilten hinderlichen Mitteilung der Vorstrafe bedarf, um den Belangen des Kunden gerecht zu werden. Kann ihre Erwähnung unter diesem Gesichtspunkt nicht gänzlich unterbleiben, so fragt es sich, ob die Mitteilung aller Einzelheiten von Strafe und Tat nötig ist und nicht vielmehr zur Schonung des Beauskunfteten eine mildere Form genügt. Handelt die Auskunftei diesen Grundsätzen zuwider, mit denen im wesentlichen auch die Ausführungen in Schimmelpfengs Handbuch des deutschen Auskunftswesens, S. 220ff., übereinstimmen, so setzt sie sich mit der sittlichen Auffassung aller gerecht und billig Denkenden in Widerspruch." Das RG. verlangt also, und deshalb mußte dies hier wörtlich erwähnt werden, eine *relative* Verwendung der Wahrheit und besondere Vorsicht bei Auskünften, eine Auffassung übrigens, die, wie der Hinweis auf Schimmelpfengs Handbuch zeigt, von den kaufmännischen Kreisen geteilt wird. Es bestätigt sich damit auch die Auffassung (Elster, Urheber- und Erfinder- usw. Recht, 1928, S. 33, 424ff.) von dem Unterschied zwischen Wahrheit und Wirklichkeit.

Aber nicht nur gegen die Interessen des Beauskunfteten, auch gegen die Interessen des Anfragenden ist ein Verstoß möglich und gefährlich und wirft die Frage der Haftung auf. Der auskunfterteilende Kaufmann muß natürlich nach bestem Wissen, also nach subjektiver Wahrheit die Auskunft erteilen, aber er haftet nur dann für die Folgen, wenn die Verantwortlichkeit aus einem Vertragsverhältnis oder aus unerlaubter Handlung sich ergibt (Mosse-Heymann, HGB., S. 366). Der Auskunfterteilende haftet grundsätzlich für Verstoß gegen die guten Sitten nach § 826 BGB. Sittenwidrig ist vorsätzliche Schädigung durch falsche Angaben oder durch Verschweigen wichtiger Tatsachen. Sehr schwierig wird allerdings die Entscheidung, wenn es sich um eine Gefälligkeitsauskunft handelt, da man bei Gefälligkeitsgeschäften gern eine mildere Haftung eintreten läßt, indessen ist nicht einzusehen, warum nicht auch bei „Gefälligkeitsauskünften" für wirklich vorsätzlich falsche, also schädigende Auskunft eingetreten werden sollte. Wie sich eine besondere Verantwortlichkeit (neben dem Grunde der „unerlaubten Handlung") auch aus einem Vertragsverhältnis ergibt, so kann sie jedoch auch durch Vertrag ausgeschlossen werden, und das empfiehlt sich stets zur Sicherung, selbst wenn man wahrheitsgemäße Auskünfte erteilt. So handeln auch die Auskunftbüros ausdrücklich (und die Kaufleute, die Privatauskünfte geben, ebenfalls), und ihren jede Haftung ausschließenden Vertragsbedingungen hat das RG. die Gültigkeit zugesprochen (RGZ. 115, 122), selbst für den Fall, daß eine grobe Fahrlässigkeit durch Unterlassung wichtiger Angaben vorlag. Es wird also vom RG. nicht als sittenwidrig angesehen, Auskunft zu erteilen und die Haftung für grobe Fahrlässigkeit vertraglich auszuschließen — entgegen der Auffassung des KG. Hier handelte es sich um einen zu dem oben erwähnten beinahe umgekehrten Fall: Die Auskunftei hatte unerwähnt gelassen, daß der Inhaber der Firma, über die die Auskunft eingeholt worden war, vor 20 Jahren wegen Betruges und schwerer Urkundenfälschung zu Gefängnis und Ehrverlust verurteilt worden ist. Die Klage der anfragenden und dann geschädigten Firma gegen die Auskunftei auf Schadenersatz wurde vom RG. unter Hinweis auf die gedruckten Vertragsbedingungen der Auskunftei zurückgewiesen.

3. Um „Auskunft" in dem hier besprochenen Sinne handelt es sich aber nur, wenn a) die Angaben „vertraulich" gemacht werden und wenn b) der Mitteilende oder der Empfänger an ihnen ein „berechtigtes Interesse" hat. Damit ist aus der milderen Beurteilung alles ausgeschlossen, was etwa zum Zweck des (eigenen) geschäftlichen Wettbewerbs gegen den „Beauskunfteten" mitgeteilt wird (vgl. RG. in JW. 1904, S. 185 und 1910, S. 443 in MuW. 6, 90), sei es, daß dies nicht vertraulich — oder zu nichtvertraulicher Benutzung (RG. in MuW. 9, 390) — sei es, daß es ohne das berechtigte Auskunftinteresse geschieht. „Ist die Behauptung objektiv wahrheitswidrig, so liegt der Tatbestand des § 15 UnlWG. (Strafbarkeit der „wider besseres Wissen" erteilten Auskunft) und des § 824 BGB. vor, wenn die Behauptung wider besseres Wissen aufgestellt ist, — nur der des § 824, wenn sie fahrlässigerweise aufgestellt ist" (RG. in JW. 1915, S. 34). Dolose oder fahrlässige Behauptung kann mit eigenem geschäftlichen Wettbewerbsinteresse oder ohne solches geschehen. Ist eigenes geschäftliches Wettbewerbsinteresse vorliegend, dann steht dies grundsätzlich dem in Abs. 2 des § 14 genannten berechtigten Interesse im Wege. „Ist der Wettbewerbszweck, das Interesse an Schädigung oder Beseitigung der Konkurrenz ausschließlicher oder überwiegender Beweggrund, so kann ein berechtigtes Interesse nicht anerkannt werden" (Callmann, Komm. z. UnlWG., S. 257 nach RG. in JW. 1909, S. 670 u. a.). Aber das Wettbewerbsinteresse darf irgendwie mitspielen, nur darf es nicht das Wahrheitsmoment der Auskunft berühren. So sagt Callmann a. a. O. richtig: „Das Interesse der Auskunfteien, sorgfältig die Vertragspflichten gegenüber den Auskunftsuchenden zu erfüllen, ist berechtigt neben demjenigen, mit anderen Auskunfteien durch Genauigkeit der Auskünfte in Wettbewerb zu treten."

Alexander Elster.

Ausland.

(HdR. I, 420.)

Zu S. 420. Verfolgung von Deutschen und Ausländern wegen Straftaten, welche im Ausland begangen sind, G. vom 25. III. 1930 zum Schutze der Republik (RGBl. I, 91) § 7. An der Zulässigkeit der Untersuchungshaft gegen Ausländer ist durch G. vom 27. XII. 1926 (RGBl. I, 529) nichts geändert worden. Die Gegenseitigkeit der Entschädigung wegen Untersuchungshaft ist mit einzelnen ausländischen Staaten vereinbart worden, z. B. Finnland, Bek. vom 15. IV. 1929 (RGBl. I, 85).

Zu S. 422. Die Vorschriften über Inlandlegitimierung ausländischer Feldarbeiter sind fortgebildet durch Erl. vom 7. I. 1927 (MinBlInn. 38), vom 9. I. 1929 (MinBlInn. 49). Wegen der polnischen landwirtschaftlichen Wanderarbeiter ist der Vertrag Warschau vom 24. XI. 1927 geschlossen, RGes. vom 31. III. 1928 (RGBl. II, 167), AusfVOen vom 10. VII. 1928 (MinBlInn. 695), vom 22. XI. 1928 (MinBlInn. 1129). Auf die südslawischen und ungarischen Arbeiter bezieht sich Erl. Min. Inn. vom 30. III. 1928 (MinBlInn. 364). Auslieferung und Durchlieferung, AuslieferungsG. vom 23. XII. 1929 (RGBl. I, 239); Zuständigkeit der Gerichtsbehörden für die Durchlieferung, VO. vom 6. III. 1930 (RGBl. I, 33).

Karl Friedrichs.

Auslieferungsrecht.

(HdR. I, 442ff.)

Vorbemerkung: Die Fortentwicklung des deutschen Auslieferungsrechts, insbesondere das Inkrafttreten des deutschen Auslieferungsgesetzes haben eine zusammenhängende Neubearbeitung des früheren Stichworts (von III an) erforderlich gemacht.

III. Die Quellen.

Zu den Quellen des deutschen Auslieferungsrechts sind zunächst mehrere Bestimmungen der Verfassung des Deutschen Reichs vom 11. VIII. 1919 (RGBl. S. 1383) zu rechnen. Art. 4 der RVerf., der die allgemein anerkannten Regeln des Völkerrechts für bindende Bestandteile des deutschen Reichsrechts erklärt, gilt auch für die deutschen Auslieferungsbeziehungen. Grundlegend für den deutschen Auslieferungsverkehr ist ferner Art. 112 Abs. 3 RVerf., der es allgemein verbietet, einen Deutschen einer ausländischen Regierung zur Verfolgung oder Bestrafung zu überliefern (vgl. zu VI). Für die Entwicklung des deutschen Auslieferungsrechts sind schließlich Art. 6 Nr. 1 und 3 RVerf. von großer Bedeutung geworden, da sie dem Reich — im Gegensatz zu den Ländern — die ausschließliche Gesetzgebung über „die Beziehungen zum Ausland" und über „die Auslieferung" zugewiesen haben. Das Reich hat von dieser gesetzgeberischen Befugnis Gebrauch gemacht. Am 23. XII. 1929 ist das Deutsche Auslieferungsgesetz [abgekürzt: DAG.] erlassen worden (RGBl. 1929 I, S. 239; 1930 I, S. 28), das am 1. IV. 1930 in Kraft getreten ist. Dieses Gesetz stellt in erschöpfender Weise die Voraussetzungen zusammen, unter denen die deutsche Regierung anderen Regierungen eine Auslieferung gewähren darf, und regelt weiter das Verfahren der deutschen Behörden bei der Prüfung der ausländischen Auslieferungsersuchen und der Leistung einer bewilligten Auslieferung. Grundsätzlich behandelt das Gesetz dagegen nicht die Fragen, die mit der Herbeiführung einer Auslieferung durch ausländische Regierungen (also einer Einlieferung) zusammenhängen. Ausnahmsweise ist jedoch in das Gesetz die Sonderbestimmung des § 54 eingestellt, wonach Beschränkungen, die eine ausländische Regierung bei der Bewilligung einer Auslieferung für das Vorgehen gegen den Ausgelieferten ausbedungen hat, im deutschen Verfahren beachtet werden müssen. Durch diese Bestimmung sind ältere gesetzliche Vorschriften, die als Quellen des deutschen Auslieferungsrechts anzusehen waren, gegenstandslos oder geradezu hinfällig geworden. Hinfällig geworden ist das bayerische Gesetz, die Auslieferung von Verbrechern betreffend, vom 16. V. 1868 (Bayer. Gesetzbl. 1869, S. 633). Gegenstandslos geworden ist der oben angeführte Art. 4 RVerf., soweit sich § 54 DAG. mit ihm inhaltlich deckt. Dagegen gehört Art. 78 RVerf. nach wie vor zu den Quellen des deutschen Auslieferungsrechts, obschon auch er einen Teil seines Anwendungsbereichs durch § 44 DAG. verloren hat. Art. 78 Abs. 1 bestimmt, daß „die Pflege der Beziehungen zu den auswärtigen Staaten ausschließlich Sache des Reichs ist". Da der deutsche Auslieferungsverkehr ein Teilgebiet dieses der Reichsverwaltung zugewiesenen Aufgabenkreises ist, steht verfassungsmäßig der Reichsregierung das Recht und die Pflicht zu, über ausländische Auslieferungsersuchen zu entscheiden und über die Anbringung deutscher Einlieferungsersuchen zu befinden.

Die für den deutschen Auslieferungsverkehr maßgebenden Rechtsanschauungen ergeben sich teils aus diesen verfassungsrechtlichen und gesetzlichen Vorschriften teils aus den Auslieferungsverträgen, die das Reich und vor der Reichsgründung die deutschen Länder mit ausländischen Regierungen geschlossen haben. Für die Auslegung der gesetzlichen und vertraglichen Bestimmungen im einzelnen sind die amtlichen Begründungen und Denkschriften wichtig, mit denen die Reichsregierung gesetzgeberische Vorlagen zu erläutern pflegt; ganz besondere Bedeutung kommt unter ihnen der Begründung des Entwurfs eines DAG. (Drucks. d. RT. 1924/27 Nr. 3620 und 1928 Nr. 362) zu. Im übrigen ist auf die allgemeinen Anweisungen der obersten Verwaltungsstellen hinzuweisen, durch die der Auslieferungsverkehr im einzelnen geregelt wird. Schließlich hat die Rechtsprechung der Gerichte, vor allem des Reichsgerichts, aber auch des früheren Reichsmilitärgerichts und der Oberlandesgerichte, wertvolle Fingerzeige für die deutschen Rechtsanschauungen geliefert. Diese Rechtsprechung hat dadurch außerordentlich an Bedeutung gewonnen, daß das DAG. den Gerichten die Anordnung der

Auslieferungshaft und der vorläufigen Auslieferungshaft und die Entscheidung über die Zulässigkeit einer Auslieferung und Durchlieferung zugewiesen hat (die Entscheidungen werden laufend veröffentlicht in der Juristischen Wochenschrift).

Von den Auslieferungsverträgen der einzelnen deutschen Länder, die unter III der früheren Bearbeitung des Stichworts „Auslieferungsrecht" zusammengestellt sind, sind die Verträge zwischen Waldeck und Frankreich und zwischen Sachsen-Weimar-Eisenach und Frankreich außer Kraft. Der Waldecker Vertrag ist durch die am 1. IV. 1929 erfolgte Vereinigung Waldecks mit Preußen hinfällig geworden. (Vgl. §§ 1, 3 des G. über die Vereinigung von Waldeck mit Preußen vom 7. XII. 1928, RGBl. 1928, I, S. 401). Der für Sachsen-Weimar-Eisenach geschlossene Vertrag ist durch die am 1. V. 1920 wirksam gewordene Verschmelzung der thüringischen Staaten zu dem Land Thüringen außer Kraft getreten (vgl. § 1 des G., betreffend das Land Thüringen, vom 30. IV. 1920, RGBl. 841). Von den Auslieferungsverträgen des Deutschen Reichs ist der Vertrag mit Bulgarien von 1911 infolge Kündigung am 23. IX. 1926 unwirksam geworden (RGBl. 1925, II, S. 952).

IV. Die staatsrechtliche Behandlung der deutschen Auslieferungsverträge.

Nach Art. 45 Abs. 3 der Verfassung des Deutschen Reichs vom 11. VIII. 1919 (RGBl. 1383) bedürfen die deutschen Auslieferungsverträge der Zustimmung des Reichstags, wenn und soweit sie sich auf Gegenstände der Reichsgesetzgebung beziehen. Das ist nach den deutschen Auffassungen der Fall, wenn ein Vertrag im Innern nur mit Hilfe eines Gesetzes durchgeführt werden kann. Vor dem Inkrafttreten des Auslieferungsgesetzes war die Zustimmung der gesetzgebenden Körperschaften zu den Auslieferungsverträgen im allgemeinen unerläßlich, da sie zahlreiche Vereinbarungen zu enthalten pflegen, die nur im Wege eines Gesetzes durchführbar sind (z. B. die Regelung der Spezialität, die Abgrenzung des freien Geleits für Zeugen, die Zusicherung von Zwangsmaßnahmen bei Rechtshilfeleistungen). Erst das Zustimmungsgesetz gab den deutschen Gerichten und Verwaltungsbehörden die Vollmacht, im Auslieferungsverkehr die Vertragspflichten auch da zu erfüllen, wo ohne gesetzliche Grundlage ein Verzicht auf die Ausübung der Gerichtsbarkeit oder umgekehrt die Anwendung der Gerichtsgewalt unzulässig gewesen sein würde (vgl. das G. über einen Auslieferungsvertrag mit der Tschechoslowakischen Republik vom 27. I. 1923, RGBl. II, 48). Seit dem Inkrafttreten des DAG. vom 23. XII. 1929 (RGBl. I, 239) ist das innerstaatliche Gesetz, das die Durchführung der Auslieferungsverträge ermöglicht, im allgemeinen vorhanden. Verträge, die sich mit dem Auslieferungsgesetz — und etwa sonst in Frage kommenden deutschen Gesetzen — in Einklang befinden, können daher ohne vorherige Zustimmung des Reichstags bestätigt werden. Diese neue Rechtslage ist durch den § 46 DAG. ausdrücklich klargestellt worden. Gleichzeitig ist dort bestimmt, daß auslieferungsrechtliche Abmachungen dem Reichstag — aber erst nachträglich und nur zur Kenntnisnahme — vorgelegt werden müssen.

V. Grundsätze des deutschen Auslieferungsverkehrs.

Das deutsche Auslieferungsrecht wird durch eine Reihe von Grundsätzen beherrscht, die sich zum Teil auch in ausländischen Auslieferungsrechten finden, zum Teil aber dem deutschen Recht eigentümlich sind. Im allgemeinen gelten die Grundsätze nicht nur für das eigentliche Auslieferungsrecht, sondern für das gesamte deutsche Recht des zwischenstaatlichen Rechtshilfeverkehrs in Strafsachen. Sie betreffen sowohl die innerdeutschen Fragen auf diesem Gebiet wie auch die Beziehungen zu ausländischen Regierungen. Als Grundsätze dieser Art haben z. B. die folgenden zu gelten:

Im Gegensatz zu der Rechtslage, wie sie vor dem Inkrafttreten des DAG. gestaltet war, sind seit dem 1. IV. 1930 die Bestimmungen der an sich nur für Strafsachen vor den ordentlichen deutschen Gerichten geltenden Gesetze, insbesondere also des Gerichtsverfassungsgesetzes und der Strafprozeßordnung, auch im Auslieferungsverfahren anwendbar. § 47 DAG. besagt, daß für das Verfahren nach diesem Gesetz, soweit es nicht selbst etwas anderes bestimmt, die Vorschriften des Gerichtsverfassungsgesetzes und der Strafprozeßordnung gelten. Größere Abweichungen finden sich eigentlich nur in der Regelung der Haftvoraussetzungen und des Haftverfahrens.

Der deutsche Auslieferungsverkehr wird beherrscht von dem Grundsatz der Gegenseitigkeit. § 4 Nr. 1 DAG. läßt eine Auslieferung (entsprechendes gilt nach § 33 DAG. für eine Durchlieferung) nur zu, wenn die Gegenseitigkeit verbürgt ist. Auslieferungspflichten können hiernach nur übernommen und Auslieferungen nur gewährt werden, wenn rechtlich feststeht, daß bei umgekehrter Sachlage die Gegenleistung in Anspruch genommen werden könnte und von der ersuchenden Regierung bewilligt werden müßte.

Nach deutscher Rechtsauffassung besitzen die Auslieferungsverträge grundsätzlich rückwirkende Kraft in dem Sinne, daß sie den vertragschließenden Teilen ohne Rücksicht darauf, zu welcher Zeit die Tat begangen ist oder der Verfolgte den Boden des ersuchten Teils betreten hat, Auslieferungsansprüche geben.

Das deutsche Auslieferungsgesetz hat Pflichten, die vor seinem Inkrafttreten durch Auslieferungsverträge begründet worden waren, nicht beeinträchtigt. Soweit eine Auslieferung auf Grund vertraglicher Abmachungen dem Ausland geschuldet wird, ist sie auch dann zulässig, wenn die gesetzlichen Voraussetzungen nicht erfüllt sind. Rechtswirksam begründete vertragliche Verpflichtungen haben also den Vorrang vor den gesetzlichen Bestimmungen.

Im übrigen ist wegen weiterer Einzelheiten dieser Grundsätze und wegen weiterer Grundsätze auf die (in diesem Erg.-Bd. enthaltene) Neubearbeitung des Stichworts „Rechtshilfe, zwischenstaatliche. B. In Strafsachen" zu verweisen. Neben den dort entwickelten, für das gesamte Rechtshilferecht geltenden Regeln sind für das Auslieferungsrecht besondere Anschauungen maßgebend, die mit der Eigenart dieses Rechtszweigs im Zusammenhang stehen.

VI. Materielles deutsches Auslieferungsrecht.

Die Bestimmungen, welche die Voraussetzungen zusammenstellen, unter denen eine Bereitschaft zur Übernahme von Auslieferungspflichten und zur Gewährung von Auslieferungen besteht, pflegt man als materielles Auslieferungsrecht zu bezeichnen. Im DAG. und in den deutschen Verträgen sind diese Voraussetzungen nach der persönlichen und sachlichen Seite und auch in sonstiger Hinsicht im wesentlichen einheitlich festgelegt.

In persönlicher Beziehung ist grundlegend der aus dem § 9 des StGB. für das Deutsche Reich übernommene und mitunter zu Unrecht befehdete Art. 112 Abs. 3 der RVerf., nach dem kein Deutscher einer ausländischen Regierung zur Verfolgung oder Bestrafung überliefert werden darf. Das deutsche AuslieferungsG. hat dieser Verfassungsbestimmung dadurch Rechnung getragen, daß es die Auslieferung, die Auslieferungshaft und die Durchlieferung nur bei Ausländern zuläßt (§§ 1, 10, 33 DAG.). Auch in den deutschen Verträgen findet sich regelmäßig eine Bestimmung, durch die eine Verpflichtung zur Auslieferung von Deutschen abgelehnt wird. Als Deutscher im Sinne dieser Vorschriften gilt, wer die Reichsangehörigkeit besitzt (Art. 110 RVerf.). Wer Reichsangehöriger ist und wie die Reichsangehörigkeit erworben oder verloren wird, ergibt sich aus dem Reichs- und StaatsangehörigkeitsG. vom 22. VII. 1913 (RGBl. 583) und den zahlreichen Staatsangehörigkeits- und Optionsverträgen, die im Zusammenhang mit der Abtretung deutschen Gebiets zwischen dem Deutschen Reich und seinen Nachbarn abgeschlossen sind. Das Verbot der Auslieferung Deutscher gilt für alle Verfolgten, die im Zeitpunkt der Auslieferung, also zu der Zeit, in der der Übergang aus dem deutschen Hoheitsbereich in den ausländischen Hoheitsbereich stattfindet, Reichsangehörige sind. Es kommt nicht darauf an, welche Staatsangehörigkeit sie etwa außerdem besitzen, vorher besessen haben oder später erwerben. Auch die vorläufige Auslieferung eines Reichsangehörigen ist unzulässig; ebenso steht die Verfassungsbestimmung der Rücklieferung eines vorläufig ausgelieferten oder als Zeuge gestellten Deutschen entgegen, wenn die Rücklieferung die Zurückführung in ausländische Untersuchungs- oder Strafhaft bedeutet. Ist irrtümlich die Auslieferung eines Reichsangehörigen erfolgt, so muß der Anspruch erhoben und mit allen nach den Umständen angezeigten Mitteln gestützt werden, daß die Auslieferung rückgängig gemacht wird. In einigen besonders gelagerten Fällen hat die Auslieferung Deutscher zugestanden werden müssen. Hierher gehörte die Verpflichtung zur Auslieferung von Reichsangehörigen, die Art. 228 Abs. 2 des Versailler Vertrags vom 28. VI. 1919 (RGBl. 687) und Art. 4 des RheinlandAbk. vom gleichen Tage (RGBl. 1919, S. 1336) enthalten. Ihr Fortbestand ist zwar noch in Art. 178 Abs. 2 der RVerf. vom 11. VIII. 1919 (RGBl. 1383) bestätigt worden; sie ist aber inzwischen gegenstandslos geworden. Anders steht es mit der Auslieferungsberechtigung, die § 3 Abs. 1 des G. über vorübergehende Rechtspflegemaßnahmen im Hinblick auf das Saargebiet vom 10. III. 1922 (RGBl. 241) geschaffen hat; sie ist zurzeit noch voll wirksam. Von der grundsätzlichen Ausnahme der eigenen Staatsangehörigen abgesehen, legen das DAG. und die deutschen Auslieferungsverträge anderen persönlichen Eigenschaften des Verfolgten — er kann z. B. Beamter oder Militärperson sein — keine Bedeutung bei. Im allgemeinen ist es auch unerheblich, ob er Angehöriger eines dritten Staates ist. Nach dem DAG. ist das jedenfalls auf die Zulässigkeit der Auslieferung ohne Einfluß; in den deutschen Verträgen sind allerdings dem Heimatsstaat mehrfach Vorrechte eingeräumt (vgl. z. B. Art. III des badisch-französischen Auslieferungsvertrags vom 27. VI. 1844 [BadRegBl. 169] und Art. 8 des deutsch-tschechoslowakischen Auslieferungsvertrags vom 8. V. 1922 [RGBl.

1923 II, 48, 396]). Nach der Staatenübung kann als Regel gelten, daß die Möglichkeit der Auslieferung an den Heimatsstaat offengehalten wird (vgl. z. B. Art. 3 Abs. 2 des deutsch-belgischen Auslieferungsvertrags vom 24. XII. 1874 [RGBl. 1875, S. 73]).

Nach der sachlichen Seite hin verzichtet das DAG. auf ein vollständiges Verzeichnis der Tatbestände, wegen deren die Auslieferung zulässig ist. Es befolgt vielmehr das Aussonderungsverfahren, d. h. es bezeichnet in erschöpfender Weise die Tatbestände, wegen deren eine Auslieferung nicht zulässig ist. Die Mehrzahl der deutschen Verträge enthält dagegen ein Verzeichnis der auslieferungsfähigen Tatbestände (Aufzählungsgrundsatz, Enumerationsprinzip). Nur ganz vereinzelt (vgl. Art. 3 des deutsch-tschechoslowakischen Auslieferungsvertrags vom 8. V. 1922 [RGBl. 1923 II, S. 48, 396]) findet sich eine allgemeine Umschreibung der auslieferungspflichtigen Taten unter vollständiger Aufzählung der ausgenommenen Tatbestände (Aussonderungsgrundsatz, Eliminationsprinzip). Im Gesetz und in den Verträgen wird überall eine gewisse Schwere der Taten vorausgesetzt. Der § 2 DAG. läßt eine Auslieferung nur zu, wenn die Tat nach deutschem Recht ein Verbrechen oder Vergehen ist. In den Verträgen wird diesem Gesichtspunkt dadurch Rechnung getragen, daß nur schwerere Delikte in dem Verbrechensverzeichnis erscheinen oder daß als Bedingung der Auslieferungspflicht eine bestimmte Qualifizierung der Tatbestände (etwa: Verbrechen und Vergehen unter Ausschluß der Übertretungen) oder eine gewisse Mindeststrafe (z. B. schwerere Strafe als Gefängnisstrafe) vereinbart wird. Besondere Erscheinungsformen der Taten (Versuch, Mittäterschaft, Anstiftung, Beihilfe, jugendliches Alter des Täters) sind beim Vorliegen der sonstigen Bedingungen regelmäßig auslieferungspflichtig. Bei allen Tatbeständen gilt stets die Klausel beiderseitiger Strafbarkeit als unerläßliche Voraussetzung der Auslieferungspflicht. Sie bedeutet, daß ein Tatbestand nur dann als auslieferungspflichtig anerkannt wird, wenn er nicht nur nach dem Recht des ersuchenden, sondern auch des ersuchten Teils allgemein strafbar ist, und wenn er weiter zu den im Vertrage aufgeführten Straftaten gehört oder die Auslegung ihn als mit dazu gehörig nachweisen kann. Als zweite Bedingung tritt die Klausel beiderseitiger strafrechtlicher Verfolgbarkeit hinzu. Nach § 4 Nr. 2 DAG. ist eine Auslieferung unzulässig, wenn die Strafverfolgung oder Strafvollstreckung wegen der Tat nach deutschem Recht unzulässig sein würde. Ist also nach dem Recht des ersuchten Teils Verjährung der Strafverfolgung oder Strafvollstreckung eingetreten, sind Voraussetzungen, von denen nach dem Recht des ersuchten Teils eine Strafverfolgung abhängig sein würde (z. B. Anwesenheit des Beschuldigten, Strafantrag des Verletzten, Ermächtigung zur Strafverfolgung), nicht gegeben, würde die Strafverfolgung oder Strafvollstreckung im Bereich des ersuchten Teils infolge einer Amnestie ausgeschlossen sein, läßt das Recht des ersuchten Teils die Strafverfolgung wegen einer unter entsprechenden Umständen außerhalb der eigenen Grenzen begangenen Tat nicht zu, so kommt eine Auslieferung mangels strafrechtlicher Verfolgbarkeit der Tat nicht in Frage (vgl. z. B. Artt. I, III des deutsch-amerikanischen Auslieferungsvertrags vom 12. VII. 1930 [Bekanntmachung im RGBl. bevorstehend]). Beide Klauseln sind Folgerungen aus der den gesamten Auslieferungsverkehr beherrschenden Regel, daß die Gegenseitigkeit verbürgt sein muß. Wiederholt hat das RG. diese Anschauungen seinen Entscheidungen zugrunde gelegt, dabei allerdings in älteren Urteilen gelegentlich Ausnahmen zugelassen, die heute als überholt gelten müssen (vgl. RGSt. 35, 348).

Zum Teil auf der Bedingung der Gegenseitigkeit, zum größeren Teil aber auf geschichtlichen Erfahrungen und politischen Erwägungen beruht die Sonderstellung, die in mehr oder weniger großer Übereinstimmung gewissen als asylwürdig geltenden Taten eingeräumt zu werden pflegt. Auch das deutsche Auslieferungsrecht bekennt sich zum politischen Asyl (s. die frühere Bearbeitung des Stichworts Auslieferungsrecht zu II und das Stichwort Asylrecht). Die erste gesetzliche Anerkennung des Asylgedankens findet sich, wie den früheren Angaben nachzutragen ist, in einem deutschen Gesetz, und zwar in dem Art. 18 des GrundG. für die vereinigte landschaftliche Verfassung des Herzogtums Sachsen-Meiningen vom 23. VIII. 1829 (Samml. d. landesherrl. VOen I, 139). Die Abgrenzung der asylwürdigen Taten von den nichtasylwürdigen hat von jeher große Schwierigkeiten gemacht und für absehbare Zeit ist kaum zu erwarten, daß eine Verständigung über eine einhellige Abgrenzung zu erzielen ist. In den deutschen Auslieferungsverträgen ist die Umschreibung der asylwürdigen Taten sehr wenig einheitlich erfolgt; die Abgrenzung ist zum großen Teil erkennbar in Anlehnung an verschiedene Rechtsanschauungen ausländischen Ursprungs geschehen. Erst das DAG. hat mit seinen neuen Bestimmungen auch in diesem Punkte für die deutschen Verträge die einheitliche

Grundlage geschaffen. Unter den Kulturstaaten herrscht Übereinstimmung eigentlich nur darin, daß Taten asylwürdig sind, die als „politische Taten" anzusprechen sind. Es hat aber schon viel Mühe gekostet, den Begriff der politischen Taten für das Auslieferungsrecht einigermaßen fest zu umreißen. Die gelegentlich geäußerte Ansicht, daß es überhaupt unmöglich sei, eine Begriffsbestimmung zu finden, da es besondere politische Verbrechen nicht gebe, ist in Deutschland nicht vertreten worden. Dagegen hat eine Zeitlang die Gefahr bestanden, daß eine rein subjektive Auffassung vom politischen Verbrechen sich durchsetzen werde. Es wurde zwar seltener an den volkstümlichen und im Amnestierecht vielfach verwerteten Gesichtspunkt angeknüpft, daß der Beweggrund des Täters maßgebend, also ein aus politischen Beweggründen begangenes Verbrechen als ein politisches anzusehen sei. Aber es wurde doch auf den Zweck des Täters, auf seine Absicht abgestellt. Ludwig von Bar und Heinrich Lammasch — vor allem der letztere — haben diesen Standpunkt in eindrucksvollen Darlegungen vertreten und großen Einfluß auf die wissenschaftliche Behandlung der Fragen ausgeübt. Später aber trat eine gegnerische Auffassung auf den Plan, die sich mit geschichtlichen und praktischen Gründen so überzeugend einführte, daß sie bald im Deutschen Reich die herrschende wurde. Es ist die an die belgische Rechtsentwicklung anknüpfende und durch Ferdinand von Martitz meisterhaft begründete Lehre, daß der Begriff des politischen Verbrechens nach objektiven Gesichtspunkten zu bestimmen sei, daß es auf die Art des angegriffenen Rechtsguts ankomme. Ihr folgt § 3 Abs. 2 DAG., indem er bestimmt: „Politische Taten sind die strafbaren Angriffe, die sich unmittelbar gegen den Bestand oder die Sicherheit des Staates, gegen das Oberhaupt oder gegen ein Mitglied der Regierung des Staates als solches, gegen eine verfassungsmäßige Körperschaft, gegen die staatsbürgerlichen Rechte bei Wahlen oder Abstimmungen oder gegen die guten Beziehungen zum Ausland richten." Im wesentlichen decken sich die Anschauungen der anderen Kulturstaaten hiermit. Sie stimmen auch darin mit der deutschen Auffassung überein, daß außer diesen politischen Taten noch Taten anderer Art asylwürdig sind. Es herrschen aber recht auseinandergehende Meinungen, wie diese zweite Gruppe der asylwürdigen Taten richtigerweise abzugrenzen ist. In der Hauptsache lassen sich heute drei Anschauungsweisen unterscheiden: die englische, die im engeren Anschluß an die gerichtliche Entscheidung der Auslieferungsfälle Castioni und Meunier als asylwürdig solche an sich gemeinen Taten ansieht, die als notwendige Teilereignisse von politischen Unruhen aufgefaßt werden können und deshalb die Bezeichnung von Verbrechen mit political character oder political nature verdienen; die schweizerische, die in allen Fällen, in denen eine an sich gemeine Tat eine politische Seite aufweist, mag diese im Beweggrund oder Endzweck des Täters oder in äußeren Umständen zu finden sein, die Beurteilung davon abhängig sein läßt, ob die politische oder gemeine Seite bei der Handlung überwiegt; und endlich die belgische, die für das deutsche Auslieferungsrecht — und nicht nur für dieses — von besonderer Bedeutung geworden ist. Das belgische Recht bezeichnet als asylwürdig die faits connexes à un crime ou délit politique, ein Begriff, der im deutschen Recht mit „Handlungen, die mit einem politischen Verbrechen oder Vergehen im Zusammenhang stehen" (Zusammenhangstaten), wiedergegeben wird. Von den in Kraft stehenden Auslieferungsverträgen des Deutschen Reichs lehnen sich an die belgischen Rechtsanschauungen die Verträge mit Italien, Belgien, Luxemburg, Schweden, Norwegen, Spanien, Paraguay und den Vereinigten Staaten von Amerika an; der englischen Auffassung entsprechen die Verträge mit Großbritannien und der Schweiz; Bestandteile beider Anschauungsweisen enthält der Auslieferungsvertrag mit Griechenland; ohne erkennbare Anlehnung ist die Abgrenzung der asylwürdigen Taten in den Verträgen mit den Niederlanden und der Tschechoslowakei erfolgt. § 3 Abs. 1 DAG. hat diesen Kreis der asylwürdigen Taten in der Weise umschrieben, daß er die Auslieferung für unzulässig erklärt, „wenn die Tat, welche die Auslieferung veranlassen soll, mit einer politischen Tat derartig im Zusammenhang steht, daß sie diese vorbereiten, sichern, decken oder abwehren sollte". Es handelt sich demnach bei diesen Zusammenhangstaten um an sich gemeine Taten, die in einer inneren, unlöslichen Verbindung mit einer an sich politischen Tat stehen. Die Zusammenhangstat gilt nur dann als solche, wenn sie demselben Endzweck dient wie die politische Tat selbst. Die Zweckbeziehung zwischen der gemeinen Zusammenhangstat und der politischen Haupttat muß vom Täter erkannt und gewollt sein. Ist das der Fall, so kommt es nicht darauf an, ob der Täter der Zusammenhangstat mit dem Täter der Haupttat personengleich ist; auch genügt es, daß der Täter der Zusammenhangstat die Haupttat als geplant oder begangen ansehen konnte.

Das deutsche Auslieferungsrecht kennt

Einschränkungen des politischen Asyls. In den deutschen Auslieferungsverträgen finden sie sich regelmäßig in Gestalt der Attentatsklausel und der Anarchistenklausel. Die Attentatsklausel stammt aus dem belgischen Auslieferungsrecht. Der Auslieferungsfall Jacquin, der auf ein Eisenbahnattentat auf Napoleon III. zurückging, hatte 1854/55 schwierige Verhandlungen zwischen Frankreich und Belgien hervorgerufen; sie endeten damit, daß auf französisches Betreiben Belgien sein AuslieferungsG. vom 1. X. 1833 durch ein AbänderungsG. vom 22. III. 1856 ergänzte, das folgenden Wortlaut hatte: „Ne sera pas réputé délit politique, ni fait connexe à un semblable délit, l'attentat contre la personne du chef d'un gouvernement étranger ou contre celle des membres de sa famille, lorsque cet attentat constitue le fait, soit de meurtre, soit d'assassinat, soit d'empoisonnement" (s. das Stichwort Attentatsklausel, HdR. I, 349). Wie die Attentatsklausel die schwersten Hochverratsfälle, entzieht die Anarchistenklausel „die anarchistischen Straftaten" dem politischen Asyl. Auf wissenschaftlichen Kongressen im letzten Viertel des 19. Jahrhunderts wiederholt befürwortet, ist auf dem Umwege über Amerika auch in Deutschland der Gedanke wieder aufgetaucht, in Erweiterung der Attentatsklausel die anarchistischen Verbrechen als solche für asylunwürdig zu erklären. Allerdings haben sich von den deutschen Verträgen nur der Auslieferungsvertrag mit Paraguay vom 26. XI. 1909 (RGBl. 1915, S. 571) und der außer Kraft getretene Auslieferungsvertrag mit dem Osmanischen Reich vom 11. I. 1917 (RGBl. 1918, S. 264) die Anarchistenklausel zu eigen gemacht. Das neue DAG. vom 23. XII. 1929 (RGBl. I, 239) geht andere Wege. Es schränkt das politische Asyl nicht dadurch ein, daß es besonders gefährdete Personenkreise zu schützen sucht, wie es die Attentatsklausel tut, oder daß es besonders gefährliche Personen vom Asyl ausschließt, wie es die Anarchistenklausel tut. Vielmehr stellt es auf die Art der Tat ab. Der § 3 Abs. 3 DAG. erklärt eine Auslieferung grundsätzlich für zulässig, wenn die Tat — mag sie sonst als politisch oder als Zusammenhangstat anzusehen sein — „ein vorsätzliches Verbrechen gegen das Leben darstellt". Damit knüpft das Gesetz an Bestrebungen an, die zu Anfang der 1880er Jahre die deutsche Regierung lebhaft beschäftigten und auf eine allgemeine Verständigung darüber abzielten, daß Mord in keinem Falle als politisches Verbrechen gelten solle. In Anlehnung an die entsprechende Bestimmung des finnischen AuslieferungsG. vom 11. II. 1922 macht § 3 Abs. 3 DAG. von der Ausnahme der vorsätzlichen Tötungsverbrechen eine Unterausnahme für solche Tötungen, die „im offenen Kampf begangen" sind.

Das deutsche Auslieferungsrecht hat *militärische* Verbrechen und Vergehen den politischen nicht gleichgestellt. Es hat vielmehr bis in die Zeiten des großen Krieges hinein auf dem Standpunkt gestanden, daß eine Auslieferung wegen Fahnenflucht vereinbart werden könne, sofern es sich um Staaten handle, die einander nahestehen. Nach § 2 Abs. 2 DAG. ist die Auslieferung nunmehr ausgeschlossen, „wenn die Tat nach deutschem Recht nur nach den Militärgesetzen strafbar ist", dagegen zugelassen, wenn die Tat auch nach den allgemeinen Strafgesetzen strafbar sein würde. Wegen *fiskalischer* Straftaten kann eine Auslieferung grundsätzlich stattfinden (vgl. Art. 8 des Vertrags zwischen dem Deutschen Reich und der Republik Österreich über die Rechtshilfe in Zollsachen vom 12. IV. 1930 [G. vom 29. VII. 1930, RGBl. II, 1114]).

Als weitere allgemeine Voraussetzung einer Auslieferung hat zu gelten, daß die Behörden des ersuchten Teils den Straffall, der zur Auslieferung Anlaß geben soll, nicht ihrerseits abschließend behandelt haben. Nach § 4 Nr. 3 DAG. ist eine Auslieferung unzulässig, wenn für die Tat die deutsche Gerichtsbarkeit begründet und gegen den Verfolgten von deutschen Behörden ein *Urteil* erlassen oder die Eröffnung des Hauptverfahrens abgelehnt ist. In anderen Fällen kann ein deutsches Strafverfahren, das die dem Verfolgten zur Last gelegte Tat zum Gegenstand hat, eingestellt werden, um die Auslieferung des Verfolgten zu ermöglichen (§ 50 DAG.). Schließlich gehören auch die Mindestanforderungen, die an die *Unterlagen* eines Auslieferungsersuchens zu stellen sind (vgl. § 5 DAG.), und die Forderung, daß die Beachtung der *Spezialität* gesichert sein muß (vgl. § 6 DAG.), hierher; von diesen Bedingungen ist später (unter VII, VIII) zu sprechen. Darüber hinaus kann der Umstand, daß *mehrere* Regierungen denselben Verfolgten ausgeliefert zu erhalten wünschen, die Auslieferungspflicht beeinflussen, indem der ersuchte Teil unter den Bewerbern je nachdem nach vertraglicher Bindung oder nach Zweckmäßigkeitsgesichtspunkten die Auswahl trifft.

VII. *Formelles deutsches Auslieferungsrecht.*

Die Bestimmungen für das formelle Auslieferungsrecht, das *Verfahren* in Auslieferungssachen, sind nur z. T. zwischenstaatlicher Regelung zugänglich. Nicht allein die Entschließung, in welchen Fällen Auslieferungsersuchen bei ausländischen Regierungen gestellt werden sollen, sondern vor allem auch die Bestimmung darüber, welche Behörden bei der Prüfung der vom Ausland eingehenden Auslieferungsersuchen mitzuwirken haben und wie das Prüfungs- und Bewilligungsverfahren zu gestalten ist, sind innere Angelegenheiten der beteiligten Staaten, deren Regelung und Neuregelung sie sich allein vorbehalten.

In Bundesstaaten kann die Behandlung der Auslieferungsangelegenheiten Sache des Gesamtstaats oder der Einzelstaaten sein. In der Schweiz und in den Vereinigten Staaten von Nordamerika liegt die Handhabung des Auslieferungsverkehrs dem Gesamtstaat ob. Im Deutschen Reich ist es ebenso. Nach Art. 78 Abs. 1 der RVerf. vom 11. VIII. 1919 (RGBl. 1383) sind die Entschließungen auf dem Gebiete des zwischenstaatlichen Rechtshilfeverkehrs als zur Pflege der Beziehungen zu ausländischen Staaten gehörig ausschließlich Reichssache. Dementsprechend hat § 44 DAG. bestimmt, daß zur Entscheidung über Rechtshilfeersuchen ausländischer Regierungen die Reichsregierung zuständig ist. Gleichzeitig ist aber die Reichsregierung ermächtigt worden, die Ausübung ihrer Befugnisse den Landesregierungen zu übertragen; diesen ist das Recht der weiteren Übertragung beigelegt. Die Reichsregierung hat von ihrer Ermächtigung Gebrauch gemacht und in der VO. vom 11. III. 1930 (RMinBl. 61) die Entscheidung gerade auch in Auslieferungssachen weitgehend auf die Landesregierungen übertragen. Soweit dies nicht geschehen ist, liegt den Landesbehörden die Ausführung der von den zuständigen Reichsstellen getroffenen Entscheidungen ob.

Ein Ersuchen um Auslieferung ist regelmäßig im diplomatischen Wege zu stellen; auf dem gleichen Wege finden im allgemeinen die Verhandlungen über ein solches Ersuchen und die Bekanntgabe der Entscheidung über das Ersuchen statt. Dieser Geschäftsweg beruht auf der Auffassung, daß ein zwischenstaatlicher Rechtshilfeverkehr, insbesondere also der Auslieferungsverkehr, eine Angelegenheit von Staat zu Staat, von Rechtshoheit zu Rechtshoheit ist. Früher ist in deutschen Landen eine Auslieferung vielfach auch dann als eine Angelegenheit zwischen den beteiligten Gerichtsbehörden behandelt worden, wenn eine der beteiligten Gerichtsbehörden ausländisch war; üblich war dementsprechend der unmittelbare Geschäftsverkehr. Allmählich gewann die meist geforderte Gegenseitigkeitszusage größere Bedeutung und entzog die Angelegenheit der Behandlung durch die örtlichen Stellen. Für das Deutsche Reich führt heute im Regelfall der Reichsminister des Auswärtigen (= Auswärtiges Amt) die Verhandlungen; vielfach ist aber in den deutschen Auslieferungsverträgen bereits vorgesehen, daß die Verhandlungen unmittelbar mit der beteiligten deutschen Landesregierung geführt werden können, und neuerdings geht das Bestreben dahin, die Zuständigkeit der Landesregierungen zu Verhandlungen in Auslieferungssachen möglichst zu erweitern. Übrigens können auch bei Auslieferungen aus dem Ausland auf Grund eines besonderen Abkommens, das vom Reich mit Bayern und Sachsen am 18. I. 1920 getroffen ist, die auswärtigen Ministerien dieser beiden Länder mit den Regierungen der benachbarten Nachfolgestaaten der Österreichisch-Ungarischen Monarchie durch Vermittlung der deutschen Auslandsvertretungen unmittelbar in Verbindung treten.

Im deutschen Auslieferungsrecht ist weitgehend dem Gesichtspunkt Rechnung getragen, daß die Verbrechensverfolgung von Land zu Land nur dann Erfolg verspricht, wenn ein schneller Zugriff möglich ist. Es ist daher Vorsorge getroffen, daß der Verfolgte schon vor der u. U. zeitraubenden Beschaffung von Unterlagen und der Anbringung des Auslieferungsersuchens an weiterer Flucht gehindert werden kann. Nach § 10 Abs. 2 DAG. kann gegen einen Ausländer die vorläufige Auslieferungshaft verhängt werden. Vorausgesetzt ist nur, daß die Auslieferung nicht von vornherein unzulässig erscheint und daß Flucht- oder Verdunkelungsgefahr besteht. Im übrigen bedarf es lediglich des Ersuchens einer zuständigen Behörde des verfolgenden Staates. Unabhängig von einem solchen Ersuchen kann die vorläufige Auslieferungshaft allgemein dann angeordnet werden, wenn ein Ausländer einer Tat, für welche die Auslieferung zulässig ist, dringend verdächtig ist. In den deutschen Verträgen ist den vertragschließenden Teilen durchweg zur Pflicht gemacht, den Verfolgten auf entsprechendes Ersuchen vorläufig in Haft zu nehmen. Dabei wird in zunehmendem Maße die Vereinfachung der Unterlagen eines solchen Ersuchens angestrebt, so daß es z. B. nach Art. 9 des deutsch-tschechoslowakischen Auslieferungsvertrags vom 8. V. 1922 (RGBl. 1923 II, 48, 396) genügt, daß der Tatbestand der strafbaren Handlung, welche die Auslieferung veranlassen soll, von einer zuständigen Behörde mitgeteilt wird. Weitere Unterlagen werden nicht gefordert; es wird sogar auf die Erklärung verzichtet, daß ein Haftbefehl gegen den Verfolgten erlassen sei. Ebenso wird aus Gründen der Beschleunigung mehr und mehr von dem diplomatischen Weg abgesehen und die unmittelbare briefliche und selbst telegraphische (telephonische) Übermittlung des Festnahmeersuchens von Polizeibehörde zu Polizeibehörde zugelassen. Andererseits muß der einschneidenden Bedeutung der Festnahme für den Verfolgten und dem Umstand Rechnung getragen werden, daß der ersuchte Staat ohne sichere Unterlagen handeln muß. Es wird daher die Festhaltung des Verfolgten nur für eine begrenzte Zeit zugesagt. Geht innerhalb der Frist das Auslieferungsersuchen mit seinen Unterlagen nicht ein, so kann der Festgenommene freigelassen werden. Nach §§ 11, 12 DAG. wird die vorläufige Auslieferungshaft vom Gericht, und zwar vom Oberlandesgericht angeordnet. Nach § 18 Abs. 2 DAG. wird die vorläufige Auslieferungshaft höchstens einen Monat hindurch aufrechterhalten; nur bei außereuropäischen Staaten kann das Gericht eine Verlängerung um einen weiteren Monat beschließen (§ 18 Abs. 3).

Das Auslieferungsverfahren verläuft naturgemäß verschieden; je nachdem ob die deutsche Regierung um eine Einlieferung in das Deutsche Reich (eine Auslieferung aus dem Ausland; aktive Auslieferung) ersucht, oder ob sie um eine Auslieferung aus dem Deutschen Reich (Auslieferung an das Ausland; passive Auslieferung) ersucht wird. Soll bei einer ausländischen Regierung eine Einlieferung in das Deutsche Reich beantragt werden, so müssen der zur Führung der Verhandlungen ermächtigten Behörde — die verfassungsgemäß stets im Namen des Reichs auftritt (vgl. oben zu III) — die in den Verträgen für ein Auslieferungsersuchen vorgesehenen Unterlagen zur Verfügung gestellt werden. Diese Unterlagen sind regelmäßig, je nach der Lage des Strafverfahrens, in dem die Einlieferung des Verfolgten aus dem Ausland erforderlich wird, ein Haftbefehl oder das Urteil. Von den entsprechenden, für innerdeutsche Zwecke bestimmten Urkunden weichen diese Schriftstücke dadurch ab, daß sie ausführlicher gestaltet oder ergänzt sind. So sind die Angaben über die persönlichen Verhältnisse des Verfolgten vollständiger; vielfach wird eine steckbriefartige Beschreibung seines Aussehens oder ein Lichtbild beigefügt. Weiter wird eine gedrängte, aber genaue Darstellung des Tatbestandes der strafbaren Handlung und der Wortlaut der zur Anwendung kommenden Strafbestimmungen mitgeteilt. Bei Urteilen wird eine Vollstreckbarkeitsbescheinigung hinzugefügt. Schließlich werden die Unterschriften — bei Haftbefehlen die der Richter, bei Urteilen die der ausfertigenden Beamten — soweit nicht, wie z. B. im deutsch-österreichischen, deutsch-schweizerischen und deutsch-tschechoslowakischen Verkehr, darauf vereinbarungsgemäß verzichtet ist — von den vorgesetzten Beamten beglaubigt. In dieser Form werden sie den Landesjustizverwaltungen eingereicht, die sie ihrerseits prüfen und je nachdem unmittelbar den deutschen Außenvertretungen im Ausland oder dem Reichsminister des Auswärtigen vorlegen, damit diese bei der zuständigen ausländischen Regierung die Einlieferung beantragen. Geschieht das, so geht die Bearbeitung des Auslieferungsfalls auf den ersuchten Staat über. Wird das Deutsche Reich um eine Auslieferung ersucht (passive Auslieferung), so regelt sich das Verfahren nach den Bestimmungen des DAG. Wird das Auslieferungsersuchen nicht von vornherein abgelehnt, so wird es dem Staatsanwalt bei dem Oberlandesgericht zugeleitet, der vom RG. für zuständig erklärt oder in dessen Bezirk der Verfolgte ermittelt ist (§§ 8, 9 DAG.). Dem Staatsanwalt liegen die Vorprüfung des Ersuchens und die vorbereitende Aufklärungstätigkeit ob. Er veranlaßt die Vernehmung des Verfolgten durch das Amtsgericht (§ 24 DAG.). Bei dieser Vernehmung wird der Verfolgte befragt, ob er mit der Auslieferung einverstanden ist. Gibt er eine solche Erklärung nicht ab, so muß der Staatsanwalt die Entscheidung des Strafsenats des Oberlandesgerichts über die Zulässigkeit der Auslieferung herbeiführen (§§ 8 Abs.2; 25 Abs. 1; 48 DAG.). Der Staatsanwalt kann die oberlandesgerichtliche Entscheidung auch herbeiführen, obwohl sich der Verfolgte mit der Auslieferung ausdrücklich einverstanden erklärt hat. Die gerichtliche Entscheidung spricht sich darüber aus, ob die rechtlichen Voraussetzungen der Auslieferung vorliegen (§§ 7, 8 Abs. 2; 25, 28); die Schuldfrage gehört regelmäßig nicht dazu. Die Entscheidung des Gerichts ist nicht anfechtbar (§ 28 DAG.). Lautet sie dahin, daß die Auslieferung unzulässig ist, so darf sie nicht stattfinden; die ersuchende Regierung wird ablehnend beschieden. Lautet die Entscheidung umgekehrt dahin, daß die Auslieferung zulässig ist, so haben die zur Bewilligung der Auslieferung zuständigen Stellen (§ 44 DAG.) darüber zu befinden, ob die Auslieferung erfolgen soll oder nicht. Soll die Auslieferung erfolgen, so liegt die Durchführung dem Staatsanwalt ob (§§ 8, 30 DAG.).

Durch die Fahndungsmaßnahmen, den Unterhalt und die Überführung des Verfolgten an die Grenze oder zu dem Hafenort an der Küste entstehen Auslagen. Daß diese Kosten der Staat zu erstatten hat, der die Auslieferung begehrt, war in früheren Zeiten naheliegende Auffassung und wurde als üblich anerkannt. Heute herrscht im deutschen Auslieferungsrecht der Gedanke großzügiger Gegenseitigkeit: Der ersuchte Staat verlangt keinen Ersatz seiner Auslagen. Dementsprechend bestimmt § 45 DAG.: „Kosten der Rechtshilfe in Strafsachen (also auch der Auslieferung), die bei deutschen Behörden entstehen, können deutscherseits übernommen werden, wenn die Gegenseitigkeit verbürgt ist.“ Ausnahmen gelten daher, soweit der Verzicht des anderen Teils nicht rechtlich gesichert ist oder die Verträge sogar ausdrücklich Gegenteiliges festlegen. Das ist z. B. nach Art. XI des Auslieferungsvertrags zwischen dem Deutschen Reich und den Vereinigten Staaten von Amerika vom 12. VII. 1930 (Bekanntmachung im RGBl. bevorstehend). der Fall, da die Gesetzgebung der Vereinigten Staaten von Amerika in diesem Punkte den Anschluß an die in Europa übliche Vereinfachung der Rechtsbeziehungen noch nicht gefunden hat. Für alle Fälle enthält § 53 DAG. eine Schutzbestimmung, indem er den Reichsminister der Justiz ermächtigt, für die Tätigkeit der deutschen Gerichtsbehörden Gebühren festzusetzen.

VIII. Das Verfahren gegen den Ausgelieferten.

Ist eine Auslieferung durchgeführt worden, so wird ihr Zweck verwirklicht. Sollte die Auslieferung eine Strafvollstreckung ermöglichen, so hat dem ersuchten Staat als Unterlage für die Bewilligung der Auslieferung ein Urteil vorgelegen und es wird nunmehr die in diesem Urteil festgesetzte Strafe vollstreckt. Diente die Auslieferung einer Strafverfolgung, ist also das Strafverfahren gegen den Ausgelieferten noch durchzuführen, so sind die Tatbestände, die dem Verfahren zugrunde gelegt werden sollen, dem ersuchten Staat — regelmäßig in der Form eines Haftbefehls — mitgeteilt worden und werden nunmehr zum Gegenstand des Strafverfahrens gemacht. In allen Fällen kommen bei der Durchführung der Strafvollstreckung oder Strafverfolgung mehrere Rechtssätze zur Anwendung, die dem Auslieferungsrecht eigentümlich sind.

Mit der Rechtmäßigkeit der Auslieferung, d. h. mit der Frage, ob der ausländische Staat nach seinem inneren Recht und den Umständen des Falles die Auslieferung zu Recht bewilligt hat oder sie hätte ablehnen sollen, haben sich die Behörden des ersuchenden Staates bei ihren Maßnahmen gegen den Ausgelieferten nicht zu beschäftigen. Insbesondere steht dem deutschen Gericht, das ein Strafverfahren gegen den Ausgelieferten durchzuführen hat, kein Recht zu, das Verhalten und die Entscheidung der ausliefernden Regierung nachzuprüfen. In diesem Sinne hat sich das RG. in den Fällen Hammerstein, Sinsheimer, Grütte-Lehder, Irmscher und auch sonst wiederholt ausgesprochen (RGSt. 29, 24; 33, 101; 42, 310; 60, 202; JW. 1927, S. 2315). Die Tatsache, daß die Auslieferung bewilligt und erfolgt ist, genügt als Grundlage für die Strafverfolgung oder Strafvollstreckung.

Andererseits müssen die Behörden, welche die Maßnahmen gegen die Ausgelieferten durchführen, alle Bedenken und Einwendungen prüfen, die aus zwischenstaatlichen Verpflichtungen hergeleitet werden, sich insbesondere also aus den Vereinbarungen der beteiligten Regierungen ergeben. Hierher gehört vor allem die sogenannte Spezialität der Auslieferung. Der ausliefernde Staat setzt der Zulässigkeit von Maßnahmen gegen den Ausgelieferten Schranken; er spezialisiert, wegen welcher vor der Auslieferung begangenen strafbaren Handlungen die Verfolgung, Bestrafung und Weiterlieferung freigegeben und welches Vorgehen sonst gegen den Ausgelieferten zugelassen wird. Die eigenmächtige Nichtbeachtung dieser Schranken, insbesondere eine Ausdehnung der Strafmaßnahmen würde rechtswidrig sein. Im einzelnen ist im deutschen Vertragsrecht der Rahmen der Spezialität verschieden gezogen. Soweit es sich um die Zulässigkeit einer Strafverfolgung handelt, ist das erkennende Gericht auch bei der ausdehnendsten Fassung der Spezialität nach ständiger deutscher Rechtsprechung in der rechtlichen Beurteilung des Tatbestandes gegenüber der Beurteilung in den Auslieferungsverhandlungen völlig frei, wenn nur die Tat auch in der neuen Beurteilung eine der Auslieferung unterliegende Tat bleibt (RGSt. 34, 69; 45, 276; RMGEntsch. 14, 148). Die Spezialität gilt auch, soweit der Auslieferungsverkehr ohne vertragliche Grundlage stattfindet (RGSt. 55, 284). Das DAG. gibt der Spezialitätsbestimmung einen umfassenden Inhalt; nach § 6 DAG. ist eine Auslieferung nur zulässig, wenn Gewähr dafür besteht, daß der Ausgelieferte in dem Staat, an den er ausgeliefert worden ist, ohne deutsche Zustimmung weder wegen einer vor der Auslieferung begangenen Tat, für welche die Auslieferung nicht bewilligt ist, zur Untersuchung gezogen, bestraft oder an einen dritten Staat weitergeliefert noch aus einem anderen, vor der Auslieferung eingetretenen Rechtsgrund in seiner persönlichen Freiheit beschränkt wird, es sei denn, daß er das Gebiet der ausländischen Regierung innerhalb eines Monats nach dem Tage seiner Freilassung nicht verläßt oder daß er, nachdem er es verlassen hat, zurückkehrt oder von einer dritten Regierung von neuem ausgeliefert wird. Daß umgekehrt bei einer Einlieferung in das Deutsche Reich die Spezialität in dem Maße, wie die ausliefernde Regierung sie gewahrt wissen will, beachtet wird, ist durch Art. 4 der RVerf. vom 11. VIII. 1919 (RGBl. 1383) und durch § 54 DAG. gesichert.

Erklärungen des Ausgelieferten selbst sind grundsätzlich ohne Einfluß darauf, in welchem Umfang Maßnahmen gegen ihn zulässig sind. „Die Auslieferung des flüchtigen Missetäters ist eine Angelegenheit, die lediglich zwischen den beiden über die Auslieferung verhandelnden Staaten zur Entscheidung steht. Die auszuliefernde Person selbst stellt dabei nur den Gegenstand der Verhandlungen dar" (RGSt. 41, 274). Ohne diese Grundauffassung preiszugeben, hat nach § 31 DAG. ein zu richterlichem Protokoll erklärtes Einverständnis des Ausgelieferten die Wirkung, daß die deutsche Zustimmung zur Strafverfolgung, Strafvollstreckung oder Weiterleitung wegen einer Tat, für welche die Auslieferung nicht bewilligt ist, ohne gerichtliche Vorentscheidung erteilt werden kann.

Das freie Geleit, das durch die Spezialität dem Ausgelieferten gesichert wird, und die sonstigen Rechtsfragen, die eine Besonderheit des Strafverfahrens gegen einen Ausgelieferten sind, werden bedeutungslos, sobald der Ausgelieferte nicht mehr als „Ausgelieferter" gilt oder der ersuchte Staat auf die Beachtung des freien Geleits verzichtet. Das freie Geleit des Ausgelieferten erlischt zunächst durch Zeitablauf. Nach § 6 DAG. muß es einen Monat hindurch, gerechnet von dem Tage der Freilassung, aufrechterhalten werden. Auch die Verträge enthalten regelmäßig solche Fristen, deren Lauf mit der völligen Erledigung des Strafverfahrens, einschließlich etwaiger Strafvollstreckung, beginnt. Wenn aber auch keine Fristen ausdrücklich vereinbart sind, verliert der Ausgelieferte seine rechtliche Sonderstellung, sobald er nach Wiedererlangung seiner freien Selbstbestimmung in schlüssiger Weise zu erkennen gibt, daß er an ein Verlassen des Landes, an das er ausgeliefert ist, nicht denkt, oder wenn er nach diesem Zeitpunkt gar selbst die weitere Strafverfolgung oder Strafvollstreckung beantragt (RGSt. 41, 275; 45, 278; 49, 243). Im übrigen kann der ausliefernde Staat auf das freie Geleit des Ausgelieferten verzichten. Unter welchen Voraussetzungen ein solcher Verzicht deutscherseits möglich ist, ergibt sich aus § 31 DAG.

IX. Die Durchlieferung.

Die Durchlieferung ist wie die Auslieferung eine Rechtshilfemaßnahme. Sie besteht darin, daß eine straffällige Person, die sich außerhalb des Bereiches des ersuchten Staates befindet, durch den Bereich dieses Staates durchgeführt und dem ersuchenden Staat zur Strafvollstreckung oder Strafverfolgung zugeführt wird, nachdem der Staat, in dem sich der Verfolgte befindet, die Auslieferung bewilligt hat. Nach § 33 DAG. ist die Durchlieferung unter denselben Voraussetzungen zulässig wie eine Auslieferung. Für das Durchlieferungsverfahren aber gelten Besonderheiten. Insbesondere bedarf es in keinem Fall einer gerichtlichen Vorentscheidung über die Zulässigkeit einer Durchlieferung. Auch ist die Durchlieferungshaft — anders als die Auslieferungshaft — nicht gerichtliche, sondern polizeiliche Haft. In den deutschen Auslieferungsverträgen ist vielfach auch die Durchlieferung mitgeregelt. Die Regelung weist mehrfach gegenüber einer Auslieferung erleichterte Bedingungen auf. Die Kosten einer Durchlieferung müssen durchweg von dem ersuchenden Staat erstattet werden.

Schrifttum:

Nachzutragen sind folgende Arbeiten: Wolfg. Mettgenberg, Verzeichnis der Verträge und Vereinbarungen über die Auslieferung und die sonstige Rechtshilfe in Strafsachen, Mannheim 1926. — Verhandlungen des 34. Deutschen Juristentags (Köln 1926) I, 30 (Gutachten); II, 291, 302 (Berichte und Verhandlungen). — Wolfg. Mettgenberg, Die Neugestaltung des deutschen Auslieferungsrechts. Ein Rundfunkvortrag, Tübingen 1927. — Ernst Wolgast, Die Auslieferungsgesetze Norwegens, Schwedens und Finnlands mit einer systematischen Darstellung des nordischen Auslieferungsrechts im Hinblick auf den Erlaß eines deutschen Auslieferungsgesetzes, Berlin und Leipzig 1928. — Werner Fraustädter, Deutsches Auslieferungsgesetz. Textausgabe mit Erläuterungen, Berlin und Leipzig 1930. — Wolfg. Mettgenberg, Deutsches Auslieferungsgesetz. Kommentar, Mannheim 1930. — Weiteres Schrifttum ist in dem Kommentar von Mettgenberg, S. 88, 196, 464, 555 angegeben.

Wolfgang Mettgenberg.

Ausstellungsrecht.

Unter dem Begriff Ausstellungsrecht lassen sich die verschiedensten Gebiete gesetzlicher Normen zusammenfassen, welche sich mit den verschiedensten Arten von „Ausstellungen" beschäftigen. Neben den eigentlichen „Ausstellungen" (Ausstellungen im engeren Sinne), die sich als Massenreklameveranstaltungen für die verschiedensten Gebiete entwickelt haben, gibt es eine Ausstellung von einzelnen Waren in Läden, Schaufenstern und auf der Straße. Diese Ausstellungen in den Läden, Schaufenstern und auf der Straße lassen sich in der mannigfaltigsten Weise vornehmen.

Die Rechtsnormen, welche sich mit diesen „Ausstellungen" auf den verschiedensten Gebieten befassen, lassen sich in zwei Gruppen einteilen. Einmal sind es Rechtsnormen, die allgemeiner Natur sind und die im Einzelfalle auch auf die Ausstellungen Anwendung finden können. Andererseits gibt es auch bestimmte Rechtsnormen, die sich nur mit den Ausstellungen selbst befassen.

Es ist denkbar, daß eine Ausstellung einer bestimmten Ware auf einer bestimmten größeren Branchenausstellung oder im Schaufenster gegen allgemeine gesetzliche Normen verstößt; z. B. kann in einer Ausstellung ein Tatbestandsmerkmal einer Beleidigung (§§ 185ff. StGB.), oder eines Betruges liegen. Es kann nicht die Aufgabe der vorliegenden Ausführungen sein, zu untersuchen, wann im einzelnen Falle eine Ausstellung gegen eine gesetzliche Norm allgemeiner Art verstößt. In dieser Beziehung muß auf die anderen Artikel, die sich mit dem Betruge, der Beleidigung usw. beschäftigen, verwiesen werden. Die vorliegenden Ausführungen können sich nur mit den speziellen Normen, die sich auf eine Ausstellung von Waren oder auf die Ausstellungen im engeren Sinne beziehen, beschäftigen.

Die Spezialrechtsnormen für die Ausstellungen in Läden, Schaufenstern und auf der Straße als auch die Vorschriften über die Ausstellungen im engeren Sinne lassen sich in zwei Gruppen einteilen.

1. Einmal in Vorschriften, welche sich mit der Ausstellung von bestimmten Waren beschäftigen,

2. in Vorschriften, welche sich mit der Art der Ausstellung beschäftigen.

Hierzu treten als dritte Gruppe die Vorschriften, welche sich mit den Ausstellungen im engeren Sinne beschäftigen.

Diese gesetzlichen Vorschriften sind in der gesamten Gesetzgebung verstreut zu finden. Sie sind zum Teil in Gesetzen enthalten, zum Teil in Polizeiverordnungen. Sie sind zum Teil reichsgesetzlicher, zum Teil landesgesetzlicher Natur. Die folgenden Ausführungen können sich bei der Unzahl der gesetzlichen oder polizeilichen Maßnahmen nicht mit allen Vorschriften beschäftigen, sondern können nur eine allgemeine Darstellung geben, wobei in erster Linie die reichsgesetzlichen und preußisch-landesrechtlichen Vorschriften betrachtet werden und, soweit polizeirechtliche Normen in Frage kommen, die Berliner Verhältnisse berücksichtigt werden.

A. Die Ausstellung bestimmter Waren.

I. Zunächst ist die Ausstellung von unsittlichen Waren oder Gegenständen verboten (§§ 184ff. StGB.).

1. Nach § 184 StGB. ist es verboten, unzüchtige Schriften, Abbildungen und Darstellungen an Orten, die dem Publikum zugänglich sind, auszustellen. Unter Schriften sind in diesem Sinne die Feststellungen von Gedankenäußerungen in der Form irgendwelcher Zeichen zu verstehen, die geeignet und bestimmt sind, Gedankenäußerungen sinnlich wahrnehmbar zu machen und aus sich heraus wiederzugeben. Es kommen daher als solche „Schriften" in Betracht: Buchstaben, Namen, Bilder, Chiffren usw., Abbildungen in bildhafter Darstellung von Geschehnissen, Bilder, Zeichen, Photographieen, auch Bilder, die durch Erwärmung in Erscheinung treten, sowie Klappbilder. Eine Darstellung im Sinne dieser Vorschriften ist jede Form der Darstellung eines Wortes, wozu auch z. B. Grammophonplatten gehören. Der Begriff der Unzüchtigkeit im Sinne des § 184 StGB. ist lebhaft umstritten. Hier kann nur soviel gesagt werden, daß eine Schrift usw. unzüchtig nur dann ist, wenn sie geeignet ist, das Scham- oder Sittlichkeitsgefühl des normal empfindenden Menschen in geschlechtlicher Beziehung zu belästigen, wobei allerdings nicht erforderlich ist, daß die Verletzung eine grobe Belästigung hervorruft (vgl. RG. in JW. 27, 2695, 2713; RGSt. 21, 306; 24, 365; 27, 115; 32, 418).

Der Täter muß das Bewußtsein haben, daß das Scham- oder Sittlichkeitsgefühl verletzt wird, ein etwaiger dolus eventualis reicht aus. Hat der Täter das Bewußtsein, daß die geschilderte Verletzung vorliegen könne, so hat er die Pflicht, sich über den Inhalt der von ihm ausgestellten Schrift usw. zu erkundigen. Die Tendenz des Täters, z. B. zum Zwecke der Abschreckung oder Aufklärung, ist gleichgültig.

2. Weiter ist nach § 184 StGB. verboten, Gegenstände zu unzüchtigem Gebrauch auszustellen. Wann ein Gegenstand im einzelnen zu einem unzüchtigen Gebrauch bestimmt ist, war außerordentlich umstritten. Das RG. hatte hier eine sehr scharfe Ansicht vertreten. So hatte z. B. das RG. die Ausstellung der sogenannten Gummiartikel unter dieser Gesetzesvorschrift bestraft. Diese Rechtsprechung wird sich jetzt nicht mehr aufrechterhalten lassen, da Gegenstände, die zur Verhütung von Geschlechtskrankheiten dienen können, unter die im § 16 II

des G. vom 18. II. 1927 geschaffene Ziff. 3a des § 184 StGB. fallen. Als zur Verhütung von Geschlechtskrankheiten dienend ist jeder Gegenstand anzusehen, mit dessen Hilfe man die Gefahren einer Ansteckung mit Geschlechtskrankheiten, worunter nur Syphilis, Schanker und Tripper fallen, einzudämmen in der Lage ist. Daß der Gegenstand dadurch, daß er die Ansteckung mit Geschlechtskrankheiten zu verhüten in der Lage ist, infolge der dadurch hervorgerufenen Gefahrenminderung den unzüchtigen Verkehr fördern kann, ist unbeachtlich, da dem Gesetzgeber die sich hierdurch hebende Volksgesundheit offenbar höher stand als die Bestrafung der Förderung unzüchtigen Verkehrs (so auch ObLG. München 5. VI. 1928 LZ. 28, 1405; DJZ. 28, 1488). Da es nun nach zahlreichen ärztlichen Gutachten keine Gegenstände gibt, die die Gefahr der Ansteckung der Geschlechtskrankheiten begegnen und die nicht zugleich die Empfängnis verhindern, bezieht sich die Vorschrift des § 184 Ziff. 3a StGB. auch auf Gegenstände, die neben der Verhütung der Ansteckung von Geschlechtskrankheiten zugleich auch die Empfängnis verhindern. Daher sind Ausstellungen von Opalen und Präservativen nach § 184 Ziff. 3a StGB. nur noch strafbar, wenn sie gegen Sitte und Anstand verstoßen. Was hier im einzelnen unter Verletzung von Sitte und Anstand zu verstehen ist, kann die Reichsregierung in einer Ausführungsverordnung zum G. vom 18. II. 1927 näher umreißen. Eine solche Ausführungsverordnung ist aber bisher nicht ergangen. Doch ist der Inhalt der in Aussicht genommenen Ausführungsverordnung dem Bericht des zehnten Reichstagsausschusses zu entnehmen, wonach es verboten sein soll, diese Gegenstände in Schaukästen oder in offenen Läden, Glasschränken oder unter mit Glasplatten versehenen Ladentischen auszustellen.

II. Für einzelne Waren ist im § 11 UWG. vorgeschrieben, daß sie nur in bestimmten Einheiten und unter bestimmten Angaben feilgehalten, d. h. ausgestellt werden dürfen.

Bisher sind auf Grund von § 11 UWG. folgende Bestimmungen ergangen:

1. Für Kerzen durch Bekanntmachung vom 4. XII. 1901. Hier ist bestimmt, daß Zeresin-, Stearin- oder Paraffinkerzen sowie Kerzen, die überwiegend aus solchen Stoffen hergestellt sind (Kompositionskerzen), nur in bestimmten Einheiten des Gewichts oder der Gewichtsmengen ausgestellt und feilgehalten werden dürfen.

2. Für Garn durch die Bekanntmachung vom 10. VI. 1918. Hiernach dürfen baumwollene, wollene oder halbwollene Garne nur unter Angaben des Gewichts oder der Gewichtsmenge ausgestellt und feilgehalten werden.

3. Für Seidenbänder durch die VO. vom 11. I. 1923. Hiernach dürfen die in Kette oder Einschlag, Seide oder Kunstseide hergestellten Bänder nur ausgestellt und feilgehalten werden, wenn sie mit einer handelsüblichen Nummer bezeichnet sind.

4. Für Tafelschokolade durch die VO. vom 11. XI. 1928. Danach darf Tafelschokolade nur in bestimmten Einheiten des Gewichts ausgestellt und feilgehalten werden. Diese Vorschrift gilt jedoch nicht für Abgabe von Stücken unter 25 g und für die Abgabe durch Automaten und von Schokolade, die zugewogen verkauft wird. Zugelassen sind sonst nur Tafeln mit einem Reingewicht von 500, 250, 200, 125, 100, 50 und 25 g.

III. Von weit größerer praktischer Bedeutung sind die Vorschriften gesundheitspolizeilichen Charakters über die Ausstellung von Waren des Lebensmittel- und Arzneimittelhandels. Wegen dieser Vorschriften muß auf die diesbezüglichen Einzelartikel verwiesen werden.

B. Art der Ausstellung. Mit der Art der Ausstellung einer Ware beschäftigen sich zahlreiche sicherheits-polizeiliche Vorschriften.

I. Nach § 360 Ziff. 11 StGB. kann bestraft werden, wer ruhestörenden Lärm oder groben Unfug verübt.

Hiernach ist also eine Ausstellung strafbar, die mit ruhestörendem Lärm verbunden ist. Unter ruhestörendem Lärm ist ein Lärm zu verstehen, der in unerlaubter Weise das Publikum in seiner Ruhe zu belästigen oder zu stören geeignet ist, wobei eine tatsächliche Störung nicht verlangt wird. Auch ist § 360 Ziff. 11 StGB. nicht auf die nächtliche Ruhezeit beschränkt. Wann im Einzelfalle eine Ausstellung einen ruhestörenden Lärm verursacht, ist nach der Gegend und nach der Zeit der Vornahme zu beurteilen.

Weiter kann eine Ausstellung einen groben Unfug im Sinne des § 360 Ziff. 11 StGB. darstellen. Der Begriff des groben Unfugs ist in Rechtsprechung und Wissenschaft heftig umstritten. Unter grobem Unfug ist wohl diejenige Handlung zu verstehen, welche das Publikum ungebührlich belästigt und dadurch den äußeren Bestand der öffentlichen Ordnung zu stören geeignet ist, wobei eine tatsächliche Störung nicht zu verlangen ist. Die Belästigung muß aber eine unmittelbare sein. Es genügt hier nicht, wenn eine nachträgliche Folge der Handlung die Störung hervorruft. Die Rechtsprechung hat eine Ausstellung durch eine lebende

Schaufensterreklame daher nicht für einen groben Unfug erklärt, da die durch eine solche Art der Ausstellung veranlaßte Menschenansammlung auf dem Bürgersteig, die das Publikum belästigen könnte, bezüglich der öffentlichen Ordnung nur eine unmittelbare Folge der Ansammlung, nicht aber der Ausstellung ist. Die einen groben Unfug darstellende Belästigung des Publikums kann auch durch unmittelbar physisch lästig fallende Handlungen vorgenommen werden. So ist z. B. die Reklame eines Varietékünstlers dadurch, daß er auf Kirchtürme steigt oder gefesselt ins Wasser springt, ein grober Unfug.

II. Eine weitere Bestimmung sicherheitspolizeilichen Charakters, die sich auf die Art der Ausstellung bezieht, ist in § 360 Ziff. 6 StGB. enthalten. Hiernach wird bestraft, wer Waren, welche in der Form oder der Verzierung dem Papiergeld ähnlich sind, ausstellt und feilhält. Zur Erfüllung dieses Tatbestandes genügt es bereits, daß die Ware bestimmte Merkmale aufweist, die sich im allgemeinen bei den Wertpapieren vorzufinden pflegen (ObLG. St. 3, 263).

III. Mit der Ausstellung von Waren in Läden, Schaufenstern und auf der Straße beschäftigen sich eine große Anzahl örtlicher polizeilicher Verordnungen sicherheitspolizeilichen Charakters, welche auf dem § 366 Ziff. 10 StGB., einem Blankettgesetz, beruhen. Nach § 366 Ziff. 10 StGB. wird bestraft, wer die zur Erhaltung der Sicherheit, Bequemlichkeit, Reinlichkeit und Ruhe auf öffentlichen Straßen oder Wasserstraßen erlassenen polizeilichen Verordnungen übertritt.

Für Berlin sind in dieser Beziehung die §§ 3 I, 60b, 65 Berliner Straßenordnung anzuführen.

Nach § 3 Absatz I Berliner Straßenordnung ist den polizeilichen Weisungen zur Wahrung der Ruhe, Ordnung und Erleichterung des Verkehrs Folge zu leisten. Nach dieser Bestimmung ist die Polizei befugt, Ausstellungen, die geeignet sind, Aufsehen zu erregen und das Publikum zum Stehenbleiben zu veranlassen, zu verbieten, auch wenn den Ausstellungen etwa die nach § 60b Berliner Straßenordnung teilweise vorgeschriebene Genehmigung erteilt ist. So hat z. B. das Kammergericht (DJZ. 1927, 1044) entschieden, daß Ausstellungen durch Vorführungen in Schaufenstern untersagt werden können.

Die Ausstellung von Waren außerhalb der Geschäftsräume vor oder an den Fenstern, Schaufenstern, Türen, Mauern, Zäunen, Vorgärten, Umfriedigungen oder durch Automaten bedarf nach § 65 Berliner Straßenordnung einer polizeilichen Erlaubnis. Der § 65 der Berliner Straßenordnung ist durch die Bekanntmachung des Berliner Polizeipräsidenten vom 15. I. 1929 dahin ergänzt worden, daß eine solche Ausstellung von Waren nur dann erlaubt wird, wenn die Gehbahn vier Meter breit ist, Verkehrsstörungen nicht zu erwarten sind und das Geschäftslokal so dunkel oder versteckt liegt, daß eine Ausstellung von Waren auf andere Weise nicht erreichbar ist. Die Erlaubnis wird nur für eine Fläche von 1,50 m Länge und 1 m Tiefe erteilt. Auch müssen Nahrungsmittel so hoch gestellt werden, daß sie nicht durch Hunde verunreinigt werden können.

IV. Eines besonderen Hinweises bedarf noch die Ausstellung von Waren in Automaten. Die Warenautomaten sind offene Verkaufsstellen. Sie unterliegen daher sämtlichen allgemeinen gewerberechtlichen Bestimmungen über Ladenschluß, Polizeistunden und Sonntagsruhe (§§ 41 a, 139c bis f RGO.).

C. Ausstellungen im engeren Sinne. Die Ausstellungen im engeren Sinne waren ursprünglich dazu bestimmt, ideellen und lehrhaften Zwecken zu dienen. Die ältesten Ausstellungen sind daher die Kunstausstellungen gewesen. Bereits in der Mitte des 18. Jahrhunderts griff aber das Ausstellungswesen auf das Gebiet des Gewerbes über und zwar zunächst auf das des Kunstgewerbes. Später erfaßte es aber fast alle anderen Arten gewerblicher, wirtschaftlicher und kultureller Betätigung. Damit traten zu den ursprünglichen Zwecken der Ausstellungen sehr bald geschäftliche Zwecke.

Der Veranstaltung von Ausstellungen im engeren Sinne sind an und für sich keine gesetzlichen Schranken gesetzt. Es besteht jedoch die Tendenz, Mißständen im Ausstellungswesen nach Möglichkeit entgegenzutreten, insbesondere Schwindelausstellungen zu bekämpfen. Da es sich bei Ausstellungen um großzügige Veranstaltungen handelt, sind die Veranstalter meistens davon abhängig, daß ihnen eine behördliche Förderung zuteil wird. Diese Förderung besteht zumeist darin, daß dem Veranstalter das Recht erteilt wird, auf der Ausstellung eine Lotterie zu veranstalten oder an einzelne Prämiierte aus Anlaß der Ausstellung Staatsmedaillen zu verleihen, weiter darin, daß durch die Eisenbahnverwaltungen Frachtermäßigungen bewilligt werden oder daß prominente Staatsbeamte den Komitées oder Preisrichterkollegien beitreten.

Zur Beseitigung von Mißständen und zur Bekämpfung von Ausstellungen dienen die Anweisungen eines Erlasses vom 5. IV. 1904 (HMBl. 98). Als Ergänzung hierzu ist dann am 8. II. 1928 an die Oberpräsidenten und den Polizeipräsidenten von Berlin ein Ministerialerlaß (HMBl. 170) ergangen. Weiter ist hier der Erlaß vom 22. XI. 1919 (HMBl. 331) anzuführen, welcher sich mit dem Prämiierungswesen auf den Ausstellungen beschäftigt.

Die Ausstellung im engeren Sinne ist ein hervorragendes Mittel, Reklame für Waren und Leistungen zu machen. Dieser Vorteil der Publizität trägt die große Gefahr in sich, daß zahlreiche Leistungen, welche zur Schau gestellt werden, nachgeahmt werden. Diese Gefahr besteht vor allem, wenn es sich um Erfindungen, Muster und Modelle oder Warenzeichen handelt, für die die Berechtigten den gesetzlichen Schutz noch nicht besitzen, weil sie ihn infolge der Kürze der Zeit noch nicht erlangen konnten oder noch nicht nachgesucht haben. Für diese ungeschützten Geistesprodukte würde, insbesondere auf internationalen Ausstellungen, eine Art Rechtlosigkeit bestehen. Sie würden dem Freibeutertum ausgesetzt sein, was für das Gelingen der Ausstellung von großer Gefahr wäre. Hiergegen Abhilfe zu schaffen, gab es für die beteiligten Völker mangels einer gesetzgebenden Zentralinstanz nur einen Weg. Es mußte ein Internationales Übereinkommen der Staaten hergestellt werden, durch das sich die beteiligten Staaten verpflichteten, daß jeder dem Übelstand gleichmäßig abhelfe. Das Deutsche Reich ist am 1. V. 1903 dem Internationalen Übereinkommen zum Schutz des gewerblichen Eigentums beigetreten, woraus sich infolge des Art. 2 des Internationalen Übereinkommens vom 20. III. 1883 in Fassung der Brüsseler Zusatzakte für Deutschland die Notwendigkeit ergab, eine entsprechende gesetzliche Regelung zu schaffen. Hierauf gründet sich das G. vom 18. III. 1904 (RGBl. 141), nach welchem Erfindungen, Gebrauchsmustern, Mustern, Modellen und Warenzeichen, die auf einer inländischen Ausstellung zur Schau gestellt werden, unter bestimmten Voraussetzungen ein zeitweiliger Schutz gewährt wird, wenn durch eine Bekanntmachung des Reichskanzlers im Reichsgesetzblatt im Einzelfalle die Ausstellung als eine solche bestimmt ist, auf die der zeitweilige Schutz Anwendung zu finden hat.

Schrifttum:

Außer den allgemeinen Kommentaren und Lehrbüchern zum StGB. und dem UWG. Wolff-Crisolli, Das Recht der Reklame.

Karl-August Crisolli.

B.

Beamtenrecht.

(HdR. I, 545.)

1. Zu S. 545. Nach Beendigung des Personalabbaus sind als Dauerbestimmungen in Kraft geblieben: im Reich VO. vom 27. X. 1923/28. I. 1924 Artt. 1, 2, 4, 5, 6, 13, 18, 19, 20, 21, 22, aber mit zahlreichen weiteren Änderungen, namentlich aus dem G. vom 4. VIII. 1925 (Neufassung der AbbauVO. in RBesoldBl. 1925, S. 170, die aber auch nicht mehr den heutigen Stand gibt). In Preußen sind von der PersonalabbauVO. vom 8. II. 1924 kaum noch irgendwelche Reste übriggeblieben, die grundlegenden §§ 1—79 sind gestrichen durch G. vom 25. III. 1926. Die Übergangsvorschriften der VO. vom 8. II. 1924 sind durch G. vom 25. III. 1926 teils ausdrücklich aufgehoben, teils durch andere Vorschriften ersetzt, teils weiter- oder zurückverändert, teils unverändert in Kraft gehalten worden. Der § 84 (2) (Entbindung der Professoren von ihren amtlichen Verpflichtungen) ist durch G. vom 29. III. 1930 (GS. 45) geändert worden.

Das BesoldungssperrG. vom 21. XII. 1920 ist nach mehrfacher Änderung am 31. III. 1926 abgelaufen, ohne daß es bis dahin gelungen wäre, die Besoldungsordnungen der Gemeinden aus 1920/1921 vollständig zu prüfen, zu bestätigen oder abzuändern. Viele Gemeinden sind in den Jahren der schwersten Geldentwertung ohne gültige Besoldungsordnung gewesen, da die Papiermarksätze der früheren Besoldungsordnungen nicht mehr angewandt werden konnten. Die Besoldungsordnungen, welche am 31. III. 1926 noch nicht endgültig abgelehnt waren, sind ohne weiteres in Kraft getreten, selbst wenn die Genehmigung gar nicht beantragt worden war (OLG. Kiel vom 15. XII. 1927 1. U. 373/27). Dauersperre besteht wegen des Wohnungsgeldzuschusses und der Ortsklasseneinteilung, G. vom 27. III. 1926, KG. vom 5. IV. 1929 11. U.

868/29. Das Jahr 1927 brachte die Beamtenbesoldungsgesetze für das Reich vom 16. XII. und für Preußen vom 17. XII. 1927. Die Grundlagen der Besoldungsordnung haben nicht nur in der Zwischenzeit gewechselt, sondern sind auch in diesen Gesetzen teilweise umgeändert worden.

Man spricht von Verzahnung, Überschneidung, Aufrückungs- und Laufbahnsystem, Heraushebung von Beförderungsstellen durch Aufrückung in eine höhere Gruppe oder durch Zulagen, die aber in das Gehalt eingearbeitet werden können. Das Reich und Preußen haben die Aufgaben in den BesoldungsOen vom 16. und 17. XII. 1927 in verschiedener Weise gelöst, sind aber darin einig, daß die zeitweise sehr verminderte Zahl von Besoldungsgruppen jetzt wieder in ein kaum übersehbares Maß vermehrt ist. Soweit in den neuen Gesetzen über die Höhe der Besoldung hinaus auch beamtenrechtliche Vorschriften enthalten sind, werden sie im nachstehenden in ihrem Zusammenhang besprochen.

2. (Zu S. 545.) Wegen der preußischen Beamten, welche die Verwaltung der Reichswasserläufe führen, hat das RG. angenommen, daß für ihre Versehen das Land Preußen haftet, von dem sie angestellt sind, und nicht das Reich, dessen Zuständigkeit sie ausüben; RGZ. vom 31. V. 1927 (Z. d. Landgem. 1927, S. 354), RGZ. vom 6. XII. 1927 (HRR. 1928, Nr. 565; DJZ. 44 Spruchs. § 839; Recht 1928, S. 286; EE. 46, 373; SeuffArch. 82, 114); RGZ. vom 31. V. 1929 (E. 125, 11, JW. 1929, S. 2820, 5); RGZ. vom 15. X. 1929 (E. 126, 83). Der Reichskanzler und die übrigen Reichsminister sind aus dem allgemeinen Reichsbeamtenrecht herausgenommen und dem SonderG. vom 27. III. 1930 (RGBl. I, 96) unterstellt worden.

Zu S. 546. Das PrSchutzpolizeibeamtenG. vom 16. VIII. 1922 ist aufgehoben und ersetzt durch das PrPolizeibeamtenG. vom 31. VII. 1927 (GS. 151). Dies gilt nach § 2 teilweise auch für Gemeinden und Gemeindeverbände. Die Abgrenzung der Anwendbarkeit ist nicht unzweifelhaft. OLG. Köln vom 13. XI. 1929 1. U. 249/29 (PrPolBeamtZ. 1930, S. 17; Bunte Komba Rechtskartei 1930, 73). Für die Anfechtung der Anstellung und Zurruhesetzung spricht sich neuerdings aus auch RGZ. vom 23. IV. 1929 (E. 124, 192; ZfBeamtR. 2, 85). Die Anstellung wird gelegentlich auch mit Rückwirkung für einen früheren Zeitpunkt ausgesprochen. Das hat aber nur für die Nachzahlung der Besoldung Wirkung. Der Beamte kann nicht wegen Verfehlungen aus der Rückwirkung bestraft werden, RDiszH. vom 18. VII. 1928, ZfBeamtR. 2, 94; seine Handlungen werden nicht nachträglich zu Amtshandlungen, RGSt. in JW. 1926, S. 1228 (15); auch für das Aufrückungsdienstalter hat die Vorpatentierung keine Bedeutung, RGZ. 109, 221, Klüber in VerwArch. 24, 382.

3. Zu S. 546. Nach der anfangs wenig beachteten, jetzt gefestigten Rechtsprechung des RG. werden trotz § 1 KommBG. die Bediensteten der Gemeinden, auch ohne Anstellungsurkunde, zu Beamten, auch im inneren Verhältnis (lebenslängliche Anstellung, Ruhegehalt, Hinterbliebenenversorgung usw.), wenn ihnen durch die zuständige Behörde die Ausübung der öffentlichen Gewalt übertragen wird. Es genügt nicht, daß die Behörde, bei der der Beamte beschäftigt ist, öffentliche Gewalt ausübt, sondern der Beamte muß auch selbst mit der öffentlichen Gewalt betraut sein. Als Ausübung der öffentlichen Gewalt kommen namentlich in Frage die in HdR. I, 547 rechts als innere Standesrechte aufgezählten Befugnisse. Die Beschäftigung muß aber von einer zuständigen Behörde ausgehen. Daher können die Beamtenrechte, namentlich die der Polizeibeamten, nicht ohne die gesetzlich erforderliche Bestätigung durch die Aufsichtsbehörde erworben werden, RGZ. vom 20. VII. 1929 (HRR. 1930, Nr. 332; Bunte Komba-Rechtskartei 1929, 653; Der Kreisbeamte 1930, 14); KG. in RuPrVBl. 50, 462 links. Daher taucht die Frage auf, wie weit eine Amtshandlung als stillschweigende Bestätigung gelten kann; sehr weit geht OLG. Celle vom 7. VII. 1927 1. U. 230/26 (Bunte Komba-Rechtskartei 1928, 69). Die Rechtsprechung des RG. läßt sich nicht auf Preußisches Recht stützen, denn sie steht in klarem Widerspruch zu § 1 KommBG., sie beruht auch nicht auf der Reichsgesetzgebung, die auch für solche Fragen nicht zuständig wäre; auch nicht auf logischer Notwendigkeit, denn es ist sehr wohl möglich, daß jemand nach außen Beamter, aber in bezug auf die Versorgung Privatangestellter eines Fürsten oder Gutsherrn, des Vorstandes einer Behörde oder der Gemeinde ist. Die Rechtsprechung kann sich also nur auf ungeschriebenes öffentliches Recht im Deutschen Reich stützen und muß deshalb auch über das preuß. Gemeinderecht hinaus für alle Länder und deren Gemeinden und selbst für die Beamten des Reichs und der reichsunmittelbaren Körperschaften gelten. Diese Folge wird aber nicht wegen der Bahnpolizeibeamten gezogen, RGZ. 112, 126 (Bunte Komba-Rechtskartei 1930, 145), vgl. PrOVG. in PrVBl. 51, 73 (Bunte Komba-Rechtskartei 1930, 145). Wesentlich ist die Anstellungsurkunde für den Reichskanzler (eigene

Gegenzeichnung) und die übrigen Reichsminister, RG. vom 27. III. 1930 (RGBl. I, 96) § 2.

4. Zu S. 547. Die fortdauernde Geltung der Rangordnung von 1817 wird bestritten von Brand, Beamtenrecht, S. 112 (1928). Wenn es aber z. B. zulässig ist, einen Landrat als Regierungsrat an die Bezirksregierung zu versetzen, so kann das nur darauf beruhen, daß beide nach der VO. 1817 zu den Räten IV. Klasse gehören, nicht auf dem inneren Werte des Amtes. Zustimmend (mit anderen Beispielen) Falck in ZfBeamtR. 2, 79.

Um Klarheit über das Titelrecht zu schaffen, muß man eine Dreiteilung vornehmen: Amtsbezeichnung (z. B. Vorsitzender der III. Zivilkammer), Amtstitel (z. B. Landgerichtsdirektor) und Ehrentitel (z. B. Geheimer Justizrat). Nur diese Ehrentitel sind durch die RVerf. verboten.

Über die Ausübung der Waffengewalt vgl. HdR. VI, 757. Eines Waffen- oder Munitionserwerbscheines bedürfen nicht Behörden des Reichs oder der Länder, die Deutsche Reichsbahngesellschaft und diejenigen Gemeindebehörden, welchen die oberste Landesbehörde den Erwerb ohne Erwerbschein gestattet hat, SchußwaffenG. vom 12. IV. 1928, § 11. Eines Erwerbscheines oder Waffenscheines bedürfen gewisse Beamten nach Maßgabe § 19 ebenda.

Die Einsicht der Personalakten, RVerf. Art. 129 III, ist dauernd Gegenstand vielfacher Zweifel, vgl. Falck in ZfBeamtR. 1, 29; 2, 105; Fraenkel, ebenda 1, 221; Jaschkowitz, ebenda 1, 191; Klüber in VerwArch. 34, 514, 515; Beschl. PrStaatsMin. vom 26. VIII. 1926 (PrBesBl. 160, Grotefend 1236). (Auf S. 547 rechts Zeile 46 muß es übrigens heißen: „Die Entscheidung E. 107, 1; RGBl. 1925, I, 49".)

Die Reichsminister sind dem besonderen Amtsgeheimnis unterworfen, und ebenso bestehen besondere Vorschriften über ihre Vernehmung als Zeugen und Sachverständige. Für Landesminister kann die erstere Vorschrift eingeführt werden; wegen der Vernehmung bewendet es bei den Prozeßordnungen (G. vom 27. III. 1930 §§ 8, 9, 26).

An der Wohnpflicht wird mit äußerster Strenge festgehalten. Selbst einmaliges auswärtiges Übernachten eines wegen Krankheit vom Dienst befreiten Beamten ist dienstlich zu bestrafen; RDiszH. vom 16. X. 1928, Z. f. BeamtR. 2, 94. Vgl. ThürOVG. in JW. 1928, 2748 (4).

Zu S. 549. Die Verpflichtung der Beamten zur Übernahme von Nebenämtern und Nebenbeschäftigungen ist wiederholt in PrPersAbbAbwG. vom 25. III. 1926 § 12, nicht anwendbar auf Kommunalbeamte nach § 15.

Wegen der Nebenbeschäftigungen im allgemeinen tritt der Entsch. OVG. 57, 509 im allgemeinen bei VDiszH. vom 26. V. 1927 (DJZ. 1927, 1201; Der Bürgermeister 1927, 197); vgl. Hachenburg in DJZ. 1927, 1253. Auf einem ganz anderen, dem Beamten günstigeren Standpunkt steht OVG. in RuPrVBl. 1929, 841.

Die Gehorsampflicht hängt nicht nur von der Zuständigkeit des Vorgesetzten und der inhaltlichen Zulässigkeit des Befehls ab, sondern auch davon, ob die Ausführung dem Beamten zuzumuten ist.

Die Beamten dürfen an einem Volksbegehren und einem Volksentscheid ohne Rücksicht auf dessen Inhalt teilnehmen. Diese Freiheit bezieht sich aber nicht ohne weiteres auf die damit verbundene politische Werbetätigkeit, StGH. vom 19. XII. 1929 (19/29), RuPrVBl. 51, 153; vgl. Beschl. vom 22., 23. X. 1929, RGZ. 1926 Anh. 1*; Apel und Falk in RuPrVBl. 50, 757, 709; Abraham in ZfBeamtR. 2, 59, 124. Die Bestätigung von solchen, welche sich am Volksbegehren beteiligt haben, als Kommunalbeamte soll nicht wegen der Eintragung in die Listen versagt werden, auch nicht wegen der Werbetätigkeit, sofern sie nicht eine besonders gehässige und beleidigende Form angenommen hat, Erl. Pr. Min. Inn. vom 31. I. 1930 (MBlInn. 82).

Zu S. 550. Kein Dienststrafverfahren und keine Dienstzucht findet statt gegen Reichsminister, RGes. vom 27. III. 1930 § 10, Mitglieder des Reichsgerichts, GVG. §§ 126, 127, des Bundesamts für das Heimatswesen, UntWohnsG. vom 30. V. 1908 § 43, des Reichsfinanzhofs, RAbgO. § 36 (2), des Preuß. Oberverwaltungsgerichts, VerwGerG. vom 2. VIII. 1880, § 20.

4. Zu S. 550. Über die Frage, ob die tatsächlichen Feststellungen und die rechtliche Beurteilung eines verurteilenden Strafurteils für die Dienststrafgerichte bindend sei, geht die Rechtsprechung der höchsten Gerichte noch immer auseinander. Für die Bindung der Reichsdisziplinarhof, das Preuß. Oberverwaltungsgericht (Gemeindebeamte), übrigens auch der Ehrengerichtshof für Deutsche Rechtsanwälte; gegen die Bindung das Preuß. Staatsministerium, Verwaltungsdisziplinargerichtshof und der Große Disziplinarsenat des Kammergerichts, also die drei höchsten Instanzen für preuß. unmittelbare Staatsbeamte, vgl. Loening in PrVBl. 46, 427, Klüber in VerwArch. 34, 494—497.

Zu S. 551. Das RBesoldungsG. vom 16. XII. 1927 (RGBl. I, 349, RBesBl. 154) und das PrBesoldungsG. vom 17. XII. 1927

(GS. 223) kennen: Grundgehalt mit Alterszulagen (§§ 2—8 bzw. §§ 2—5), Wohnungsgeldzuschuß (§§ 9—13 bzw. §§ 6—10), Kinderzuschläge (Reich § 14) bzw. Beihilfen (Preußen § 11); lehnen Zulagen, Aufwandsentschädigungen, Sondervergütungen und Nebenbezüge im allgemeinen ab (§ 15 bzw. §§ 12 bis 14). Der Wert der Dienstwohnung wird im Reich auf die gesamten Dienstbezüge (§ 11), in Preußen auf den Wohnungsgeldzuschuß angerechnet (§ 10). Wirtschaftsland usw. wird auch in Preußen auf die gesamten Dienstbezüge angerechnet (§ 14). Sonderbestimmungen wegen der Reichsminister, RGes. vom 27. III. 1930, § 14. Änderungen der Dienstbezüge usw. und der Einreihung in die Gruppen können mit rückwirkender Kraft durch Gesetz erfolgen. Die Beamten brauchen nur das erhaltene nicht zurückzubezahlen. In solchen Fällen sind „gesetzliche Änderungen" auch von den Gemeinden und Gemeindeverbänden „entsprechend vorzunehmen", RBesG. § 39, PrBesG. §§ 39 (1, 2), § 43 (1). Gegen die Gültigkeit einer entsprechenden für Danzig erlassenen Vorschrift hat sich das Danziger Verfassungsgericht (Vollversammlung des Obergerichts) ausgesprochen, OG. Danzig vom 25. IX. 1928 (RuPrVBl. 50, 112; JW. 1928, S. 3237, 6; 3257, 1; HRR. 1929, Nr. 145; DRZ. 1928, S. 448; Schulrecht, Beil. zur PrLehrerZ. 1928, S. 67; mit den eingezogenen Gutachten veröffentlicht im Verlage des Danziger Beamtenbundes (1928). Vgl. ZfBeamtR. 1, 283, PrOVG. 82, 241; BayrObLG. in DJZ. 1930, S. 414. Den Gemeinden steht die Herabsetzung jedenfalls nicht zu, PrOVG. 83, 87. Vergeblich ist daher der Versuch der Minister, die Entstehung wohlerworbener Rechte der Kommunalbeamten zu hindern, Erl. Min. InnFin. vom 27. XII. 1929 (MBlInn. 1930, S. 19).

5. Zu S. 551. Für die Kommunalbeamten sind sowohl das RSperrG. vom 21. XII. 1920 wie auch das GleichstellungsG. vom 8. VII. 1920 ersetzt durch § 43 PrBesG. vom 17. XII. 1927: Diejenigen Gemeinden und Gemeindeverbände, auf deren Beamte sich das KommBeamtG. vom 31. VII. 1899 bezieht, sind materiell verpflichtet, die Bezüge ihrer hauptamtlichen Beamten und ständig Angestellten unter Berücksichtigung der örtlichen Verhältnisse mit den Grundsätzen des PrBesG. in Übereinstimmung zu bringen. Unter Grundsätzen sind nicht so sehr die Rechtsgrundsätze zu verstehen als die Bemessung der Bezüge. Die Beschränkung gilt nach oben und nach unten. Genehmigung, Einspruch und jede andere unmittelbare Kontrolle der Besoldungsordnung ist weggefallen, soweit sie nicht durch Sondergesetze vorgeschrieben ist, z. B. für die Bürgermeister, Beigeordneten und Stadträte in den Städten. Durch Erl. MinFinInn. vom 6. XII. 1929 ist die Nachprüfung der kommunalen Besoldungsordnungen angeordnet, an der die Schiedsstellen für die Besoldung der Kommunalbeamten zu beteiligen sind, Erl. vom 26. III. 1928 (MBlInn. 351), Erl. vom 14. II. 1930 (Der Kreisbeamte 1930, S. 53).

Bei erheblicher Verletzung der anzuwendenden Grundsätze kann die Aufsichtsbehörde (Regierungspräsident bzw. Landrat) „verlangen", daß eine entsprechende Regelung erfolgt. Im Falle Widerspruchs entscheidet die Beschlußbehörde (Bezirksausschuß bzw. Kreisausschuß), gegen deren Beschluß die einmalige sofortige Beschwerde und weiter die Anfechtungsklage zulässig ist, PrBesG. § 43 (4), PrPolBeamtG. vom 27. VII. 1927 (GS. 151) § 2 (3), LVG. §§ 121—123, 126. Die Beanstandung des Gemeindebeschlusses nach ZustG. §§ 15, 29 ist daneben zulässig, wenn andere Gesetze als der § 43 PrBesG. verletzt werden, OVG. vom 11. VI. 1929, Rundschau f. KommB. 1929, 619, Schrader in ZfBeamtR. 2, 102, Erl. MinInnFin. vom 29. VII. 1929 (MBlInn. 727).

Das Verlangen wird nicht durch Zeitablauf ausgeschlossen, es kann auch noch gestellt werden, nachdem eine Entscheidung der Beschlußbehörde ergangen ist, wenn die zu berücksichtigenden örtlichen Verhältnisse, der Pflichtenkreis des Gemeindeamts oder die staatlichen Besoldungssätze sich ändern. Damit scheinen rückwirkende Kraft und aufschiebende Wirkung des Verlangens unverträglich zu sein, so daß die vorhandenen Beamten von der Herabsetzung der Besoldungssätze nicht betroffen werden, ebenso Nischk, KommBR. 92, unterscheidend Schrader in ZfBeamtR. 2, 103.

Zu S. 551. Das Ruhe-, Witwen- und Waisengehalt wird berechnet nach dem PrPensG. vom 27. III. 1872 und dem HinterbliebenenversorgungsG. vom 20. V. 1882, für Lehrer nach den entsprechenden Ges. vom 6. VII. 1885 und 4. XII. 1889 in der Fassung des PersAbbauAbwG. vom 25. III. 1926, §§ 29—32, 39, 44, Nr. 1, 7, 8, 9. Über die Frage, welcher Teil des Diensteinkommens eines Gemeindebeamten bei Feststellung der Ruhegehaltsansprüche als Gehalt anzusehen sei, wird nicht mehr im Verwaltungsstreitverfahren, sondern im Rechtswege entschieden, RGZ. 109, 286; PrOVG. 80, 70; in PrVBl. 47, 191.

Es gelten für das Reich das UnfallfürsorgeG. vom 18. VI. 1901, geändert 25. X. 1922, 18. VI. 1923, 12. XII. 1923, für Preußen das G. vom 2. VI. 1902, geändert 24. I. 1919, 21. XI. 1922, 12. VII. 1923,

Lippert & Co. G.m.b.H., Naumburg (Saale)

FSC
www.fsc.org
MIX
Papier | Fördert
gute Waldnutzung
FSC® C083411

Kolibri 360 GmbH
Ferdinand-Jühlke-Straße 7
99095 Erfurt, Deutschland
produktsicherheit@kolibri360.de